後藤昭雄　監修
後藤昭雄・仁木夏実・中川真弓　編

天野山金剛寺善本叢刊　第一期

第一巻　漢学

勉誠出版

毛詩　廿巻　三百三篇
注　鄭玄　正義四十巻　孔頴達
述議三十巻　劉炫　釋文三巻　陸徳明
毛詩既起周文又兼商頌故
在堯舜之後次於尚書
正序云夫詩者論功頌徳
之歌止僻防邪之訓
序云詩者志之所之也在
心為志發言為詩　又

賦

漢高帝斬白虵賦　以漢高皇帝親斬長虵
　　　　　　　　依次爲韻　廿一

戡　切也　小斫也
戡　猪堪音　又口含反　勝也

高皇帝将欲戡時難撥世乱乃耀聖武
奮英斷提神劔於手中斬靈虵於澤
畔何精誠之潜發信天地之幽賛卒
能滅強楚降暴秦創王業於炎漢

樂府者白樂天ノ集也　香山寺ニ文集ヲ立テ向修為ス　捧ニ
隋棚ニ安ク卿ノ蜘ノ巣ニ在ルヲ以テ宗僧上ヲ軸ニ改メ考シ。後夜白夢ニ
天人来テ云樂天ノ遊ニ叶作之ト云　鏡ニ峯
文集七十巻　樂天一期之所作也　大系ト云ニ今ハ陽陵
陽シハ北ト云　陰ハ云南也　伴ハ河ハ南ノ山ヨリ北ヘ流ル也　贊聖賦
白ハ姓　居易ハ名字　樂天　諷ハ諫也　諭ハ告也　寤也　君　中士　一趣詞　言也　臣　秋　為
民ハ東木春　傀師眉也　物北水冬　盤羽也　事南夏火　黄鐘　徵也　左拾遺　左輔
事ヲ捨テ　七徳舞　太宗作　孔子　文武　功業　保大　宣　功　安
諫言也
民ヲ　和衆　豊財　魏徴　虞世南　二人俱大臣也
貞観ハ武丁卯徳三年方言　左臣也　学見傳説　張

賢智在心　文彩随手

彼

江都之縦逸遊遺譏於雷陂之畝

東河之巧詞賦流譽於渭水之文

古人美悪於我王見焉

爲空也上人供養金字大般若經

願文　善道統

敬白

奉書寫供養金字大般若經一部

夫以覺花乘歩應化之跡長昔佛日

懸光真空之理已顕大千世界遍戴

圓珍和尚傳

翰林學士善清行撰

天台宗延暦寺第五座主入唐傳法阿闍梨少
僧都法眼和尚位圓珍俗姓和氣公讃岐國那珂郡
金倉郷人也父宅成頗殖資産兼有行能為
郷里所歸服母佐伯氏故僧正空海阿闍梨之
姪也嘗夢朝日初出光耀赫奕須臾飛來如
流星入其口中無幾懐妊遂誕和尚〻〻岐嶷機警

寛喜二年歳次庚寅 極月十一日未尅許於洛陽
勘解由小路万里小路舎那院測宿所終功了
雖愚筆无極腳欲参以少僧身 大師之間
不顧後代嘲哢 遅筆馳畢 書本者
檀園幻少将以師匠種智坊律師御房御
本書写然而従自此見苦之間 重清書
散〻本〻間今 愚筆相具後見亦賢

一　明句肝要

兼士死並常　付此不浄　苦並常

春朝見花終日思刀林剣葉窓

秋夜桃燈覚夜悲銅屋燃猛火国

峯嵐惣心細唯思遣叫喚地獄之悲

暁鐘聊聞鶏同又思唯獄卒呵責之様

旅観士死並常信楽無常来也、心静思時此身行可厭

物有三百六十麁骨五百乱筋大千許似深様極造物

巻頭言

天野山金剛寺は、大阪府の東南の端、河内長野市にある行基菩薩の開基と伝える真言宗御室派の古刹であります。平安時代の末には鳥羽天皇の皇女・八条院暲子内親王の安堵を得て阿観上人によって金堂・多宝塔・御影堂をはじめとする寺域の整備が行われました。時代が下り南北朝時代には、南朝方の勅願寺として後村上天皇の行在所となり、また、北朝方の光厳天皇・光明天皇・崇光天皇の三代の行在所ともなりました。同時期、高野山や南都諸寺で教学を修めた正学頭・禅恵法印が金剛寺に帰り、教学に関わる多くの書物を招来し学問寺院としての基盤をかたち作りました。

金剛寺には、禅恵法印が奥書を記す、その時代に書写されたと判断できる書物が一群をなして伝来しますが、それらを遡る、平安時代から鎌倉時代にかけて書写された経典や聖教類も多く伝わっています。こうした書物や文書は、日本の古代から中世の歴史を考えるための資料としても、はやくから注目を集めていました。明治時代から昭和のはじめにかけて、東京帝国大学、宮内省諸陵寮、大阪府、東方文化学院東京研究所、京都帝国大学等による調査が重ねられてきました。近年においては、河内長野市による調査があり、それに基づく『河内長野市史 第五巻 史料編二』には、金剛寺に伝えられた書物や文書に記された奥書類が時代順に収められています。

　これらの先行する重要な成果を踏まえ、一九九五年、縁あって後藤昭雄先生を中心とする調査団により、金剛寺に伝わる一切経と聖教類についての再度の全体調査が開始されました。その成果は、「金剛寺一切経目録」「金剛寺経蔵聖教目録」として纏められ、金剛寺における信仰と学問の歴史を伝える書物の題目と概要が通覧できるようになりました。

　この度、前記の目録類作成のための調査の途上で見出されました貴重な書物について、精緻な写真に専門の研究者による翻刻と解題を添えて、『天野山金剛寺善本叢刊』を公刊し、広く学術の利用に供するという計画が進められることとなりました。金剛寺に伝えられた書物によりまして、平安時代以来の我が国の学問の実態の解明が進み、併せまして金剛寺における学問の歴史が明らかになることを慶びといたしますと共に、ご尽力を賜りました後藤昭雄先生をはじめ各先生方に深甚の敬意を表し、勉誠出版のご協力に御礼申し上げます。

天野山金剛寺座主　堀　智真

天野山金剛寺所蔵古典籍・古文書調査の歴史

天野山金剛寺（大阪府河内長野市）に学術的価値の高い資料が多数所蔵されていることは早くより知られていた。明治期以降に最もはやく金剛寺の蔵書と伝来文書に注目し、その整理と研究を行ったのは黒板勝美（東京帝国大学教授）で、国史編纂のための史料収集に際して、金剛寺に平安時代以来の古文書や詳細な奥書を記す聖教類が多数蔵されることを報告し、後に『大日本古文書 家わけ第七 金剛寺文書』（東京帝国大学、一九二〇年）に翻刻紹介を行った。昭和五年には、宮内省諸陵寮の和田軍一、図書寮の是澤恭三によって調査が行われ、『昭和五年十月金剛寺調査書目並奥書』（謄写版）が作成されている。昭和十年には『大阪府史蹟名勝天然紀念物調査報告書 第六輯 天野行宮金剛寺古記』（大阪府、一九三五年）が刊行され、金剛寺の歴史や蔵書に関する論考と経典・聖教類の奥書三〇〇点あまりの翻刻が収められた。

金剛寺に所蔵される一切経の調査は、歴史資料としての古文書や聖教類の奥書の調査に遅れ、昭和十一年に常盤大定を中心とした東方文化学院東京研究所による調査が進められ、三好鹿雄「金剛寺一切経の全貌」（宗教研究 一三―六、一九三六年）が著されている（同時に作成されたであろう目録類については未確認）。次いで、昭和十五年には京都帝国大学国史研究室による調査が行われ、『天野山金剛寺一切経目録』（京都帝国大学文学部国史研究室）、『天野山金剛寺所蔵文書並聖教目録』（同）が編纂されている。右記の目録や資料集は『大日本古文書』を除けば、いずれも広く流布したものではなく、また、収められた情報も個別的であり、学術的利用にも限界があったが、昭和後半に至り、河内長野市の調査に基づく『河内長野市史 第五巻 史料編二』（河内長野市役所、一九七五年）が刊行され、古文書とともに聖教類に記された奥書類が翻刻紹介された。

金剛寺所蔵の古文書や古写経・聖教類に記された奥書等の金剛寺の歴史を伝える遺文については、主として右の『大日本古文書 家わけ第七 金剛寺文書』、『河内長野市史』に収められた翻刻が用いられてきたが、それらも総体を把握した上での資料提供ではなかった。近年に至り、後藤昭雄を中心とした調査団により一切経・聖教類の調査が行われ、次の目録類が刊行されている。

「金剛寺一切経目録」（『金剛寺一切経の総合的研究と金剛寺聖教の基礎的研究』科学研究費補助金基盤研究（A）15202002成果報告書（代表者・落合俊典）二〇〇七年）

後藤昭雄編『金剛寺経蔵聖教目録』（科学研究費補助金基盤研究（B）23320054成果報告書（代表者・後藤昭雄）二〇一五年）

これらの調査と並行して、大阪狭山市の調査により、金剛寺に有縁の人々の過去帳が『大阪狭山市史』に翻刻提供され、また、根来寺文化研究所によって根来寺関係資料の書目も公開されている。

「金剛寺結縁過去帳」（『大阪狭山市史 第二巻 史料編 古代・中世』（大阪狭山市役所、二〇〇二年）

「天野山金剛寺所蔵根来寺関係史料目録Ⅰ・Ⅱ」（根来寺文化研究所『根来寺文化研究所紀要 第一号・第二号』（根来寺文化研究所、二〇〇四年・二〇〇五年）

本叢刊は、右の調査に基づき見出された貴重な古典籍の学術的利用を目的として企画されたものである。金剛寺に所蔵される古典籍については、『今昔物語集』の出典資料としても著名な『注好撰』、『三宝感応要略録』の古写本を含む左記のような古典籍の全容の紹介が既にあり、古写経についても紹介が継続されているが、それらに比する貴重な資料も多く伝来している。

後藤昭雄編『金剛寺蔵 注好撰』（和泉書院、一九八八年）

山本信吉編『醫心方の研究 半井家本醫心方附録』（オリエント出版社、一九九四年）

＊東野治之により金剛寺蔵『医心方』の影印が収められる。

東野治之編『金剛寺本 遊仙窟』（塙書房、二〇〇〇年）

大谷大学文学史研究会編『明義進行集 影印・翻刻』（法藏館、二〇〇一年）

後藤昭雄監修・大阪大学三宝感応要略録研究会編『金剛寺本『三宝感応要略録』の研究』（勉誠出

版、二〇〇七年）

国際仏教学大学院大学学術フロンティア実行委員会編『日本古写経善本叢刊 第一輯 玄応撰 一切経音義』（国際仏教学大学院大学、二〇〇六年）

同『日本古写経善本叢刊 第二輯 大乗起信論』（同、二〇〇七年）

同『日本古写経善本叢刊 第三輯 金剛寺蔵 観無量寿経 無量寿経優婆提舎願生偈註巻下』（同、二〇〇八年）

同『日本古写経善本叢刊 第四輯 集諸経礼懺儀巻下』（同、二〇一〇年）

国際仏教学大学院大学日本古写経研究所文科省戦略プロジェクト実行委員会編『日本古写経善本叢刊 第六輯 金剛寺蔵宝篋印陀羅尼経』（同、二〇一三年）

同『日本古写経善本叢刊 第七輯 国際仏教学大学院大学蔵・金剛寺蔵 摩訶止観巻第一』（同、二〇一四年）

同『日本古写経善本叢刊 第八輯 続高僧伝巻四・巻六』（同、二〇一四年）

同『日本古写経善本叢刊 第九輯 高僧伝巻五 続高僧伝巻二八・巻二九・巻三〇』（同、二〇一五年）

本叢刊は、これまで未紹介であった重要古典籍・聖教を中心に、影印・翻刻・解題を付して公刊するものである。第一巻では、主として寺院で行われた「漢学」に関わる書物を、第二巻では唱導・説法などの「因縁・教化」に関わる書物を収める。

後藤昭雄
海野圭介

第一巻　目次

翻刻

解題

凡例

一、本巻は天野山金剛寺（大阪府河内長野市）所蔵の典籍のうち、『全経大意』（鎌倉時代写）、『文集抄』上（建治二年〔一二七六〕写）、『楽府注少々』（室町時代末期写）、『本朝文粋』巻第八（南北朝時代写）、『本朝文粋』巻第十三（鎌倉時代写）、『円珍和尚伝』（寛喜二年〔一二三〇〕写）、『明句肝要』（鎌倉時代写）の七点の写真版を掲げた。

一、『全経大意』、『文集抄』、『楽府注少々』、『円珍和尚伝』、『明句肝要』は全文を翻刻した。『本朝文粋』巻第八、『本朝文粋』巻第十三については割愛した。翻刻については以下のようにした。

一、漢字、片仮名ともに通行の字体を用いた。いわゆる抄物書きや宛字は本来の字体に改め、漢字の踊り字は「々」、片仮名の踊り字は「丶」に統一した（ただし、資料の性格上、一部底本の字を残した場合がある）。また、必要に応じて句読点を付した。

一、見せ消ち、墨消し訂正などは原則として訂正された文字を示した。『明句肝要』についてはその処置を末尾に注記した。

一、行取りは『全経大意』を除いて原本のとおりとした。『全経大意』は原本の条ごとの改行はそれに従ったが、それ以外は担当者（後藤）の私意による。

一、『全経大意』、『文集抄』には訓点が付されているが割愛した。影印篇を参照願いたい。

一、『全経大意』には本文以外の書入れが表紙見返・1オ・32ウにあるが、割愛した。

一、底本に問題があり、表示し難い場合は当該箇所に注を添えた。『明句肝要』では□で示し、傍らに推定される文字を示した。

一、『文集抄』には本文中に書き入れがあるが、本文のあとにまとめて翻刻した。ただし、音注および反切のみのものは割愛した。

一、『文集抄』所収の作品には『白氏文集』の作品番号を付した。花房英樹『白氏文集の批判的研究』（朋友書店、一九六〇年）「綜合作品表」に拠る。

一、『明句肝要』には振り仮名、送り仮名が一続きで付されている。適宜これを振り仮名と送り仮名に振り分けた。

一、丁数とその表裏を「（1オ）」のかたちで示した。

影印

全経大意

（鎌倉時代写）

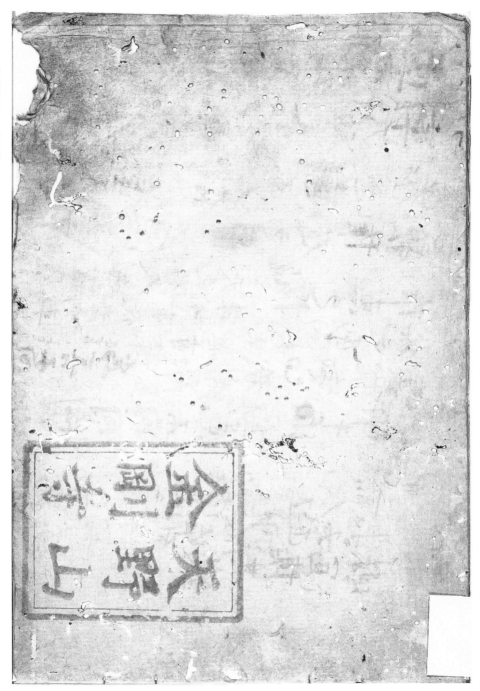

尚書蔡仲之命篇

率乃祖文王之彝訓無若爾

考之違王命　皇天無

親惟德是輔　民心無常

惟惠之懷　天之於人無有親

疎惟有德者則輔

民之於上無有常

主惟愛己者則歸　爲善不同

同歸于治　爲惡不同同歸于

亂

言人爲善爲惡者有百端

未必正同而治亂所歸不

殊宜慎其微

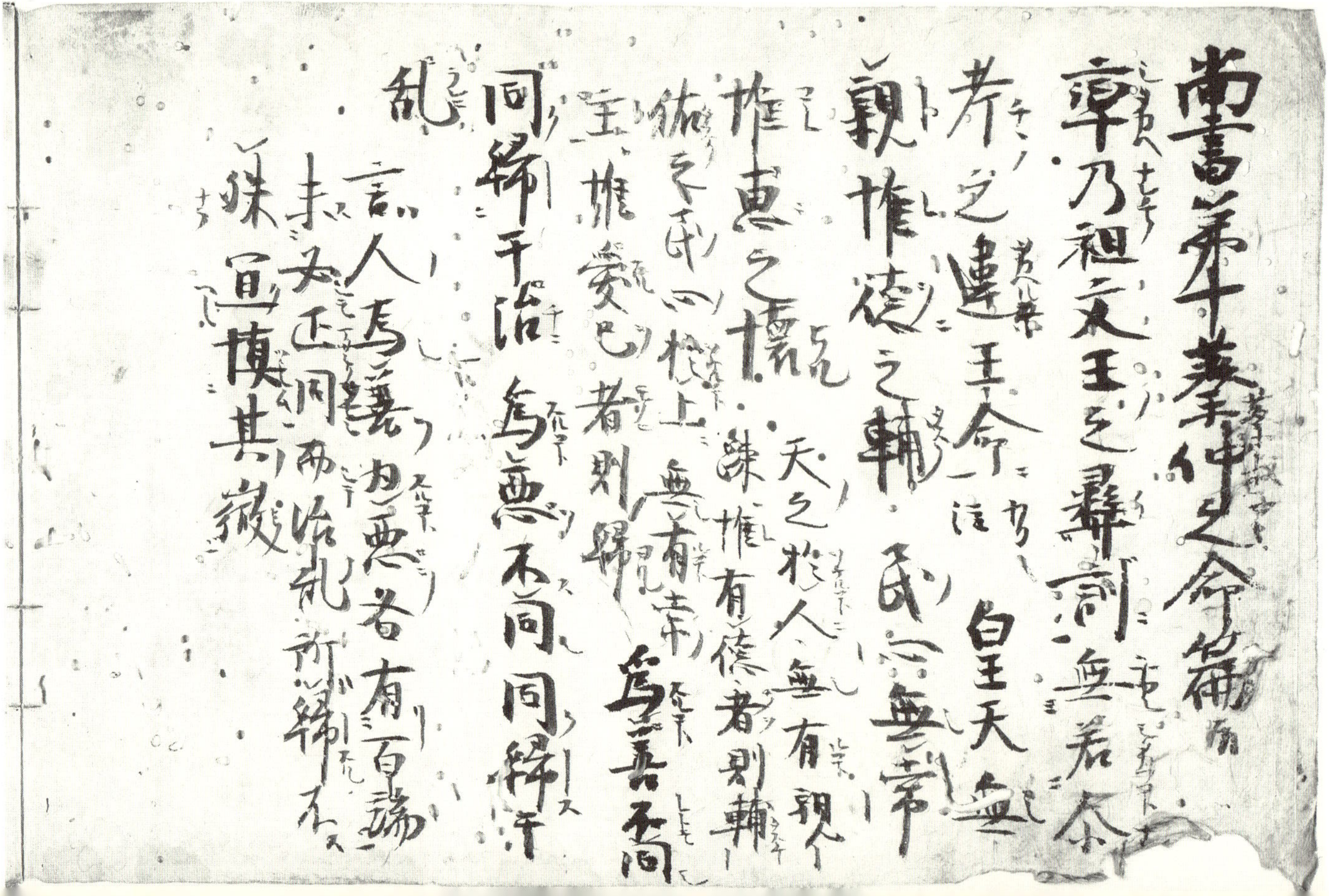

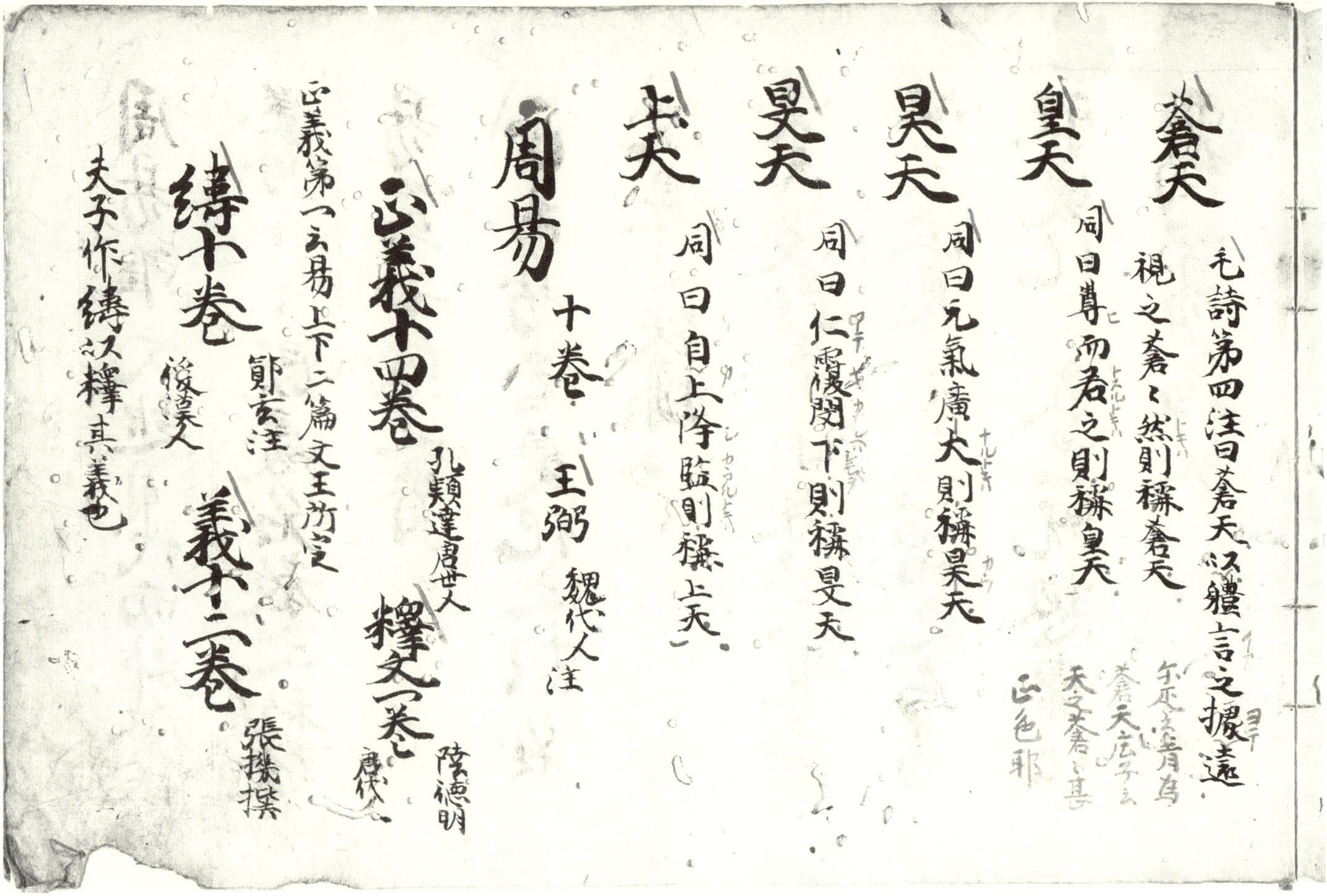

蒼天　毛詩第四注曰蒼天以體言之據遠視之蒼〻然則稱蒼天

皇天　同曰尊而君之則稱皇天

昊天　同曰元氣廣大則稱昊天

旻天　同曰仁覆閔下則稱旻天

上天　同曰自上降監則稱上天

周易　十巻　王弼　魏代人注

正義十四巻　孔穎達　唐世人

正義第一云易上下二篇文王所定

釋文一巻　陸德明　唐代人

緯十巻　鄭玄注　後漢人

義十二巻　張機撰

夫子作緯以釋其義也

周易雖文趣周代而卦肇伏
羲〻〻既處名数之初故
易為七經之首
正云易者變化之惣名
改換之殊稱云〻
又云設剛柔兩畫以二氣也布
以三位象三才也謂之為易
取變化之義也既惣變化
而獨以易為名

不易者其位天在上地在下
尊卑自定然人生不依此事不動也
又云孔子曰上古之時人民无
別者物未嫁未有衣食器用
之利伏羲仰觀象於天俯
觀法於地中觀萬物之宜於
是始作八卦以通神明之德
以類萬物之情故易象行之
剖天地理人倫明王道也

繫辭云河出圖洛出書聖人
則之伏羲儀合上下天應文
則數文字也應龍書伏羲
則命象也乃作八卦故孔安
國馬融王肅云伏羲得河
圖而作易
論云夏曰連山殷曰歸藏
周曰周易
連山者象山之出雲歸藏

着万物莫不歸藏於其中周
易者言易道周普無所不備
陰德明之周文王物於牖里
作卦辭周公作爻辭孔子
作彖辭象辭
釋文之子夏又作傳及秦焚
書周易獨以卜筮得存
尚書　十三巻　五十八篇　孔安國　漢代人注
正義廿巻　孔穎達　述義廿巻　劉炫

釋文之義　陸徳明
音文同書説並有師之不理處
三皇之經故以於易
本書序ニ音者伏羲氏之王
天下始畫八卦造書契以代結
繩之政由是文籍生焉
正義序ニ夫書者人君辭誥也
由右史記言之策也
尚者上也言此上世以來之書

故曰尚書也
此孔子所作尚書序安國
以孔子之序分附諸篇故也
凡總述之謂之序ら
易繫辭、河出圖洛出書
聖人則之是文字与未起
並興焉
蓋文字在三皇之前未有
之教世至伏羲乃始造書

契代結縄之政
家語孔騰字子襄畏秦
法峻急蔵尚書孝経論語
於夫子舊堂壁中以其上
古之書謂之尚書隷古以
為孔子撰書集而合之曰
尚書
總文者書之所興遠乎文
字假起孔子觀書周室

得虞夏商周四代也之典其善者上自虞下至秦爲百篇又云濟南伏生已九十余老不能行於是詔大常使受焉伏生年老不能正言言不可曉使其女傳言尚者上也上所言下爲史書故書者序也記序物

毛詩 廿巻 三百三篇
注 鄭玄 正義四十巻 孔穎達
述議三十巻 劉炫 釈文三巻 陸徳明
毛詩訓詁雅又兼風頌故
但毛萇人後於周書
亦序云夫詩者論功頌徳
之歌止僻防邪之訓
序云詩者志之所之也在
心為志発言為詩　又

正得失動天地感鬼神
莫近於詩
釋文云孔子最先刪録說
取周詩上兼商頌凡三百一十
一篇以授子夏〻〻遂作序
云々
遭秦焚書而得全者以其人
所諷誦不專在竹帛故也
又云毛萇善詩自云子夏

所傳作詁訓傳是為毛之詩
正云此詩皆述文武之政未心
皆文武時作也故文王大明之
篇撿其文皆成王時作
正云詩國風舊題也毛字漢世
加之
六藝論云河間王好學其博士
毛公善説詩獻王号之曰毛詩
孔子世家云関雎之乱以為

雅本

風始鹿鳴為小雅始文王為大
雅始清廟為頌始也
鴟鴞音梟周公救亂也成王
未知周公之志公乃為詩
小弁音盤刺幽王也太子之傅
作渭陽音羊康公念母送舅
氏作也
魯人所傳謂之魯詩申白也
亦謂毛詩齊人所傳謂之齊詩

周禮十二巻 十二篇

注 鄭氏　疏五十巻 唐賈公彦撰

釋文二巻 陸德明

周儀二礼並周公所制冝次

文王周為本儀為末

疏序云周礼着謂周之官礼也

此礼之興（コト）起於周代故曰周礼

昔武王既没成王幼少周公

攝政以致太平而制此礼
周儀先聖削戰國之世秦
正之時残刻欲景帝時河
間獻王
䟽云遭秦焚學師讀復扵〻
冬官職已不能得又五官之
中亦有残缺學者不能通
其義〻〻
䟽云天官冢宰〻〻象天者

周天有三百六十五度天度

亦猶積三百六十度故曰衆

天也

周礼有六官每官有属官六十故

三百六十也又使天注度三百余度焉

既有周礼儀礼礼教源是一理

有頒從分為一部亞是周

古禮復叙泰平之書也周

礼為本儀礼為末本周

離周末伸易能

春秋演孔圖云王莽好經
莽時劉歆又為知礼始立
周礼之章自此始云々
釋云周公居攝而作六典之
職謂之周礼
儀禮 十四巻 廿篇
注 鄭玄 疏五十巻 賈公彦
釋文一巻 陸徳明
疏序云礼之所起始於上皇

興於大巳故礼運云夫礼之
初始諸飲食也
疏云周礼言周不言儀儀
礼言儀不言周既同是周公
攝政六年所制題号不同
者周礼言周取別夏殷故
言周儀礼不言周者欲見
兼有異代之法故此篇有
醮用酒燕礼云商祝夏祝

是殷故不云周
又云周礼以儀礼為迹履儀
礼以周官為心體
儀者是周官五礼之儀以
五礼為本故无別心躰
曲礼謂為儀礼者以其行三
千威儀皆可放效故云儀礼也
又云儀礼者并其行礼有儀
曲礼者。

言其所行於由威儀者明有乎
受之理故曰雖辨其實有乎也
儀礼之篇先立總後殊參見矣
従始至末之義也
又云通於異参播戯曲礼儀
明於禄書頌文之後有古文今
文貫人可論王焉儀傳本
十七篇皆没緣書焉之是焉今
文也至武帝之末魯恭王

衆乃子字得含文義相互
會以衆書是爲含文也含文十七條細
十六爲其字也高生行傳
者何所字有不同其餘妙乃
齋絶衆師説秘在於館閣注
儀礼之師於人者也径亜之
陸德明之讓與有画直意言
至傳士礼本也細讀人ヽ儀
礼也ヽ

禮記　廿巻　四十九篇

注　鄭玄　正義七十巻　孔穎達

疏百巻　王侃 梁国子助教　三礼義宗卅巻　崔霊恩撰

釋文四巻　陸徳明　三礼大義廿巻　梁武帝撰

正義序云夫礼者經天義

地本之則太一之初原始要

終ら〳〵

正云夫礼者經天地人倫本　理

其所起在天地未分之前故

礼運云夫礼者必本太一是
天地未分之前已有礼也礼
者理也物生則自然而有尊
卑若羊羔跪乳鴻鳫飛有
行列豈由教之者哉是二
中既判尊卑自然而有
又云遂皇在伏犠前始王
天下也是尊卑之礼起
於遂皇也

六藝論云遂皇之後歴六紀
九十一代至伏犠始作十二
言之教然則伏犠之時易
道既彰則礼事彌著
古史考云有聖人以火德王
造作鑽燧出火教民熟食
人民大悦号曰遂人乃至
伏犠制嫁娶以為礼作瑟
以為樂則嫁娶嘉礼始伏犠也

世紀云神農始教天下種穀
故人号曰神農則祭祀吉礼
起於神農也
又史記云黄帝与蚩尤戦於
涿鹿則有軍礼也
若然自伏犠以後至黄帝吉
凶賓軍嘉五礼始具
正云其礼記之作出自孔
氏至孔子没後七十子之

徒共撰所聞以為此記或録舊礼之儀或録變礼之所由或兼記體履或雜叙得失故編而録之為以記也其周礼儀礼礼記之書自漢以後各有傳授三

礼

大義序云礼記蓋是仲尼門徒所撰記之所以為此

記者昔成王幼少周公攝政損益前王制作一礼而立體儀以訓天下正一云王制篇者漢文皇帝令博士諸生作此王制月令篇者呂不韋所治也又周公旦所作也中庸篇者是子思伋所作也緇衣篇者公孫尼所撰也其餘

衆篇皆如此例但未能
盡知所記之人也云々
又云戴德傳記八十五篇
則大戴礼是也戴聖傳礼
四十九篇則此礼記是也

春秋 卅巻　公羊解微云取魯十二公則天之數
魯十二公
隠公　桓公　荘公
閔公　僖公　文公
宣公　成公　襄公
昭公　定公　哀公

公羊解微曰魯哀公十一年秦自衛反魯十二年告老遂作春秋至十四年鍾
注 杜預 晋世人

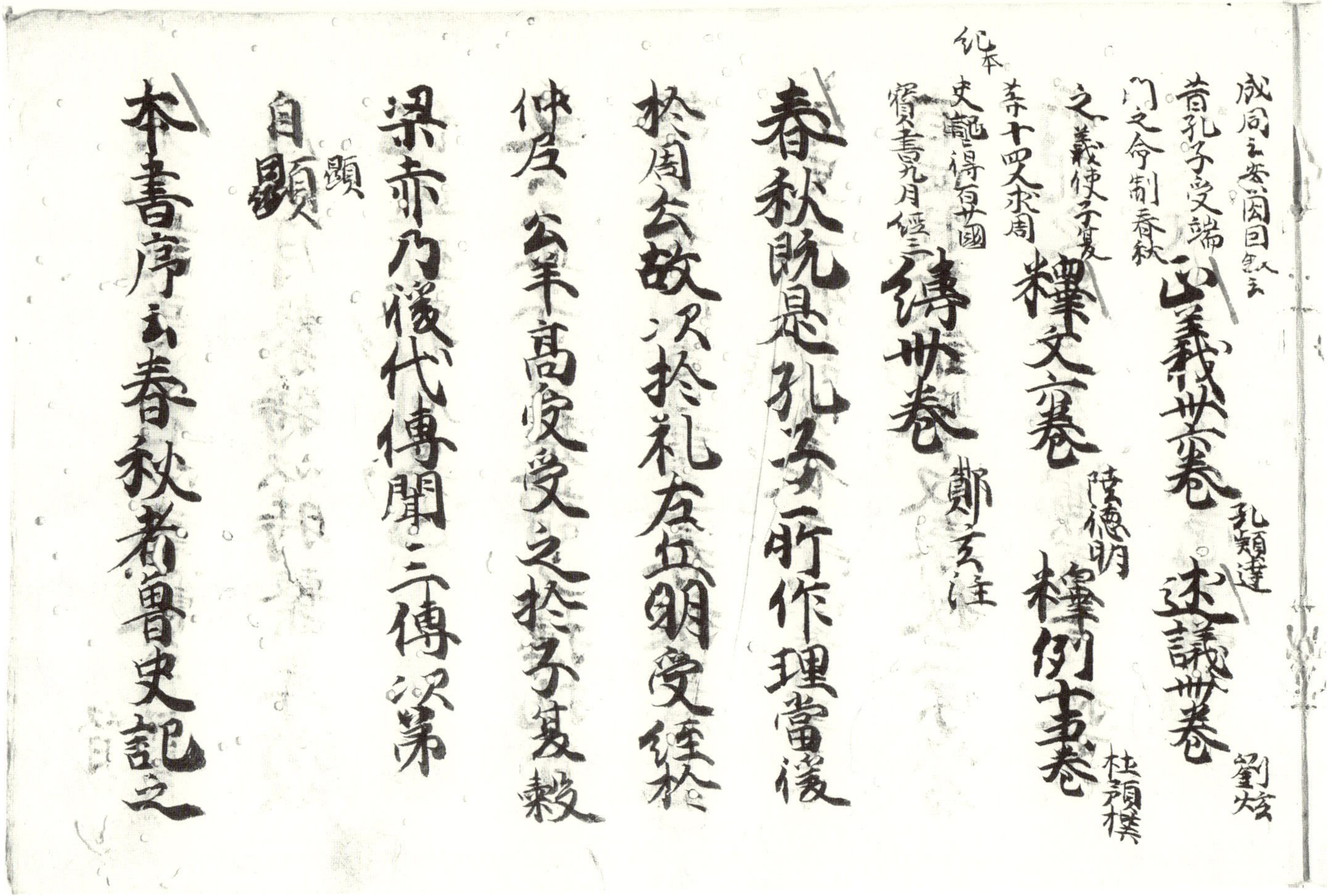

成同五年安國回叙云 荀孔子受端 門之令制春秋 正義卅六巻 孔頴達 述議卅巻 劉炫

之 義使子夏 萃十四人求周 釋文六巻 陸徳明 釋例十五巻 杜預撰

紀本 史記得百廿國 寶書九月經 傳卅巻 鄭玄注

春秋既是孔子所作理當後

於周公故次於礼左丘明受経於

仲尼公羊高受之於子夏穀

梁赤乃後代傳聞二傳次第

自顯 頭

本書序云春秋者魯史記之

全経大意　（15オ）

沒也記事者以事繫日以日繫
月以月繫時以時繫年所以
紀遠近別同異也
又孟子曰楚謂之檮杌魯
謂之乗而曰謂之春秋其實也
故史之所記必表年以首事年
有四時故錯舉取春秋二字以名
所記之名也言春以兼夏言秋可以
包冬故舉一字以包四時也

正云左丘明為経作傳故言受
経於仲尼未必面授親使之作傳
也丘明以為経者聖人所制是不
可刊削之書也
藝文志云左丘明魯史也是言丘
明為傳以其姓左故号為左氏傳
也云〻
又序云春秋何始於魯隠公答曰
周平王東周之始王也隠公譲國之

賢者也
釋文云左丘明観書於太史氏因魯
史記而作春秋上遵周公之遺制下
取将来之法
孔子世家云子曰君子病没世而
名不稱焉吾道不行矣吾何以見於
後世哉乃因史記作春秋云々
左傳第一注云仲尼脩春秋皆素
策為經丘明之傳博采衆記也

故始开凢例特顕之
六藝論云孔子既西狩獲麟自
号素王為後世受命之君制明王
之法云云魯人左丘明与七十二弟
子倶受焉己退論史記以為之傳云云
左傳曰麟者仁獣聖王之嘉瑞
也時无明王出而遇獲仲尼傷
周道之不興感嘉瑞之無應絶
筆於獲麟之一句所感而作所

明為終也

春秋以獲麟自此以下至十六年皆魯史記之文也弟子欲存孔子卒故并録以續孔子所脩之経也

尚書考霊耀曰言孔子作春秋断十二公象十二帝也

孔子思将来漢十二帝事作春秋也

春秋傳云左傳年數二百卌二年陳天意見於経万八千字

捜神記云孔子作春秋制孝經
既成孔子斎戒向北辰星而拝告
備于天〻乃欝〻起白霧摩
地赤虹自上而下化為黄玉長三
尺上有刻文孔子跪受之讀也

公羊解徴云刻春秋說云　十四年春西狩獲麟
作春秋九月書成以其春作秋成故曰春秋云〻非也云〻

公羊傳　十二巻　魯十二公　同前

注　何休　後漢人
嚴彭祖注

解徴十一巻　釋文一巻　陸徳明

漢書顔注以公羊子齊人也
名曰高子夏弟子受經於子夏云
何休序云吾志在春秋行在
孝經此二學者聖人之極致治
世之要務也
公羊之為言丈千三年僕蘖之家得
𭦞門之公今乃作春秋至九月仰止筆
問曰左氏出自丘明傳題曰左氏云
羊穀梁出自卜商何故不題曰

卜氏子 荅曰左氏傳者丘明親
自執筆為之以誑經意其後
學者題曰左氏矣公羊者子夏
口授公羊高〻五世相授至漢
帝時公羊壽共弟子胡母生乃
著竹帛胡母生題与親友故曰
公羊不曰卜氏
解嶷秦始皇欲為天子其子
胡亥破先王之術孔氏春秋口

授相傳者獨存而不絶皇燔詩書
不盡胡亥亦燔也之ヲ
說題辭云傳我書者公羊高也戴宏序云子夏
傳与公羊高〻〻傳与其子平〻〻傳与其子地〻〻傳与
其子敢〻〻傳与其子壽至漢景帝時壽乃共弟子
齊人胡母子都乃箸竹帛与董仲舒皆見於圖讖
是也
六藝論云治公羊者胡母生董仲舒〻〻
弟子嬴公〻〻弟子眭孟〻〻弟子嚴彭祖
安樂弟子泠豊劉向王充
穀梁傳十二巻　魯十二公　同前
注　范寧　後漢人
疏十二巻　唐四門博士　楊勛撰

釋文一巻 陸徳明 縛世巻 鄭玄注

釋例十五巻 杜氏

本書序云成天下之事業定
天下之邪正莫善於春秋云々
又云今撰諸子之言各記其姓
名々曰春秋穀梁経傳集解
漢書藝文志云穀梁子魯人名
星与秦孝公同時子夏門人也
穀梁名赤魯人也受経於子夏

作之傳

論語十巻 廿篇

注 何晏集解

疏一部 一部二十巻 劉炫 一部十巻 皇侃

釋文一巻 陸德明

皇侃疏云論語者是孔子没後

七十弟子之徒共所撰録也云云

尊仰聖師下則音軌万代既

方爲世界不可見於經言云
必攝體之顯相收之義爲解者
則謂之義徴之法故爲體者則謂之
爲乱悲言之體遍會別生逆而夫
予生于應據作教敘與時音相
應依系予攝作句顯之示
物於顯迹應己向句和因果言迹
意深義說不亡之於一示治教難
求下請義句顯論語由來叙爲

此言之始
一捨字制音呼之為倫　倫　一捨
言曰依字而号曰論　一云倫論
一稱義樂異也一云倫者次也言
此書義相生首末有次也一云
倫者理也此書之中蘊含万理也
一云倫者綸也言此書経綸今古也
一云倫者輪也言此書義旨周備
圓轉无窮如車之輪也

依字為論者言此書由自門徒之必先詳論人之僉允乃記〻必已論故曰論也

倫論无異故楚夏音殊南北語異耳南人呼倫事為論事北土呼論事為倫事音字不同而義趣猶一也侃案三途之説皆有道理但南北語異如似未深師説不取

綦玄爲此書爲眞通之喩玄物
有大而不普小而兼通者譬巨鏡
百尋所照必偏明珠一寸鑒包六
合以綦斯喩故言論語小而眞
通有如明珠諸典大而偏用譬若
巨鏡誠哉是言
語者論難答述之謂也直言
曰言論難爲語
語是孔子在時所説而論是

孔子没後有論〻在語後應
曰論語而今不曰論語而論語
則後見此語非徒於之説也倫
有圓有之理〻在於事前故又
論后語先也
此書〻通秦人燼至漢時公以講得
乃以孜傳授受有三本一曰古論二
曰斉論二曰魯論説有三本斉論
章少異故創之因魯人所学謂之

魯論者人所學謂之魯論今
壁所得謂之古論
古論及孔安國注尤其傳學者
齊論爲瑯耶王卿所學魯論
爲太子大傳夏侯勝及前將軍
蕭望之少傅夏侯建所學也
鄭康成云仲弓子夏等所所
撰定也
古論語者出自孔氏壁中凡廿一

篇有南子張篇次不与齊魯論
同孔安國為傳後漢馬融之注之
安昌侯張禹受魯論於夏侯建又
従庸生王吉受齊論擇善而従号
曰張侯論
學有二時事
白虎通云學乃覺也悟也言用先王之道導人
情性使自覺悟也時者凡學有三時一是就
人身中為時二就年中為時三就日中為時也
一就身中者凡受學之道擇時為先長則扞格
幼則迷昏故學記云發然後禁則扞格而不勝
過然後學則勤苦而難成是也二就年中為時者

夫學隨時氣則受業易入故王制云春夏學詩
樂秋冬學書礼是也三就日中為時者前身中
年中二時所學並日〻循習不暫廢也

孝經一卷　廿二章

注　孔安国　孔子十一世之孫　漢代博士　　述議五卷　劉炫

去惑一卷　劉炫撰　　釋文一卷　陸德明

秘記一卷　周弘正撰　　句命決六卷　宋均注

述云孝經二字此書惣自將弁
其名義故問而釋之孝者事親
名經者為書之号此是事親之書

論孝之經序採餘其意者人之
高行言為孝是行之高者經常
也言此書可後代常行
礼記祭統云孝者畜也畜者
養也原夫畜者養之別名於養
之間非無等級有敬而養之君
父是也有愛而養之民子是也
有利而養之鳥獣是也此三者
雖愛利有異其畜養則同雖以

畜養為名非徒養口腹而已必
将力致誠須理合教乃可謂之
畜養牛
援神契云孝者就也度也誉也
究也畜也彼縁五等之孝為
之立名天子以孝徳覆燾天下成
就海内故以就為名諸侯専制
一国遵奉法度故以度為名卿大
夫服行王法名誉著聞故以誉

爲名士自家仕國究習義理
故以究爲名庶人身無職任專
事養親故以畜爲名云〻
述一云河間王名德景帝子
武帝家古文稱大孝經焚書
之後河間人顔芝之受而蔵之 [redacted]
逮元初河間王得而獻之漢魏
以來諸儒所傳十八章即是河一
間所獻者也

又云圓宗王臣論亦謂序帝也
陳暉之識處夷不明必在九
朝之訓秦王未遑持也訓帝
在位九五十年則秦王陳暉
在帝朝矣
又云武帝建元及朝門問王
始職秦陵文帝之詔以講其
登尺此詔處初王有秦雅非
由門問備也

議云孔氏之先殷之苗裔也
微子之後也云々漢世治経者各自
名家傳其業故稱孔氏傳
五経要抄云魯哀公十二年（或十四年正月三日）
正月二日丙寅孔子造孝経云々
集類云皇甫謐死時葬送之時
平生之物皆無自随唯齎孝
経一巻示不忘孝道
述一云孝経者孔子弟子

曾参読孝道曰明天子庶人
五等之孝事親之法云々
編年故事云王僧孺五歳讀
孝經問師曰此書載何事師曰論
忠孝孺曰願終身可讀之
述云々古文孝經世不行今随俗
用鄭注十八章
南史列傳云徐份性孝悌父陵
嘗疾份焼香泣涕跪誦孝經

夜不息三日陵疾愈親戚皆謂
紛孝感所致

●老子經 二巻 上道経 下德經

注 皇輔嗣
漢文帝時河上公

疏六巻 周加正
唐玄宗皇帝御製 イ本

老子述義十巻 唐賈公大隠撰

本經序云老子居周久矣王
時見周衰乃遂去至関令

尹喜望見東方有朱人變化
無常乃謁請老子知喜入道
於是留與之言喜曰子将隠矣
強為我著書於是老子著
上下二篇八十一章五千餘言故
號曰老子経
又云生有老徴人皆見其老
不見其少謂之嬰児年已八
十也欲謂之老父又且新生故

謂之老子云々
所以分為二篇者取象天地也
先道後德以經云道之尊德
之貴尊敬為上
述云儀鳳元年五月勅老子
之學為諸教之先又二年
三月勅行河上之注為舉
注之首云々
集類云本書張鷟平特左

手執孝經老子經右手執
小品法華
河上公葛洪序云河上公者居
河上蹊服烏葉孝文皇帝
好老子其州牧二千石有不
誦老子經者皆不得居官
陰德明云老子者姓李名重
耳字伯陽陳國苦縣厲鄉人也
為周柱下史云々

漢文帝竇皇后好黄老言尊河
上公者居河之濱結草為菴老
子教授文帝嶷之云〻於是作
老子章句四篇以授文帝云〻
集注文選云東方朔者是太白
星精也伏義務時為勾芒黄帝
時上台風后尭時為務成子周
時為老聃在越為范蠡至宣
帝時弃郎避乱世後見會

賛貴藥於五湖　高祖特為
蕭（セウ）何武帝時為東方朔文帝
時河上公有時為陶朱公
賈大隠老子述議説老子云玄妙玉女夢流星
入口因而有胎逍遥李樹之下剖左腋而生老
子云々
周定王三年九月十四日夜子時生
嚴子　荘子今為嚴子也有所避改荘為嚴也漢子避明帝諱皆為嚴子荘嚴同音也
荘子　卅三巻
注　郭象　晋代人
疏十二巻　張楼　釋文三巻　陸徳明

史記云莊子者蒙人也名周姓
莊嘗為蒙漆園吏与梁恵王斉
宣王同時無不闚然其要本歸於
老子之言故其著書十餘万言大
抵東偶言也
高才傳云莊周者宋蒙縣人也
云々有涓子者壽二百歳者天地
人經卌篇後釣於河澤得鯉魚
腹中神符隠於宕山能致風雨

魯告伯陽以九仙法蓋仙人也而
周師之周為人宏通博達倜儻
有高才善属書者内外文手
二篇凡十万言雖窮賢談虚然
其大抵此書毀儒墨譏短仁義
責自然一尚無為云々
文遠玄姹玄之籍孔丈之書与日
月俱懸与鬼神争奥老庄之
作管孟之流以立意為宗不以

能文為本云々

又孔子曰老子荘周者秘師也

自居賤職老荘之志管孟之流ハ

以立志為本以好文不為本

全経大意

582 黍仁四年丙申卯月十四日酉魁終書写

583 毛詩二十巻 三百三篇　尚書十三巻 五十篇　礼記二十巻 四十九篇

584 周易十巻 六十四卦　左傳三十巻 上三十経　周礼十二巻 十二册

585 儀礼十七篇 上十七経　公羊傳十二巻　穀梁傳十二巻 上九経

586 論語　孝経 上十一経

587 老子 出死十八年　庠 上十三経

全経大意（裏表紙）

文集抄 上（建治二年（一二七六）写）

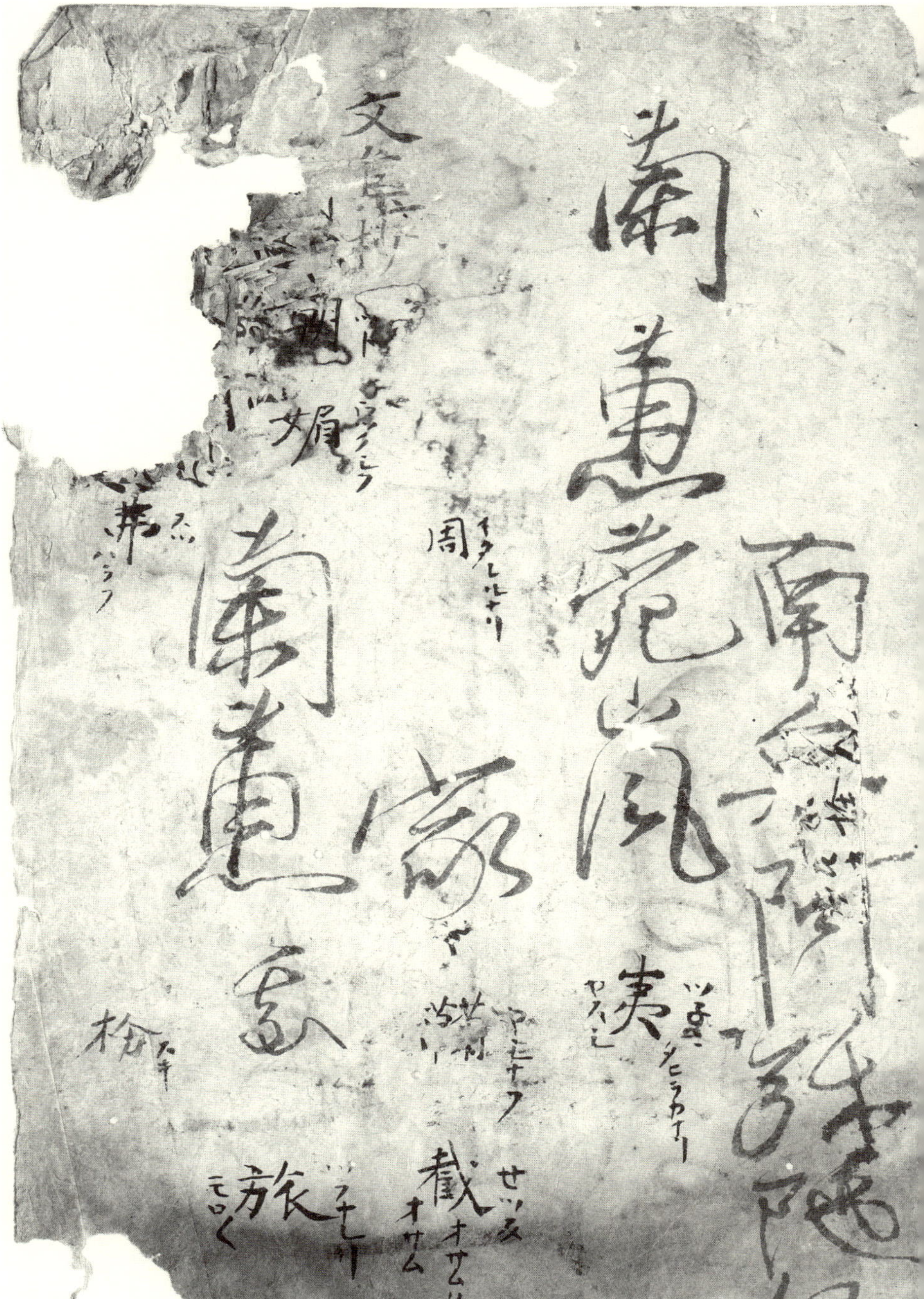
文集抄

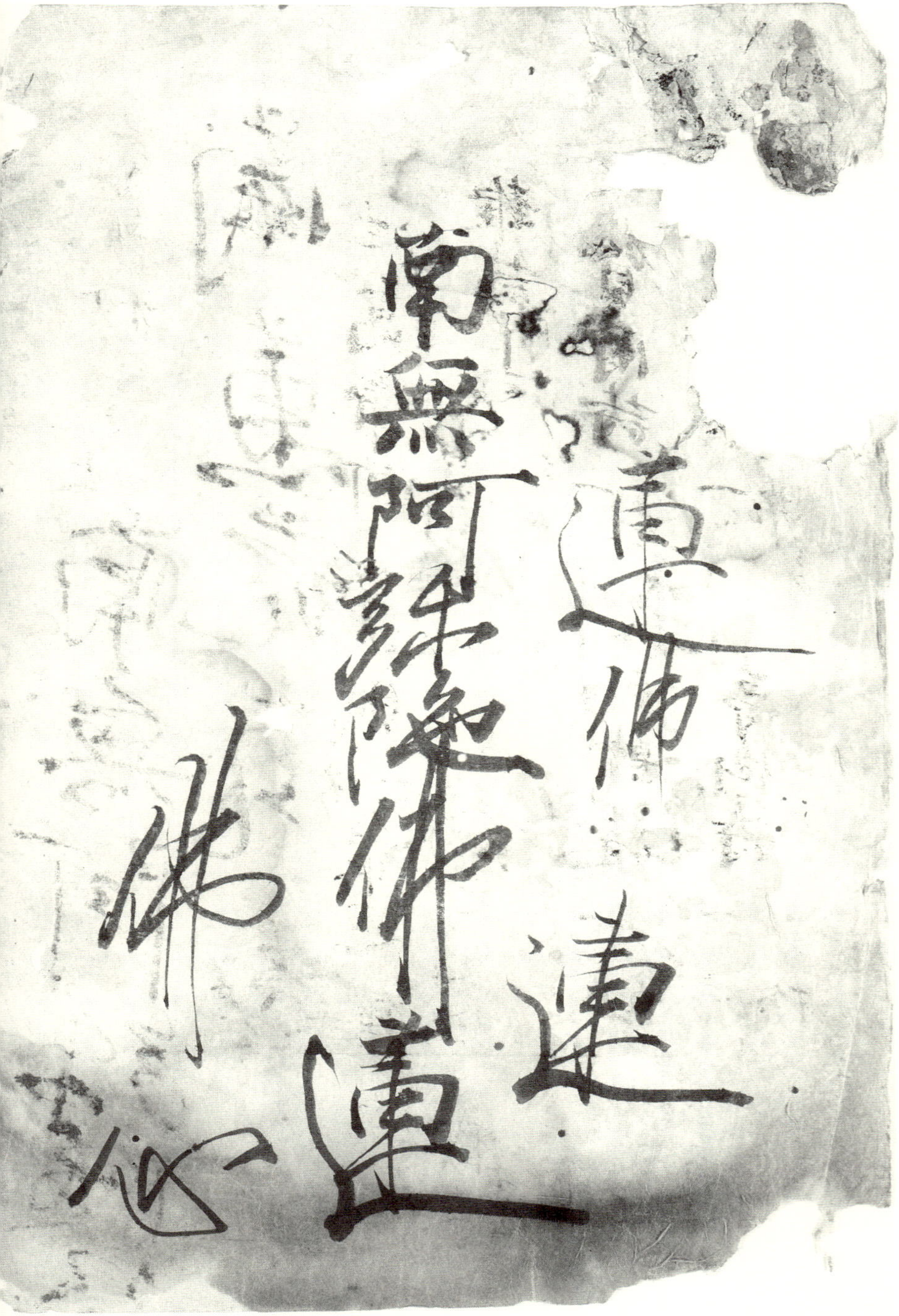
南無阿彌陀佛

文集抄上　上

賦

漢高帝斬白虵賦一廿　雞距筆賦廿一

雜詩上

賀雨詩一　孔戡詩一

一　夢仙詩一

歸田三首 六　隠几 六

閑居 六　首夏病間 六

渭上偶　聞哭者 六

詠慵 六

賦

漢高帝斬白虵賦　以漢高皇帝親斬長虵依次爲韻廿一

高皇帝將欲戡時難撥世乱乃耀聖武奮英斷提神劍於手中斬靈虵於澤畔何精誠之潛發信天地之幽贊卒能殲強楚降暴秦創王業於炎漢

于時依割區宇蜂起奏豪以堅甲

利兵相視以壯圖鋭氣相高皆欲定

許容反
洶水騰湧白

四海之洶以救万姓之殺帝既心竊

咸陽氣王芒碭韋年晨往縱徒夜

已有大虵今出山穴亘路青霓白虹

之精彩被白龍之文章鏤甲鎧以鼻

二丁

雪色晴眸艶其電光聳其身欲攫之
而真犯峯其首勢鴟々而靡亢居郎反旁之
聞之而怪歎壯士觀之而權對於是
行者告于高皇帝乃奮布衣梃
于將攘臂直進瞋目高驤一呼而猛
氣咆勃再叱而雄姿抑揚觀其將

斬未斬之際地方欲縱毒螫肆齧噬
我則奮其討逞其勢口誅雷霆手檪
鋒鋭凜龍顏而色作振虎威而聲厲
何天之啓神之契奉刄一揮盪似而斃
不知我者謂我斬白地知我者謂我斬
白帝於是灑雨血摧霜鱗塗野草瀸

路塵[illegible]乎神化将窮不能保其首尾
雖在下不能衛其身威矣哉聖人之草
勍 渠京反 強也 昧經綸應乎天順乎人勍敵心以
乃武乃文静泆不可以不窮不覩故史
龍泉鏘〻秋水湛為非斷銅蛇不可
斬天威煌〻神武流為非斬王蛇不

可畜是知人在威不在衆我王也方史
之防器在利不在大斷劔也三尺之長下
以讋万物于以駮八方曆數既終闡素靈
之夜哭蒼欲將至知赤帝之道昌錄是氣
呑豪桀威震幽遐素東降而二秦歸
德朱殞遠而六合爲家彼封豨窫截犀

兆末若提青地而斬白地

鷄距筆賦　以中山兎毫作之尤妙為韻　任一不次用女一

足之健兮有鷄足毛之勁兮有兎毛就之中奮發者利距在毛之内秀出者長毫合為手筆正得其要象彼足距曲盡其妙圓而直始造意於蒙恬

利而銛終騁能於逸少斯則創因智
士傳在良工拔毫爲鋒截竹爲筒視
端若武安君之頭鋭小窺其管如玄元
氏之心空豈不以中山之明視勁而迅
汝陰之翰音勇而雄一毛不成採衆毫
於三穴之内四者可弃取鋭武於五徳

之中雙義是合兩際而同故不得惹
毫無以成起草之用不名雖跕無以
表入木之功及夫觀于澤隨指顧執
以律動有度染松煙之墨灑鵝毛之
素尊示畫焉屋鐵點成垂露若用之文
戴則權歆而先鳥若用之草聖則擅場

而獨步寮所以袍習其故雖去從物以用
長亦在假名而善參向使但隨物弃不
特人遇則論畜縮於晨雞毫權殘於
寒鴟又安得取名於彼衫用在鋪膚亦
筦狀細趾下犛對紅綵凝錦臆初被
輟輪停毫既象辛翹足就栖之夕棟

四一

徼

或眷天降沴　無乃儆予躬　上思荅天戒

廣韻云 邕四方有水曰― 於容反

下思致時邕　莫如率其身　慈和與儉恭

羇影反

乃命罷進獻　乃命賑饑窮　宥死除五刑

居希反

已責寛三農　宮女出宣徽　廄馬減飛龍

庶政靡不舉　皆出自宸衷　奔騰道路人

傴僂田野翁　懽呼相告報　感泣涕霑胸

順人〻心悦　先天〻意從　詔下纔七日
和氣生沖融　凝為油〻雲　散作習〻風
晝夜三日雨　淒〻復濛〻　萬心春熙〻
百穀青芃〻　人變愁為喜　歳易儉為豐
乃知王者心　憂樂與衆同　皇天與后土
所感無不通　冠珮何鏘〻　將相及王公

蹈舞呼万歳　列賀明庭中　小臣識愚陋
職忝金鑾宮　稽首再三拜　一言獻天聽
君以明為聖　臣以直為忠　敢賀有其始
亦願有其終
孔戡詩一
洛陽誰不死　戡死聞長安　我是知戡者

聞之涕泫然　戴佐山東軍　非義不可干
拂衣向西來　其道直如弦　從事得如此
人ゝ以爲難　人言明ゝ代　合置在朝端
或望居諫司　有事戴筆言　或望居憲府
有邪戴筆彈　惜哉兩不諧　沒齒爲閑官
竟不得一日　謇ゝ立君前　形骸隨衆人

微葬此邙原（武方反 洛北山名） 平生對腸内 直氣歸無間
賢者爲民生 生死懸在天 謂天不愛人
胡爲生其賢 謂天果愛民 胡爲奪其年
茫々元化中 誰執如此權
凶宅詩一
長安多大宅 列在街西東 往々朱門内

房廊相對空　梟鳴松桂枝　狐藏蘭菊叢
蒼苔黄葉地　日暮多旋風　前主為將相
得罪竄巴庸　後主為公卿　寢病殁其中
連延四五主　殃禍繼相鍾　自從十年來
不利主人翁　風雨壊簷隙　蛇鼠穿墻墉
人疑不敢買　日毀土木功　嗟嗟俗人心

世笑其愚家　但懼笑將至　下愚禍所從
我今題此詩　欲悟迷者胸　凡為大官人
年祿多高崇　權重持難久　位極勢易窮
驕者物之盈　老者數之終　四者如寇盗
日夜來相攻　假使居吉土　孰能保其躬
因小以明大　借家可諭邦　周秦宅殽函

其宅非下同　一興八百年　一死望夷宮
寄言家與國　人凶非宅凶
夢仙詩　一
人有夢仙者　夢身昇上清　坐乘一白鶴
前引雙紅旌　羽衣忽飄颻　玉鸞俄錚々
半空直下視　人世塵冥々　漸失鄉國處

七丁

纔分山水形　東海一片白　列嶽五點青

須臾群仙來　相引朝玉京　安期羨門輩

列侍如公卿　仰謁玉皇帝　稽首前致誠

帝言汝仙才　努力勿自輕　却後十五年

期汝不死庭　再拜受斯言　既寤喜且驚

祕之不敢泄　誓志居巖扃　恩愛捨骨肉

歠食斷羶腥　朝食云母散　夜吸沆瀣精（北方夜半氣）
空山三十載　日望輜軿迎　前期過已久
鸞鶴無來聲　齒髮日衰白　耳目減聰明
一朝同物化　身與糞壤并　神仙信有之
俗力非可營　苟無金骨相　不列丹臺名
徒傳辟穀法　徒授燒丹經　祇自取勤苦

百年終不成　悲哉夢仙人　一夢誤一生

觀刈麦詩　一　時爲盩厔縣尉　張流反　貞栗反

田家少閑月　五月人倍忙　夜來南風起

小麦覆隴黄　婦姑荷簞食　童稚携壺漿

相從餉田去　丁壯在南岡　足蒸暑土氣

背灼炎天光　力盡不知熱　但惜夏日長

復有貧婦人　抱子在其傍　右手秉遺穗
左臂懸弊筐　聽其相顧言　聞者爲悲傷
家田輸稅盡　拾此充飢腸　今我何功德
曾不事農桑　吏祿三百石　歳晏有餘糧
念此私自愧　盡日不能忘
李都尉古劍詩　一

古劍寒黯ゝ　鑄來幾千秋　白光納日月
紫氣排斗牛　有客借一觀　愛之不敢求
湛然玉匣中　秋水澄不流　至寶有本性
精剛無與儔　可使寸ゝ折　不能繞指柔
願快直士心　將斷佞臣頭　不願報小怨
夜半刺私讐　勸君慎所用　無作神兵羞

諭友詩　一
昨夜霜一降　殺君庭中槐　乾葉不待黄
索々飛下來　懐君感節物　晨起歩前階
臨風蹋葉立　半日顔不開　西望長安城
歌鐘十二街　何人不歡樂　君獨心悠哉
白日頭上走　朱顔鏡中頽　平生青雲心

銷化成死灰　我今贈一言　勝飲酒千盃
其言雖甚鄙　可破悒々懐　朱門有勲賢
陋巷有顏回　窮通各問命　不繫才不才
推此自豁々　不必待安排
慈烏夜啼詩一
慈烏失其母　啞々吐哀音　晝夜不飛去

經年守故林　夜々夜半鳴　聞者為沾襟
聲中如告訴　未盡反哺心　百鳥豈無母
爾獨哀怨深　應是母慈重　使爾悲不任
昔有呉起者　母殁喪不臨　嗟哉斯人徒
其心不如禽　慈烏復慈烏　鳥中之曾參
贈元稹詩一

173 自我從宦遊　七年在長安　所得唯元君

174 乃知定交難　豈無山上苗　徑寸無歳寒

175 豈無要津水　咫尺有波瀾　之子異於是

176 久要誓不諼　無波古井水　有節秋竹竿

187 一爲同心友　三及芳歳闌　花下鞍馬遊

178 雪中盃酒歡　衡門相逢迎　不具帶與冠

春風日高睡　秋月夜深看　不為同登科
不為同署官　所合在方寸　心源無異端
秦中吟十首　并序　如淳曰時山東人謂關中為秦中
貞元元和之際予在長安中聞見之間
有足悲者因直歌其事命為秦中
吟

天下無正聲　悦耳即爲娯　人間無正色
悦目即爲姝　顔色非相遠　貪富則有殊
貧爲時所弃　富爲時所趍　紅樓富家女

襦人朱反
説文短
衣也又
云短衣
袁衣之類

金縷繡羅襦　見人不斂手　嬌癡二八初
母兄未開口　已嫁不須臾　綠窓貧家女
寂寞二十餘　荊釵不直錢　衣上無真珠

幾迴人欲聘　臨日又踟躕　主人會良媒
置酒滿玉壺　四座且勿飲　聽我歌兩途
富家女易嫁　〻早輕其夫　貧家女難嫁
嫁晩孝於姑　聞君欲娶婦　〻〻意何如
二
厚地植桑麻　所用濟生民　〻〻理布帛
所求活一身　〻外充征賦　上以奉君親

國家定兩税　本意在憂人　厥初防其淫
明勅内外臣　税外加一等　皆以枉法論
奈何歳月久　貪吏得因循　浚我以求寵
斂索無冬春　織絹未成疋　繰絲未盈斤
里胥迫我納　不許暫逡巡　歳暮天地閉
陰風生破村　夜深煙火盡　霰雪白紛紛

203 幼者形不蔽　老昔躰無温　悲歎與寒氣
204 併入鼻中辛　昨日輸残税　因窺官庫門
205 繒帛如山積　絲綿似雲屯　号爲羨餘物
206 随月献至尊　奪我身上煖　買尓眼前恩
207 進入瓊林庫　歳久化爲塵
208 誰家起甲第　朱門大道邊　豊屋中櫛比

高墻外迴環　壘ゝ六七臺　檐宇相連延

一臺費百万　欝ゝ起青煙　洞房溫且清

寒暑不能干　高亭虚且迥　坐卧見南山

繞廊紫藤架　夾砌紅藥欄　攀枝摘櫻桃

帶花移牡丹　主人此中坐　十載為大官

厨有臭敗肉　庫有貫朽錢　誰能將我語

215 問尒骨肉間　豈無窮賤者　忍不救飢寒

216 如何奉一身　直欲保千年　不見馬家宅

217 今作鳳城園

218 陋巷飢寒士　出門甚栖々　雖云志氣在

219 金閨者　馬門也　見文選　弟廿一

豈免顔色低　平生同門友　通籍在金閨

220 曩者膠漆契　尒來雲雨睽　正逢下朝歸

軒騎五門西　是時天久陰　三日雨凄々
蹇驢避路去　肥馬當風嘶　迴頭忘相識
占道上沙堤　昔年洛陽社　貧賤相提攜
今日長安道　對面隔雲泥　近日多如此
非君獨慘悽　死生不變者　唯聞任與黎
七十而致仕　禮法有明文　何乃貪榮者

227 斯言如不聞　可憐八九十　齒墮雙眸昏

228 朝露貪名利　夕陽憂子孫　掛冠顧翠緌

229 懸車惜朱輪　金章腰不勝　傴僂入君門

230 誰不愛富貴　誰不戀君恩　年高須請老

231 名遂合退身　少時共嗤誚　晚歲多因循

232 賢哉漢二疏　彼獨是何人　寂寞東門路

233 無人繼去塵
234 勳德既下衰　文章亦陵夷　但見山中石
235 立作路旁碑　銘勳悉太公　叙德皆仲尼
236 復以多爲貴　千言直萬貲　爲文彼何人
237 想見下筆時　但欲愚者悅　不思賢者嗤
238 豈獨賢者嗤　仍傳後代疑　古石蒼苔字

安知是愧詞　我聞望江縣　麴令撫惸嫠
在官有仁政　名不聞京師　身歿欲歸葬
百姓遮路岐　攀轅不得去　留葬此江湄
至今道其名　男女涕皆垂　無人立碑碣
唯有邑人知
意氣驕滿路　鞍馬光照塵　借問何為者

七

十二

人稱是内臣　朱紱皆大夫　紫綬或將軍
誇赴軍中宴　走馬去如雲　罇罍溢九醖　於云反醸也
水陸羅八珎　菓擘洞庭橘　鱠切天池鱗
食飽心自若　酒酣氣益振　是歳江南旱　正本
衢州人食人　衢一本
清歌且罷唱　紅袂且停舞　趙叟抱五絃

宛轉當胸撫　大聲粗若散　颯々風和雨
小聲細欲絶　切々鬼神語　又如鵲報喜
轉作猿啼苦　十指無定音　顛倒宮徴羽
坐客聞此聲　形神若無主　行客聞此聲
駐足不能舉　嗟々俗人耳　好今不好古
所以北窓琴　日々生塵土

257 秦中歳云暮　大雪満皇州　雪中退朝者

258 朱紫盡公侯　貴有風雪興　富無飢寒憂

259 所營惟第宅　所務在追遊　朱輪車馬客

260 紅燭歌舞楼　歓酣促密坐　酔煖脱重裘

261 秋官為主人　廷尉居上頭　日中為一楽

262 夜半不能休　豈知閿郷獄　中有凍死囚

縣在弘農

263 帝城春欲暮　諠〻車馬度　共道牡丹時

264 相隨買花去　貴賤無常價　酬直看花數

265 灼〻百朶紅　戔〻五束素　上張幄幕庇

266 旁織巴籬護　水灑復泥封　移來色如故

267 家〻習爲俗　人〻迷不悟　有一田舍翁

268 偶來買花處　低頭獨長歎　此歎無人諭

一叢深色花　十戸中人賦

荅四皓廟詩二

天下有道見　無道巻懐之　此乃聖人語

五聞諸仲尼　矯々四先生　同稟希世資

随時有顕晦　秉道無磷緇　秦皇肆暴虐

二世遘乱離　先生相随去　商嶺採紫芝

君者奏獄中　獄長者書斯　劉項争天下

隷臣競悦随　先生如鸞鶴　高入冥上飛

君者磨斲中　僵爛者厭其　子房得沛公

自謂相遇遅　八難棹舌艫　三略役心機

辛苦十数年　晝夜祈神祇　竟雑覇者道

徒称帝者師　子房尓則能　此非吾所宜

漢高之季年　嬖寵鍾所私　家嫡欲廢奪
骨肉相憂疑　豈無子房口　ヽ舌無所施
亦有陳平心　ヽ計將何爲　皓ヽ四先生
高冠映尨眉　美江反雜白毛也　從容下南山　顧盻入東園
前瞻惠太子　左右生羽儀　却顧戚夫人
楚舞無光輝　心不盡所計　口不生一詞

暗定天下本　遂安劉氏危　子房吾則師
此非尓所知　先生道既光　太子礼甚卑
安車留不駐　功成棄如遺　如彼旱天雲
一雨百穀滋　澤則在天下　雲復歸希夷
勿高巣与由　勿尚呂与伊　巣由往不反
伊呂来不帰　豈如四先生　出処両逶迤

十四丁

何以長隠宗　何以長潛時　由来聖人道
無朕不可窺　巻之不盈握　舒之亘八隅
先生道甚明　夫子猶或非　願子弁其惑
焉予爲此詩

傚陶潛躰十六首　并序　五

予退居渭上　杜門不出時　屬多雨無以

自娛會家醞新熟雨中獨飲往々酣醉
終日不醒懶放之心彌覺自得於此而有
以忘於彼者因詠陶淵明詩適與意會
遂傚其體成十六首醉中狂言醒輒自哂
然知我者無隠矣
一
不動者厚地　不息者高天　無窮者日月

長在者山川　松栢與龜鶴　其壽皆千年
嗟々群物中　而人獨不然　朝見在朝市
暮已歸下泉　形質及壽命　危脆若浮煙
堯舜與周孔　古來稱聖賢　借問今何在
一去亦不還　我無不死藥　万々随化遷
所未定知者　修短遅速間　幸及身健日

昔歌一樽前　何必待人勸　念此自爲歡
翳々喩月陰　沈々連日雨　開簾望天色
黄雲暗如土　行潦毀我墻　疾風壞我宇
蓬莠生庭院　泥塗塞場圃　村深絶賓客
窓晦無儔侶　盡日不下牀　跳蛙時入戸
出門無所往　入窓還獨處　不以酒自娯

十五丁

擺撥塵離語
朝飲兩盃酒　冥心合元化　兀然無所思
日高尚閑臥　暮讀一巻書　合意如嘉話
欣然有所遇　夜深猶獨坐　又得琴上趣
安絃有餘暇　復多詩中狂　下筆不能罷
唯茲三四事　持用度晝夜　所以陰雨中

323 經旬不出門　始悟獨住人　心安時易過
324 東家採桑婦　雨來苦愁悲　蔟蠶北堂前
325 雨冷不成絲　西家荷鋤叟　雨來亦怨咨
326 種豆南山下　雨多落爲萁　而我獨何幸
327 醞酒本無期　及此多雨日　正遇新熟時
328 開瓶瀉樽中　玉液黃金脂　持翫已可悦

歡甞有餘滋　昌雪反　一酌發好容　再酌開愁眉

連延四五酌　酣暢入四肢　忽然遺物我

誰復分是非　是時連夕雨　酩酊無所知

人心苦顛倒　反爲憂者嗤

五

朝亦獨醉歌　暮亦獨醉睡　未盡一壺酒

三獨　文選陶淵明詩曰一觴雖獨進杯盡壺自傾　銑曰獨進謂不與俗人同　劉良曰獨酌獨進杯也

已成三獨醉　勿嫌飲太少　且喜歡易致

一盃復両盃　多不過三四　便得心中適
盡忘身外事　更復強一盃　陶然遺万累
一飲一石者　徒以多為貴　及其酣暢時
与我亦無異　笑謝多飲人　酒錢徒自費
六
天秋無片雲　地靜無纖塵　團〻新晴月
林外生白輪　憶昨陰霖天　連〻三四旬
十六丁

頼逢家醞熟　不覺過朝昏　私言雨霽後
可以罷鑪樽　及對新月色　不醉亦愁人
床頭殘酒榼　欲盡味彌淳　權置南簷下
携酌自殷勤　清光入杯杓　白露生衣巾
乃知陰與晴　安可無此君　我有樂府詩
成來人未聞　今宵醉有興　狂詠驚四鄰

347 獨賞猶復尓　況有好交親

348 仲秋三五夜　明月在前軒　臨觴忽不飮

349 憶我平生歡　我有同心人　邈邈崔與錢

350 我有忘形友　迢迢李與元　或飛青雲上

351 或落江湖間　與我不相見　于今四五年

352 我無縮地術　君非馭風仙　安得明月下

四人來話言　良夜信難得　佳期杳無緣
明月又不駐　漸下西南天　豈無他時會
惜此清景前
家醞飲已盡　村中無酒貰　坐愁今夜醒
其奈秋懷何　有客忽叩門　言語一何佳
云是南村叟　挈榼來相過　且喜樽不燥

若盞方壺酒[illegible]也

れ

耳聞小妓多　重陽雖已過　籬菊有殘花
歡來苦晝短　不覺夕已斜　老人勿遽起
且待新月華　客去有餘盞　竟夕獨酣歌
原生衣百結　顏子食一簞　雖然樂其志
有以忍飢寒　今我何人哉　德不及先賢
衣食幸相屬　胡爲不自安　况兹清渭曲

十七

居處幽且閑　榆柳百餘樹　茅茨十數間
寒負簷下日　熱濯澗底泉　日出猶未起
日入已復眠　西風滿村巷　清涼八月天
但有雞犬聲　不聞車馬喧　時傾一樽酒
坐望東南山　稚姪初學步　牽衣戲我前
即此可自樂　庶幾顏氏賢

371 湛〻壜中酒　有功不自伐　不伐人不知

372 吾今代其説　良將臨大敵　前驅十萬卒

373 一簞投河飲　赴死心如一　壯士磨匕首

374 勇憤氣咆勃　一酣忘報讎　四體如無骨

375 東海殺孝婦　天旱逾年月　一酌酹其魂

酹 韓氏云 沃酒於地以祭死魂以求福也

376 通宵雨不歇　咸陽秦獄氣　冤痛結爲物

千歳不肖骸　一浚亦銷失　況茲児女恨
及彼幽憂疾　快飲無不銷　如霜得春日
方知麴蘖靈　万物無與疋
煙雲隔玄圃　風波限瀛洲　我豈不欲往
天海路阻脩　神仙但聞說　靈藥不可求
長生無得者　舉世如蜉蝣　逝者不重迴

383 存者雖久留　踟樹本苑闊　何者懐百憂

384 念此忽内熱　坐看成白鬢　舉盃還獨飲

385 顧影自獻酬　心苦口相勸　未醉勿言休

386 今朝不盡醉　知有明朝否　不見郭門外

387 纍纍墳與丘　月明愁殺人　黄蒿風颯颯　[illegible]

388 死者若有知　悔不秉燭遊

十八丁

十二

吾聞潯陽郡　昔有陶徵君　愛酒不愛名

憂醒不憂貧　嘗為彭澤令　在官纔八旬

愀然忽不樂　挂印著公門　口吟歸去來　在小反憂望也

頭戴漉酒巾　人吏留不得　直入故山雲　盧谷反灑也

歸來五柳下　還以酒養真　人間榮與利

擺落如泥塵　先生去已久　紙墨有遺文

篇々勸我歡　此外無所云　我從老大來
竊慕其爲人　其他不可及　但傚醉昏々
楚王疑忠臣　江南放屈平　晉朝輕高士
林下弃劉伶　一人常獨醉　一人常獨醒
醒者多苦志　醉者多歡情　歡情信獨善
苦志竟何成　兀傲甕間臥　憨憨醉時行

401 彼憂而此樂　道理甚分明　願君且飲酒

402 勿思身後名　有一燕趙士　言貌甚奇懐

403 日々酒家去　脱衣典數杯　問君何落拓

404 云僕生草萊　地寒命且薄　徒抱王佐才

405 豈無濟時策　君門乏良媒　三獻寝不報

406 遲々空手迴　亦有同門生　先升青雲梯

史記曰家々貧落魄無衣食業 魄不得志 東宮令 索隠曰落魄 魄音薄 義揚雄解嘲曰何為官之落拓也 落拓不諧偶也 鈔曰猶落魄 魄音託 他洛反

貴賤交道絶　朱門叩不開　歸郷種禾黍
三歳旱為災　入山燒黄白　一旦化為灰
蹉跎五十餘　生世苦不諧　處處去不得
却歸酒中來　南巷有貴人　高蓋駟馬車
我問何所苦　四十蓄白鬚　答云君不知
傍里多無屋　此里有寒士　甕牖繩為樞

十九丁

413 出杖落藜杖　入臥蝸牛廬　散職無憂虞

414 心安躰亦舒　東隣有富翁　藏貨徧五都

415 東京收粟帛　西市鬻金珠　朝營暮計算

416 晝夜不安居　西舍有貧者　匹婦配匹夫

417 布裙行賃舂　短褐坐傭書　以此求口食

418 一飽欣有餘　貴賤與貧富　高下雖有殊

419 憂樂與利害　彼此不相踰　是以達人觀

420 万化同一途　但未知生死　勝負兩何如

421 遅疑未知間　且以酒爲娯

422 濟水澄且潔　河水渾而黃　交流列四瀆

濟 子礼反 集三 出常山

423 清濁不相傷　太公戰牧野　伯夷餓首陽

河 戸歌反 出崑崙山

424 同時號賢聖　進退不相妨　謂天不愛民

江 古雙反 出岷山
淮 乎乖反 出桐柏山

胡鳥生稲粱　謂天晷變氏　胡鳥生粃粮
謂神福善人　孔聖竟栖遑　謂神禍淫人
纍叅終霸王　顔回與原憲　何棄早夭之
蝮蛇與鴟梟　何德壽延長　物理不可測
神道亦難量　舉頭仰問天　天色但蒼々
唯當多種黍　日醉手中觴

感時　五

朝見日上天　暮見日入地　不覚明鏡中
忽年三十四　勿言身未老　冉々行将至
白髪雖未生　朱顔已先悴　人生詎幾許
在世猶如寄　雖有七十期　十人無一二
今我猶未悟　往々不適意　胡為方寸間

不貯浩然氣　貧賤非不惡　道在何足避
富貴非不愛　時來當自致　所以達人心
外物不能累　唯當飲美酒　終日陶陶醉
斯書勝金玉　佩服無失墜
秋居書懐　五
門前少賓客　階下多松竹　秋景下西牆

窓風入東屋　有琴慵不弄　有書閑不讀
盡日方寸中　澹然無所欲　何須廣居處
不必多積蓄　大室可容身　斗儲可充腹
况無治道術　坐受官家祿　不種一株桑
不鋤一壟穀　終朝飽飯食　卒歲豐衣服
持此知愧心　自然易爲足

449 養拙　五

450 鐵柔不爲劍　木曲不爲轅　今我亦如此

451 愚蒙不及門　甘心謝名利　滅跡歸丘園

452 坐臥茅茨中　但對琴與尊　身去韁鎖累

453 耳辭朝市喧　超遙無所爲　時窺五千言

454 無憂樂性場　寡欲清心源　始知不才者

可以滋道根

秋山　五

久病曠心賞　今朝一登山　山秋雲物冷
稱我清羸顏　白石臥可枕　青蘿行可攀
意中如有得　盡日不欲還　人生無幾何
如寄天地門　心有千載憂　身無一日閑

461 何時解塵網　此地來掩關

462 　歸田三首　六

463 人生何所欲　所欲唯兩端　中人愛富貴

464 高士慕神仙　神仙須有籍　富貴亦在天

465 莫戀長安道　莫尋方丈山　西京塵浩浩

466 東海浪漫漫　金門不可入　琪樹何由攀

467 不如歸山下　如法種春田

468 種田計已決　決意復何如　賣馬買黄犢

469 徒歩歸田廬　迎春治耒耜　候雨闢菑畬

470 策杖田頭立　躬親課僕夫　吾聞老農言

471 為稼慎在初　所施不鹵莽　其報必有餘

472 上求奉王税　下望備家儲　安得放慵惰

473 [illegible]手西風裾　[illegible]晝衣未爲斷　親友切愛身

474 更待明年後　自擬執犂鋤

475 三十爲近臣　腰間鳴珮玉　四十爲野夫

476 田中學鋤穀　何言十年内　變化如此速

477 比理固是常　窮通相倚伏　爲魚有深水

478 爲鳥有高木　何必守一方　窘然自牽束

化五足爲馬　五因以行陸　化五手爲彈
吾因以求肉　彼膊爲異物　委順心猶足
幸得且歸農　安知不爲福　況吾行欲老
瞥若風前燭　孰能俯仰間　將心繫榮辱
隱几
身適忘四支　心適忘是非　既適又忘適

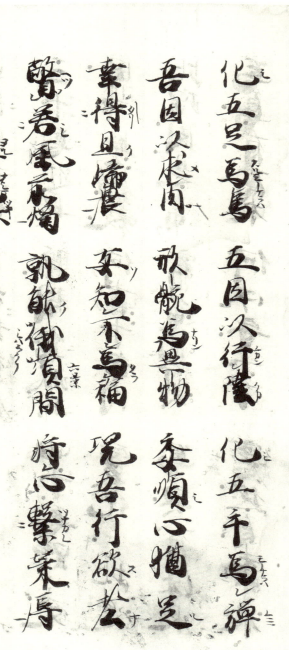

不知吾是誰　百骸如槁木　兀然無所知
方寸知死灰　寂然無所思　今日復何日
身心忽兩遺　行年三十九　歳暮日斜時
四十心不動　吾今其庶幾

閑居　六

空腹一盃粥　飢食有餘味　南簷半床日

暖臥因成睡　綿袍擁兩膝　竹几支雙臂
從旦直至昏　身心一無事　心足即為富
身閑仍當貴　富貴在此中　何必居高位
君看裴相國　金紫光照地　心苦頭盡白
纔年四十四　乃知高蓋車　乘者多憂畏
首夏病間 六

我生來幾時　萬有四千日　自省於其間
非憂即有疾　老去慮漸息　年來病初愈
忽喜身與心　泰然兩無苦　況茲孟夏月
清和好時節　微風吹袷衣　不寒復不熱
移榻樹陰下　竟日何所為　或飲一甌茗
或吟兩句詩　内無憂患迫　外無職役羈

比目不自適何時是適時

渭上偶釣

渭水知鏡色中有鯉與魴偶持一竿竹

懸釣至其傍微風吹釣絲嫋〻十尺長

誰知對魚坐心在無何郷昔有白頭人

亦釣此渭陽釣人不釣魚七十得文王

況我垂釣意　人魚又兼忘　無機兩不得
但弄秋水光　興盡釣亦罷　歸來飲我觴
聞哭者
昨日南鄰哭　哭聲一何苦　云是妻哭夫
夫年二十五　今朝北里哭　哭聲又何切
云是母哭兒　兒年十七八　四鄰尚如此

天下多夭折　乃知浮世人　少得垂白髮
予今過四十　念彼聊自悦　從此明鏡中
不嫌頭似雪

詠慵六

有官慵不選　有田慵不農　屋穿慵不葺
衣裂慵不縫　有酒慵不酌　無異樽長空

521 有琴慵不弾　亦与無絃同　家人告飯盡

522 欲炊慵宿舂　親朋寄書至　欲讀慵開封

523 嘗聞嵆叔夜　一生在慵中　弾琴復鍛鐵

524 比我未為慵

525 文集鈔上　上

以證本校合了

建治元年五月九日於小坂亭書之

桑門顧海在判

建治二年九月日於白川〻〻邊寫了

廿三丁

楽府注少々

（室町時代末期写）

楽府注少々　（表紙）

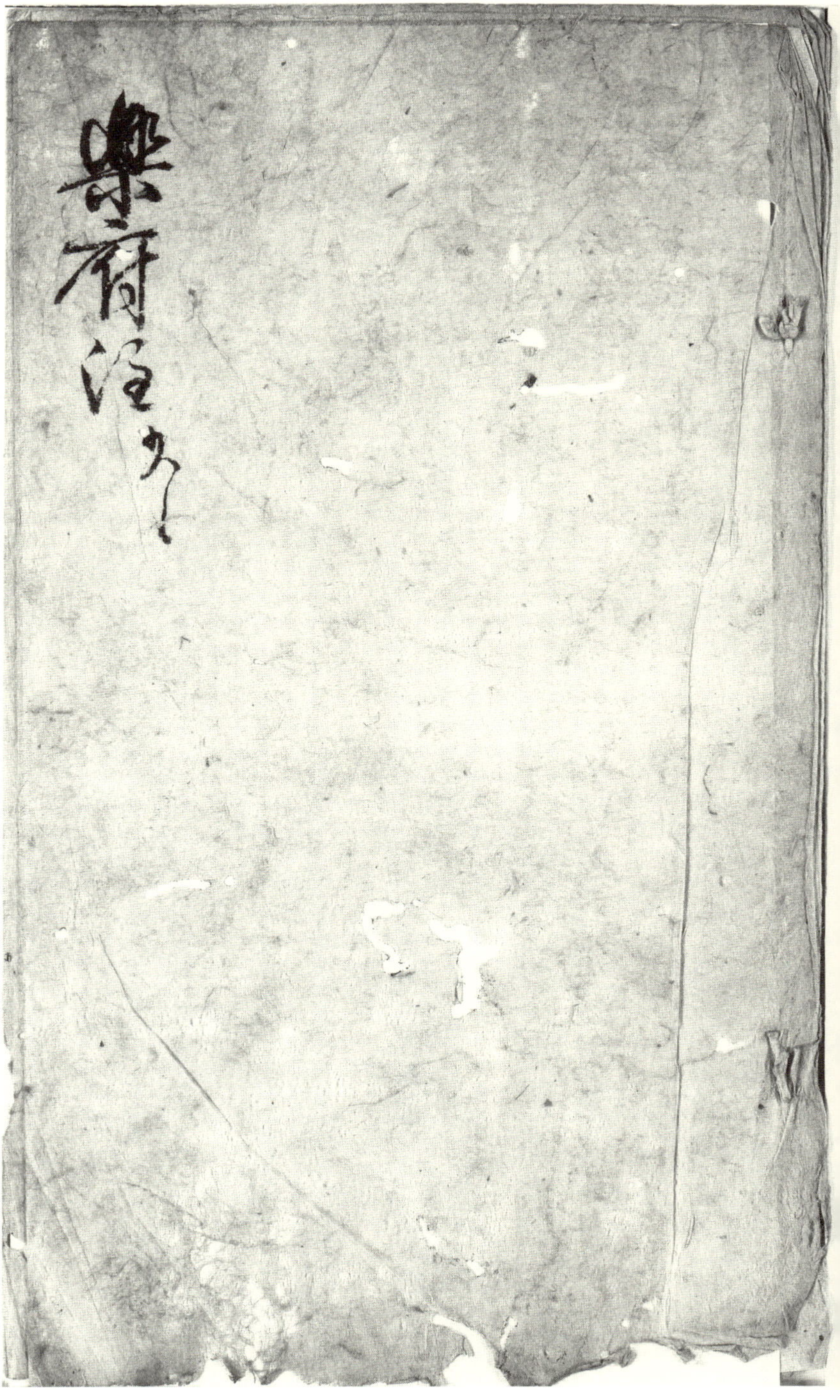

樂府注白居易天宝香山寺ニテ集テ五句修撰ニ
隋ノ棚ニ安ノ内卯ノ典ニ〇在以ニ宗僧上提軸改者ニ〇後夜自夢
天人來云樂天ノ不遇時吐ス作之ニ〇此鏡名峯寿ニ アンイン
文集七十卷樂天一期之所作也 大原云 今ノ陽陰ハ ここハ汾水ト云河
陽ハ北ト云 陰ハ云南也 汾河ハ南ノ山ヨリ北ヘ流ル在也 賛聖賦注見
白ハ姓 居易ハ名字 樂天 諷諫也 諭告也 君 中土 一趣聖言也 臣 秋 為手
民 東木春 傳 徴角也 物 北水冬 盤 羽也 事 南夏火 黄鐘 徴也 左拾遺 日本侍従ノ事也 左輔
支ノ替テ 諫ノ節有也 七徳云 左傳云作 孔子 文武 揔 兵 保大 定功 安
民ノ和衆ノ豊財也 魏徴 虞世南 二人倶ニ大臣也
貞観ハ 三年 言 五 臣故也 傳説 張

張公瑾ハ西府之都護也、四鎮按察使也、件人死時辰日也、寅之哭也
付當有四一皆在中、布十本四足二鬼形帶、火炎中有鬼形、三人形
帶方肩手足皆如人形、此之筆帶、用之、四風流帶爲利方角風
海路用物也　高宗天皇帝死後其繼母則天皇后即帝位
改代稱大周、其後則天ハ授周武帝朱號也、則天崩、中宗繼
起唐稱、中宗皆玄宗、贈之、諡號之二字諡　胡塵、玄宗
天宝十三年、安禄山筆責、西戎鎮、請不定行戰、淅河間、公主閤亂勢而
入安禄山軍中　夏冬ノ天然、南岸中也、青、日西ノ照ス時午、以臺
下、天子寶、鳥國有陰、淪波、唐土も　天子國之中宴下　北郭、上郭
樂也、云郭、雜樂、下郭樂也、雅樂、始于習樂也　綠衣監使
云經也、昔、右尚於玄宗皇帝時、以也、泉石國

帝覺ニ舞女ヲ舞ハセテ遂ニ謂ハ君ガ世ヲ待ツト云フ舞袖翻

我人ハ太カヨリ九ハ世ヲ之本ト為　謂ハ中也　金国得ハ豊富ニ也

錫名也　石積山ト崇山ニ鸂鶒炎王アリ其是金玉也ナリ東州ニ此光

指ヲ見テ嗚呼日ク人ニ而遂ノ鬼神ヲ取テ右食ト也　鸞鳥鏡范泰詩ノ

注云罽賓王得鸞鳥ヲ愛シテ三年マテ不鳴　王云此言義ナリ今ハ鳴鳥鏡ヲ懸ケ

此鳥好女ヲ見テ鳴ク以鏡ヲ置前ニ仍鳴ク　含羅ト云ハ甚難ト云ヘル也

牽牛女　奉國ニ青草湖ト云水海アリ　天女下衣ヲ脱捨テ取テ埋堀ニ三年

後ニ子ヲ生ム　母ニ仍衣ヲ取テ上ル天ニ　又三年ミテツナシテ下テ　子ヲ迎テ子ニ付テ

織女モ上ル　又犬モ上ル下ル也ニミテ　七月七日織女ト云フ此日計会也

参商ト云ハ星ノ名ナリ　参ハ星商ハ星ナリ　同時ニ上天スルコト見ズ　云フ

ミツヘニ見テ来テ語ラン　鞋モ重ネテ見テ向フ草待ツテ

月上ル故中ノ慮事ニ勝之ツ　為伐昆明国ヲ漢武帝
擒ルニ昆明ノ人ヲ　然レハ十倍也　仍ノ意ハ武ヲ習作舎ノ矢ヲ使ニ
将士ニ教ルヲ軍兵ニシテ云也　捉トハ從ヲ未生ニ取ヲ特取ツ云也
老烟塵ト云ハ軍ノ突キ也　猖狂ハ狼藉也　屯ヲアツムト云　春食ヲ報ト云フ
不築城ヲ取其国物ヲ不返国王ニ此云春食ヲ殺ノ也　聴兵ト云
軍将与戌人ト合力ヲ乱国ヲ損民ツ也　瘴氣膿　類没シヲ
鑿ニシテ鬼ノ形ニ作頭ニ燈機ン折テ為燈高竃下ニ吼
一章ハ四天ス　五絃ハ鄭声ナリ　寥ス静也　錚ハ金ヒビク音也
平生ト云ハ奇事也　正始ハ古ノ始也　朱絃トハ赤三絃也　跡トハ
弟ニノ経越テ踊ツ云也　琴トハ絃ヲ共也

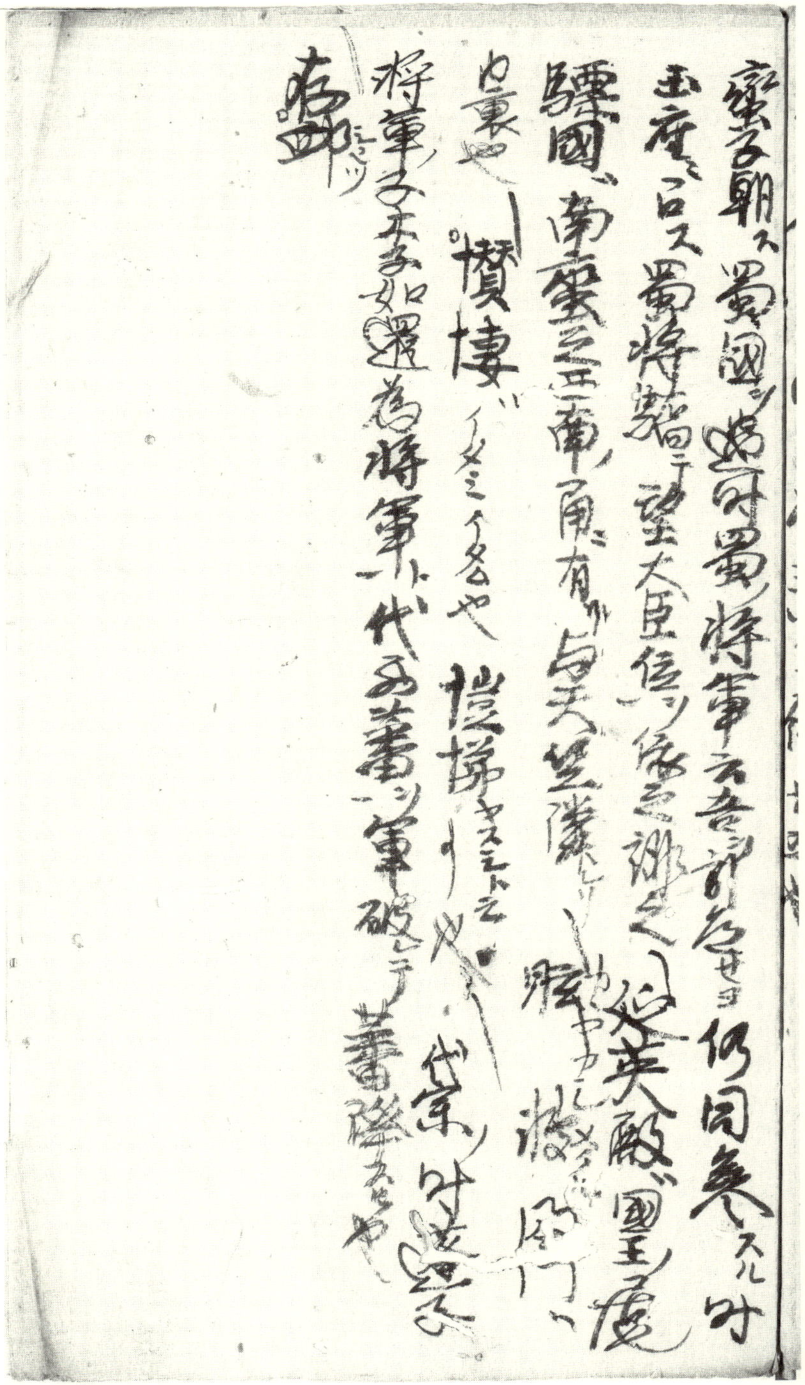
蠻子朝ス蜀國ヲ蠻ハ蜀ノ将軍云者ニ討為セヨ伺同意スル時
玉座ニコロス蜀将駱曰テ望大臣位ヲ依之謝之父英殿ハ國王ノ座
驃國ハ南蠻之西南ノ角ニ有ガ與天竺隣レリ驃ヤカニ撥メク風門ニ
内裏也　攬摟ハノメミヘ名也　攬摟ヤスミトユリ也　代業叶遊
将軍ノ子太李如羅遊為将軍ト代ヲ蕃ヲ軍破シテ蕃隣スルや
蕃郎ニコソ

下ゲ
閔鄕麗正殷不幸ニシテ斧鉞ヲ受ス　碣ハ碑ト同也　匪躬鬱々
掌時大尉ハ具ニ忠烈也　確ハ不動也　朱泚ハ世ス　瀧也
奮擊ハ降伏也　射壇之臣ハ國境ノ將軍也　跳梁ハヲトヽヒル也
八疋驊騮緑耳　今四疋不尋ネ　或云騅駱騾驥可也
此ハ八疋ニ車ヲ懸テ行也　七廟ハ父祖六代ニ加我ヲ
杜宇ハ杜陵ト云所ノ叟也　有猶ニ一頃ノ田ヲ　早メ不容
越溪ハ國ノ名　寒女ハ下モ女也　照陽ハ宮ノ名也　虞氏ハ王ヒノ也
戎人ハ陰山ノ胡ヲ　馬ヲ廿ニ来ル表ス　馬ハ死スル十二六七ノ仍失也　故
緣五十疋ニ馬一疋ヲ易ヘ為ニ　縁ノ歎ク　一つ　藕系乃

物有ニ廻鶻可汗ハ國之戎人ナリ、祈之以下ハ宣台ニ古府ノ金帛ヲ
知テ矢ツ馬直ニ、紇羅邏敦肥トハ戎人ノアツメヲコヲ事ヲ云也、江淮トハ
江州淮州也、點麋ハエリソナケラレタル戎ト云也、飛龍トハ古馬也
時粧 手ヤウスカタ メノカミノスホ 嚬 奈ワロニ 本態ハ本戎也、釧紅トハ夕陽之名也 マフヒ
赭面 アカキシモテ イタツラシモテ 憲宗元和年中ニ戎人ノ叛ソ蹤ニ四方置テ令用心
具ハ有ハ天下泰平ナルニハウチトケテ不用心者若戎人餞ニ
起可有悲ナリ也、周世ニ宰有ト云ル伊川ト云所ニ戎ノスヤタソレテ君ヲ与恨ミ
日ヨ翳ヲ治美人ヲ云ヲ辟妾ト、方士トハ仙術者也、令魂者ハ反魂香也
九華帳ハ九色之帳也、悄ハ静良也、泰陵ハ楊貴妃ノ衣ヲ葬ル所之 九

傈姚ハ妍ハ ヨワカナリ ウルハシキ形ヲ云　瞪（?）女哉トカ ミトハス　○鶴（?）旧ハ ドウ（コムヒ）詩也　監送ハ使也

縲（?）麦（?）トハ 蒼也　宣山徽トハ 天子名也　○寒（?）字（?）西江ノ大高（?）賜官府ニ

高ク塩ヲ楊州ノ小女郎被女（?）　八蒼衣ハ使者也　黄橙（タチハナ）　濃杖（?）ハ飲盛ニ

倚楼楼ハ船トモ云　又豪（?）話（?）筆ハ漢代人也　賜官府ニ商酒ヲ間餘ニ

徳カケテ偏頗ヲ為ル故被打殺ケリ　○木多（?）義府ハ（高宗時）居ニ三公位

為人ノ多ク讒説被配流　徳宗時馬暢家ヲ召テ為風閣（?）ト

唐ノ太宗ノ時ノ魏徴死テ又其家ヲ他人借テ居シヲ憲宗ノ時買其ノ家ヲ賜

魏徴之五代孫ニ　贖（アカラ）貝（ツクノテ）　儉（ツツマヤカナリ）　八顏敬宗者カニ六ニ（?）又供物ヲ

条（?）ニ云ニ　顏敬宗ヤ高堂ヲ公ノ母ノ指名（?）新（?）也　消息（アリサニ）　耳聘（ヨウ）（ムカフ）

瀛水ハ閬内ニ有ル八水ニ其一也　左右甚寄起ヲ者ニ君ガ寿ノ弾ジ面ニ云々ト云

黄金ノ闕ハ崑崙山ニアリ是ノ仙宮名ニ宮ニ入紫毛生ル毫毛ヲ以テ

作ル筆ヲ云紫毫筆ト除シハ漏トモ論トモ読ム也

隋煬帝煬ハ一千三百里ニ殖テ遊戯スル間不折破ヲシ詩候表ニ首ニ

其時太宗起軍ヲ誅殺シ伐テ以親父為天子太宗居東宮隋殺害

秦始皇遊戯テ葬ル驪山ニ三重築墓ヲ中ニ无量珍宝ヲ飾ツク作日月

珠ヲ三之以水銀作海ヲ項王墓ヲ破テ其ノ珍宝ヲ盗取ル　泉中ハ

墓也　漢文帝ハ倹ニ人葬テ不置珍宝ヲ人ニ損之　法花経

經ヲ千歳ヲ脈ハ湖ス接媚自也　或剣ヲ以テ墓ヲ切ル宮壁ニ

蚩尤在黄帝ノ時数々叛ク　或ハ銅ヲ鋳テ剣鏃ヲ作ル也　采詩官

周ノ成王康王ノ時ニ此官ヲ置ク　秦ノ世ニ至テ廃ス也　諫臣ハ嘉言ヲ

先王ノ道也　孝義ノ道ヲ以テ諫ム　又周ノ師ノ道ヲ以テ諫鼓ヲ設ク

擁蔽　ナガラ　ロツモレカクレテ名ヲカクス也

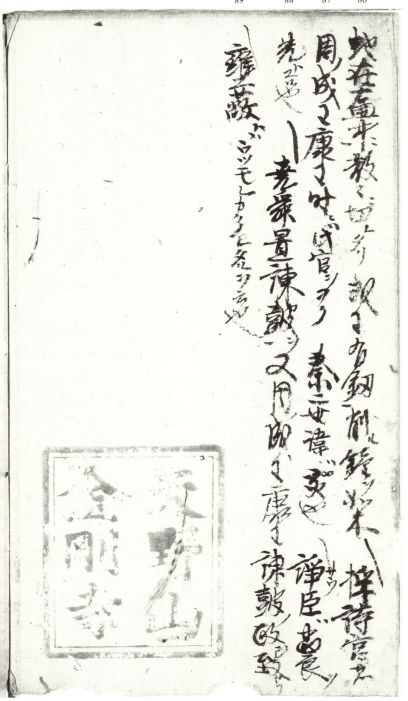

（裏表紙見返）

楽府注少々　（裏表紙）

本朝文粋 巻第八（南北朝時代写）

本朝文粋　巻第八　（表紙）

本朝文粋巻第八

序甲

書序

野相公義解序一首

弘仁格序一首

貞観格序一首

延喜格序一首

紀納言延喜以後詩序一首

源順沙門敬公集序一首

詩序一

天象　橘贈納言賦冬日可愛詩序一首

文集八ノ十平　初

源順陪第七皇子讀書閣賦
弓勢月初三詩序一首
紀齊名陪中書大王書閣賦望
月多遠情詩序一首
善相公八月十五夜賦映池秋月

明詩序一首
紀納言八月十五夜賦天高秋月
明應　製詩序一首
同八月十五夜陪菅師匠亭賦桂
生三五夕詩序一首

菅淳茂八月十五夜賦月影満
神池應　太上法皇製詩序一首
都在中八月十五夜於文章院賦
清光千里月詩序一首
江匡衡八月十五夜野亭對月

言志詩序一首

藤篤茂陪藤相公亭賦酒

雪中天詩序一首

菅贈大相国九日侍宴賦書

晴詩序一首

時節

都良香早春侍宴賦陽春
詞應製詩序一首
菅贈太相国早春侍宴賦陽
春暖應製詩序一首
早春侍内宴賦無物不逢春

應　製詩序一首
慶保胤早春賦春生逐地形
詩序一首
源順於奬學院賦春生霽
色中詩序一首

江匡衡三月三日陪左相府曲水
宴賦因流汎酒詩序一首
紀斉名三月盡賦林亭春已晩
詩序一首
源順後三月陪都督大王華亭賦

今年又有春詩序一首　順
慶保胤於右親衛源相公河陽
別庄賦何處堪避暑詩序一首
江匡衡夏夜守庚申賦避暑
對水石應座製詩序一首

野美材七夕代牛女惜暁更應
製詩序一首
江以言七夕侍秘書閣賦織女
雲為衣應　製詩序一首
源順九月盡日於佛性院惜

秋詩序一首
菅贈太相國閏九月盡燈下即
事應製詩序一首

山水

藤惟成於河原院賦山晴秋
望多詩序一首

源順遊河原院賦波動水中山

詩序一首

菅贈太相国九日後朝賦閑居

楽秋水應太上法皇製詩序一首

源順過貞上人禅房翫庭前

水石詩序一首
江匡衡陪左相府書閣賦水樹
多佳趣詩序一首
江以言陪員外端尹文亭賦
泉水傳千歳聲詩序一首

序甲

書序

令義解序

正三位守右大臣兼左近衛大将臣清原真人

夏野等奉　勅撰　　野相公

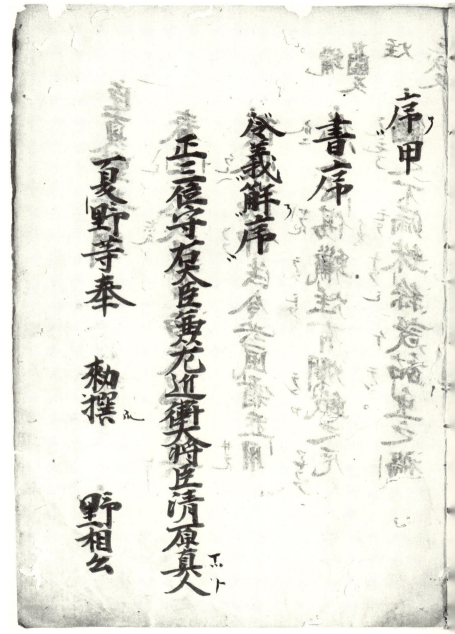

臣夏野等聞　奉　勅撰

春生秋殺刑名与天地俱興

陰慘陽舒法令共風霜並用

犯之必傷蠟烓有爛蛾之危

觸之不漏蛛絲設罥虫之禍

蠟　力盍反

烓　[illegible]

昔漢成好文章繙貴石室之籍
覆縄以往不嚴之教易從
畫服而來有耻之心難格
隆周三典漸增其流大漢九章遍分其流
雖復

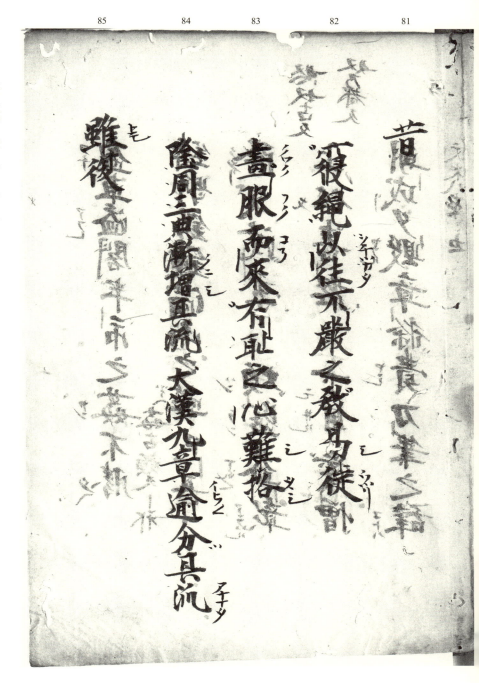

盈車溢閣半帋之姦不勝　姦古顔反

鑄斲銘鐘満山之韋已甚

降及流季頃濫益彰

上任喜怒下用愛憎　怒奴古反

朝成夕毀章條貴刀筆之健　奴乃都反

富軽貪重無法賕賄賂之家

蒙科所枉鉤戟謝其銛利

軽代所縦者父聴其過清　育欤

故

令出不行　不如無法

敎之不明　是為樂刑
伏惟　皇帝陛下
於角反持也
道高五讓　勤劇三握
類金玉而齊法　布甲乙而施令
寔春竹而子刑　鎮秋荼玄奏律

孔章筆手之跡無復寛滓之氣
萬神船指之地唯看香楓之林
猶憶
法令製作　文約旨廣
先儒訓註　案撿非一

或専守家素　或固拘偏見
不肯出孔之中　争欲出門之表
遂至
聞聴之録生死相半　連案之断出入異科
念此斉正　深切神襟

爰使臣等
集數家之雜說學一法之定準
臣
謹與參議從三位行刑部卿兼信濃守臣南
淵朝臣弘貞參議從四位下守右大弁兼行

下野守藤原朝臣常嗣正四位下行左京大
夫兼文章博士菅原朝臣清公從四位下行
勘解由長官藤原朝臣雄敏從四位下行刑部
大輔兼伊豫守臣藤原衛正五位下行大判事
臣興原宿祢敏久正五位下行阿波守臣宮道

宿祢真貞大掌少貳従五位下小野朝臣篁
従六位下行左少史兼明法博士勘解由判官臣
讃岐公永直従八位上守判官少属臣川枯
首勝成明法得業生大初位下臣漢部松
長等

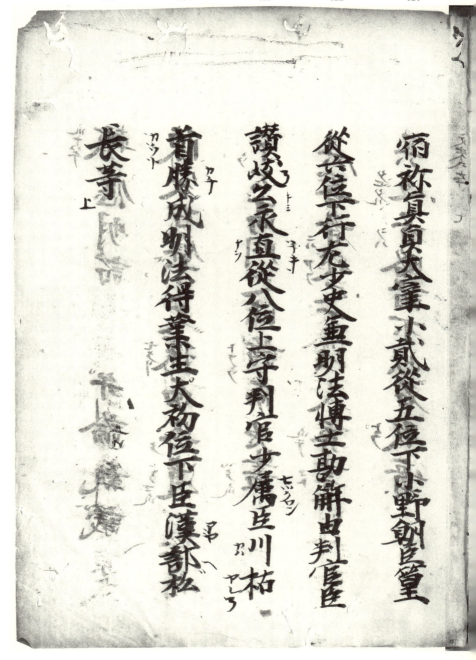

輙應明詔　弁論執議

陳家石壁之文探而無遺

于公高門之法訪而必盡

其善者從之不以人弃言

其違者略諸不以名取實

一加一減志依法曹之舊云
乃業乃刑非是臣等之新情
猶有
五鈞難名兩壁易似
必稟皇明長負疑滞

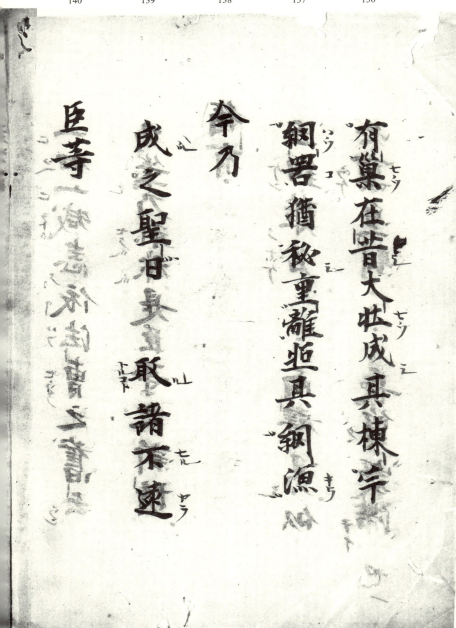

有巣在昔大壮成其棟宇
網罟猶秘重離[illegible]其網漁
今乃
成之聖日是取諸不遠
臣等

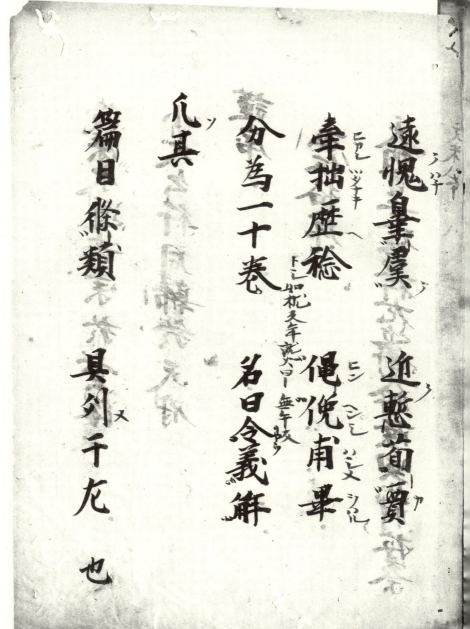

遠愧皐虞　逆慙荀賈
幸拙歴稔　僶俛甫畢
分為一十巻（如杌文年既入日一無午故）　名曰令義解
凡其
篇目條類　具列于左　也

浅深水道共宗於雲海
小大么行同歸於天府
謹序
弘仁格序
大納言正三位兼行左近衛大將陸奥出羽按察

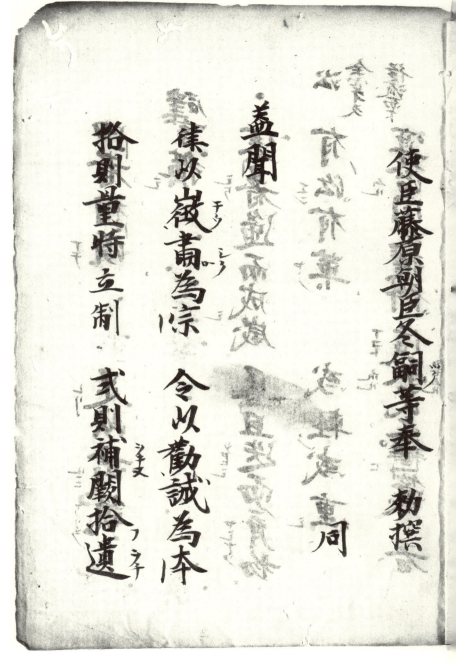

使臣藤原朝臣冬嗣等奉　勅撰
同
蓋聞
律以懲肅為宗　令以勸誡為本
格則量時立制　式則補闕拾遺

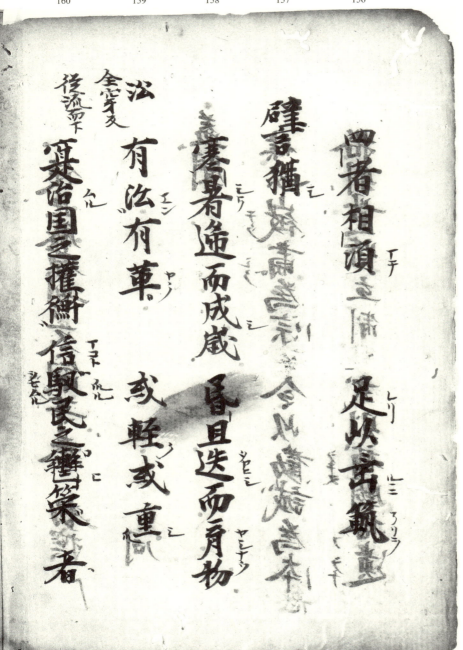

四者相須　是以言氣

肆言猶

寒暑逓而成歳　昼夜迭而育物

泓　全定才文

有泓有華　或軽或重

従流而下

寔治国之權衡　信馭民之轡策者

右者
世質時素法令未彰
無為而治不粛而化
曁于推古天皇十二年上宮太子親作憲
法十七條国家制法自茲而始焉降至

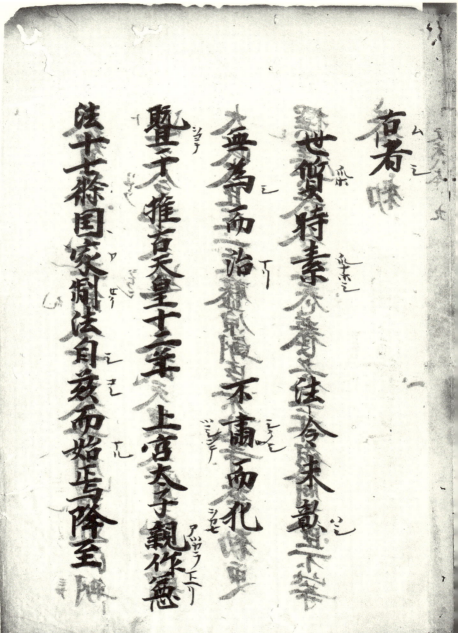

天智天皇元年制令廿二巻世所謂近江朝
廷之令也爰逮文武天皇大寶元年贈
太政大臣正一位藤原朝臣不比等奉 勅更
撰律六巻令十一巻養老二年復同大臣不比等
奉 勅

更撰律令　各為十巻

今行於世　律令是也

故去天平勝寶九年五月廿日　勅書偁頃年

選人依格結階人々高位不便任官

自今以後宜依新令

去養老年中朕外祖故太政大臣奉　勅刊
脩律令宜仰所司早令施行
先帝天平勝寳九年五月廿日　勅書無倫旬年
（王云　燾　徒到切　覆照也）
德侔燾載　明香照臨
四海有截　八紘無事（烏萌反）

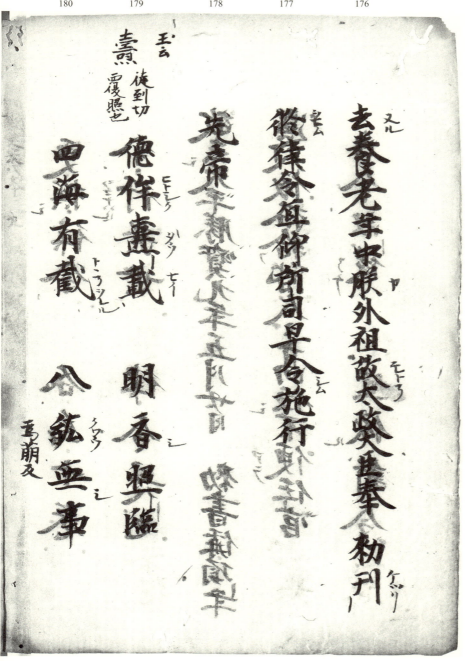

然而

疑情政體　騁想治術

以爲

律令是爲從政之本　格式乃爲守職之要

方今

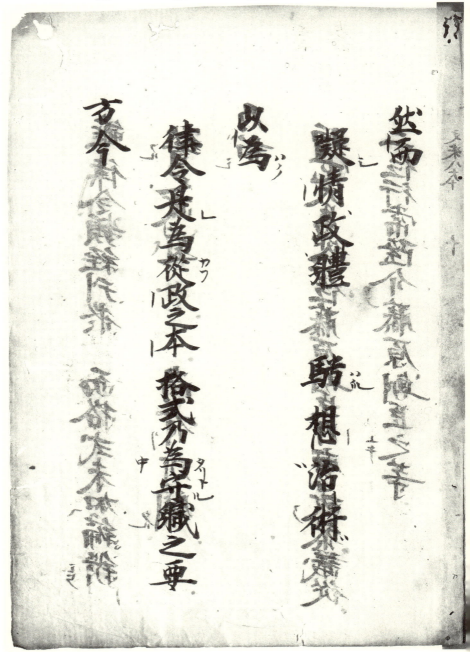

雖律令頻経刊修　而格式未加編緝
賛之政道　尚有所闕
乃詔
贈左大臣従一位藤原朝臣内麿故参議従
二位行常陸介藤原朝臣之等

始令撰定草創未成
遭特遏蜜 於葛反止也 寢而不為
天朝
以聖兼聖　資明継明
敷景化於寰中　暢仁風於海外

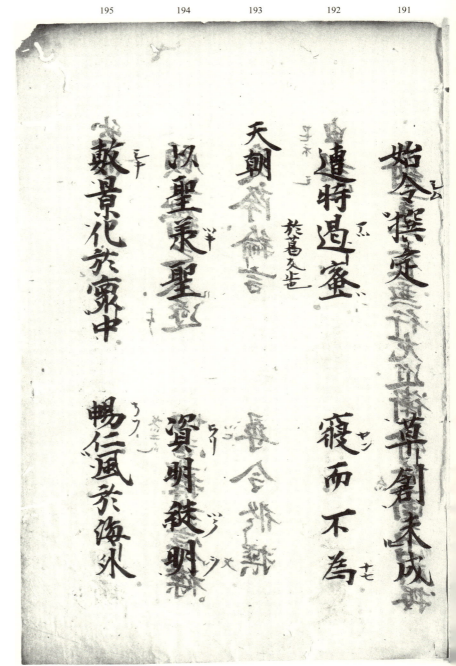

然而

願先緒之未遂　切望拜於扆襟

爰降綸言　尋令修撰

申詔

大納言正三位兼行左近衛大將陸奥出羽按

察使臣藤原朝臣冬嗣故正三位行中納言臣藤
原朝臣葛野麻呂參議從三位行近江守臣秋篠
朝臣安人參議從四從上行春宮大夫兼左近衛
督式部大輔藤原朝臣三守從五位下守左近
衛少將臣橘朝臣常主從五位下守大判事興

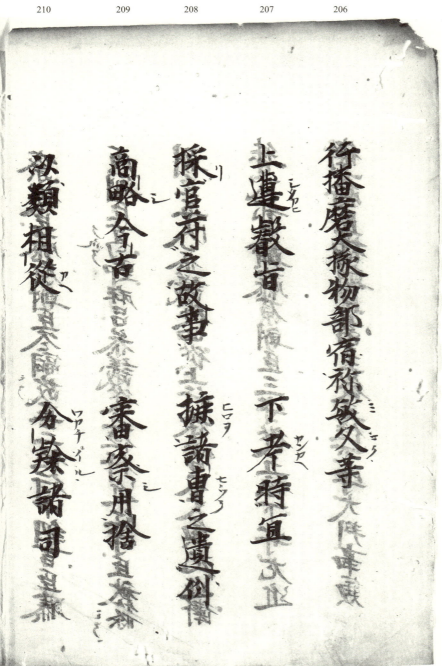

行播磨大掾物部宿祢敏久等

上遵勅旨　下考時宜

採官府之故事　摭諸書之遺例

商略今古　審察用捨

以類相従　分隷諸司

其
随時制宜　已経奉勅者
即載本文　別編為格
或
雖非奉勅　事旨稍大者

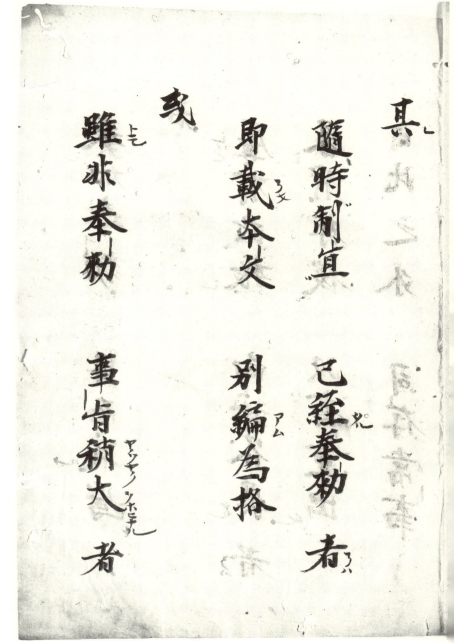

奏加奉勅　因而取焉
若
屢有改張　向背各異者
畧前存後　以者重出
自此之外　司存常事

或可禆法令　或堪為永例者
随収増損　惣入於式
若
事類斑雑　不得損附者
各為雑篇　次之於末

其
諸司所行　彼此参差
或
因循雖久　不便於事
若斯之流　難以取則

具録其状　伏聴天裁
至如米塩魚肉兩斅紛紜及鋪設雜器物
程多少等類事既軽碎臣等商量
務従折中　不煩上聞
具

朝會之礼　蕃客之儀

頃年之間　随宜改易

至於有事例具存記文

今之所撰　且以略諸

又更儀式者延暦年中勅解由使撰定奏

聞遵行已久

仍舊而存　不加取捨

但

年代浸遠　京都屢遷

諸司文案　多或隨失

雖加捜索　猶有未倫
上起大寶元年　下迄弘仁十年
都為式四十巻格十巻
辞簡而事詳　文約而旨暢
廣使

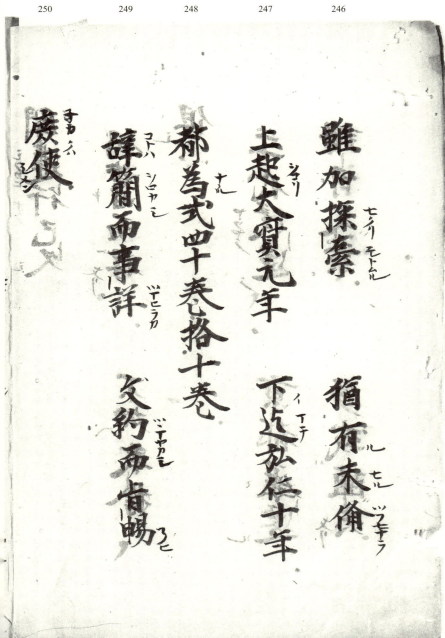

覧之者易暁　施之者易行
布之緘緗与天地而無窮
勒之景鐘將金石而不朽
臣等
學非稽古　才闇當今

猥稟明詔　敢事銓衡
雖整庸浅　恐多紕繆
凡厥篇目　列之如別
謹序
貞観格序

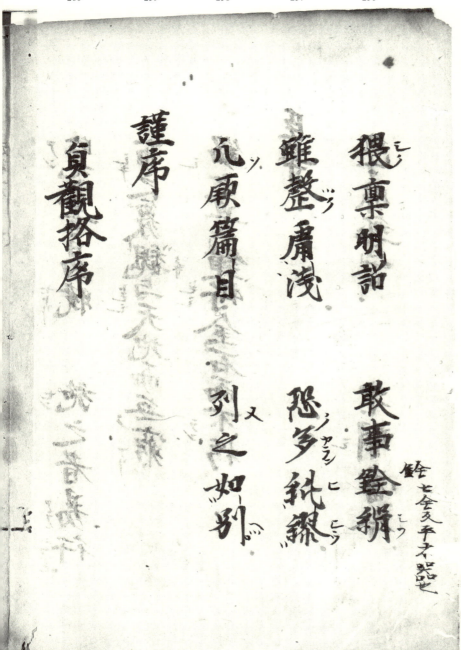

大納言正三位兼行皇太子傅臣藤原朝臣
氏宗等奉　勅撰　　野相公
律云断罪須引律令格式正文令云犯罪
未断決逢格改者
然則格者
論語曰大車無輗小車無軏其何以行哉
軏五厥反車轅端曲木也

輗（五合反 大車也）律令之條流　政教之輗軏也（軏居美反 法則也 車轍也）

君与百姓　共之者也

君不可失之於上　臣不可遠之於下

出言而千里斯應　合和而萬類曲成

時險則峻法以取平　時泰則寛納以将化

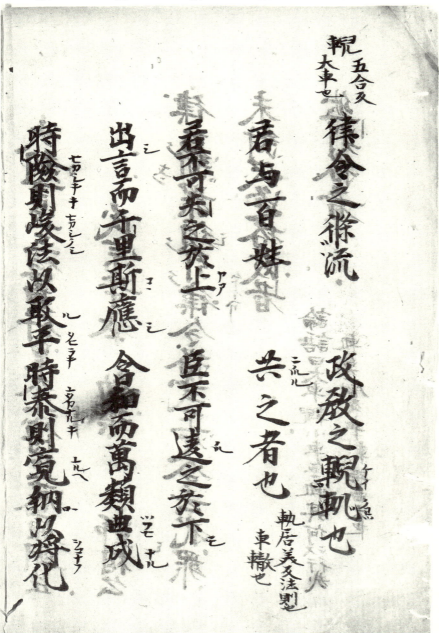

我国家
遐延美德　天下無虞
風敎大同　車書共道
而未能
焚符破璽施無事於群情

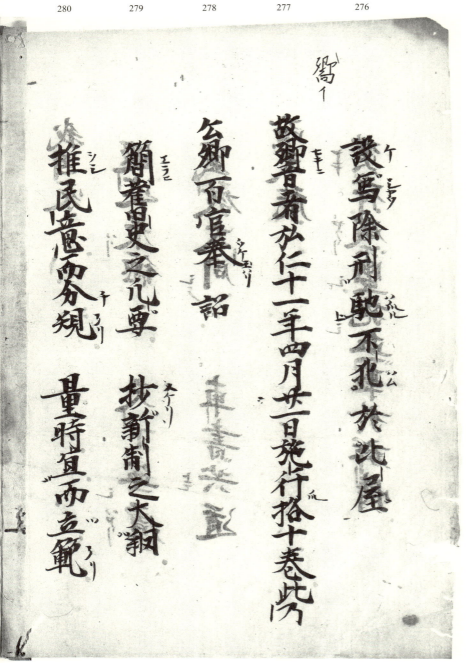

設焉除刑馳不孔於此屋
故卿菅著弘仁十一年四月廿一日施行格十巻此間
公卿百官奉詔
簡萃旧史之凡要　披新制之大綱
推民意而分規　量時宜而立範

不刑之典遵行尠焉

仍舊貫之圖跡漸在

聖上之本

不出戸而知天下不曰教而弁物情

以為

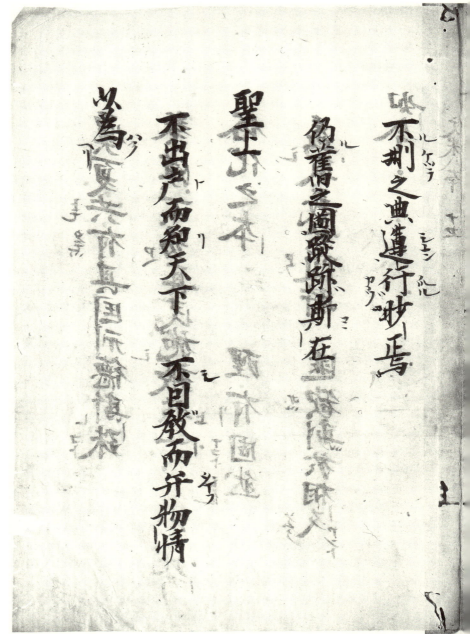

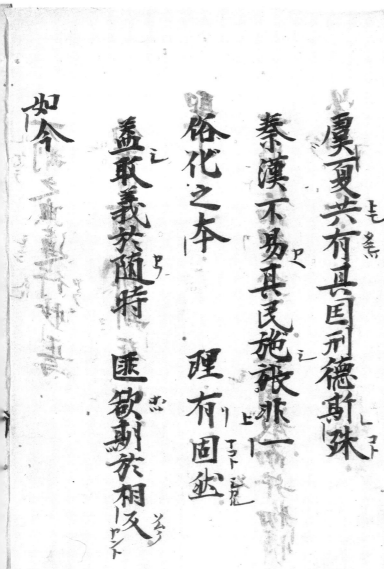

虞夏共有其国刑徳斯殊
秦漢不易其民施張非一
俗化之本　理有固然
蓋取義於随時　匪欲剋於相反
如今

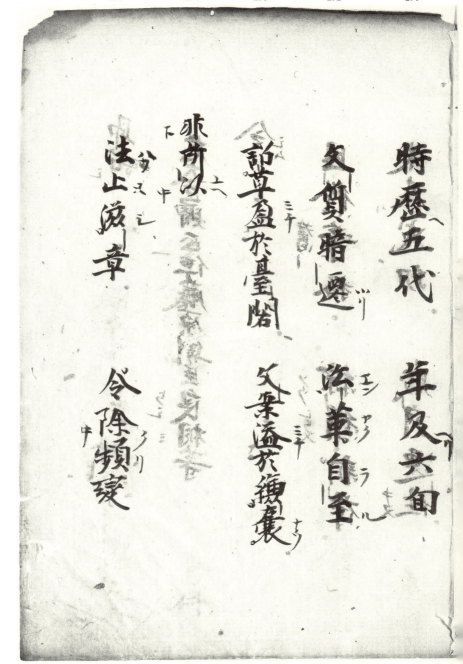

特歴五代　年及六旬
文質猶遷　淹華自至
詞草盈於臺閣　文章溢於縑嚢
非所以
法上激章　令除頻變

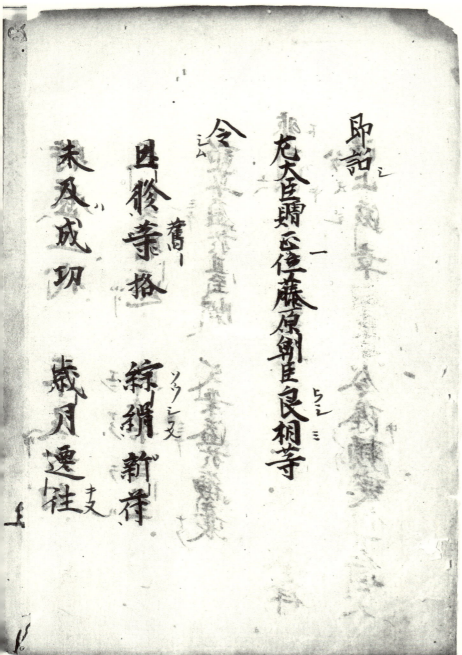

即詔
右大臣贈正一位藤原朝臣良相等
令
且務奪捨　綜緝新符
未及成功　歳月遷往

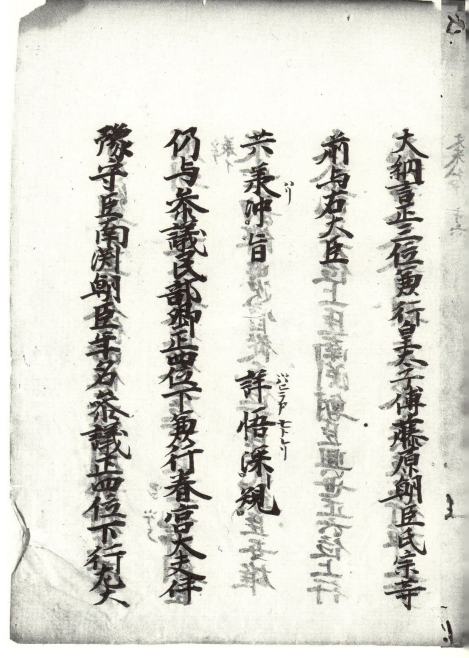

大納言正三位兼行皇太子傅藤原朝臣氏宗等
前与右大臣
共兼冲旨　詳悟深規
仍与参議民部卿正四位下兼行春宮大夫侍
従守臣南淵朝臣年名参議正四位下行左大

弁大江朝臣音人従四位上守刑部卿臣菅
原朝臣是善散位従五位下臣上毛野朝臣
永世勘解由次官従五位下臣紀朝臣安雄
大外記正六位上臣南淵朝臣興世正六位上行
左少史大春日朝臣安永正六位上行弾正少

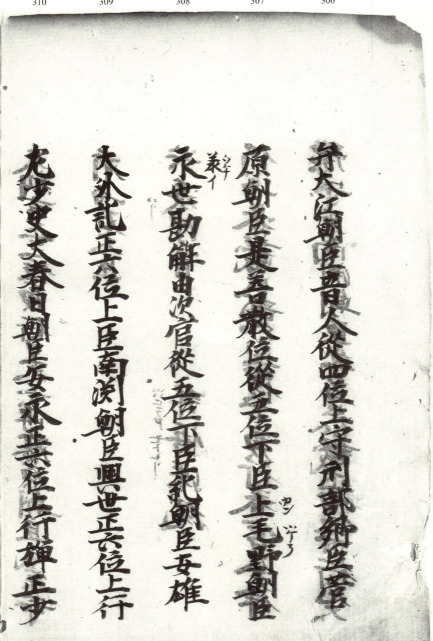

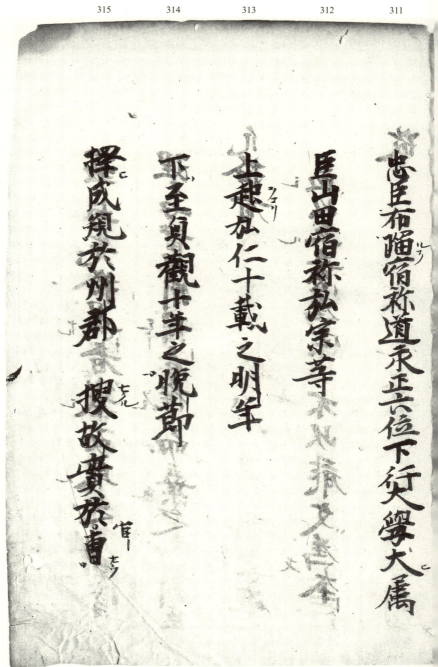

忠臣布瑠宿祢道永正六位下行大學大属
臣山田宿祢弘宗等
上起於仁十載之明年
下至貞觀十年之晩節
擇成規於州郡　搜故實於曹

事与先搭異者擧而取之
理与舊刑同者推而棄之
凢搭者
蓋以立意為宗不以能文為本
故昔臣布瑠宿祢道永正六位下行大學大属

省其繁釀之文　増其精微之典
隨宜分類　先勅後符
概昔擬之前撰　亦為今之新意
唯勘解由使所奏請之内外官交替式
式部之内　事有両存

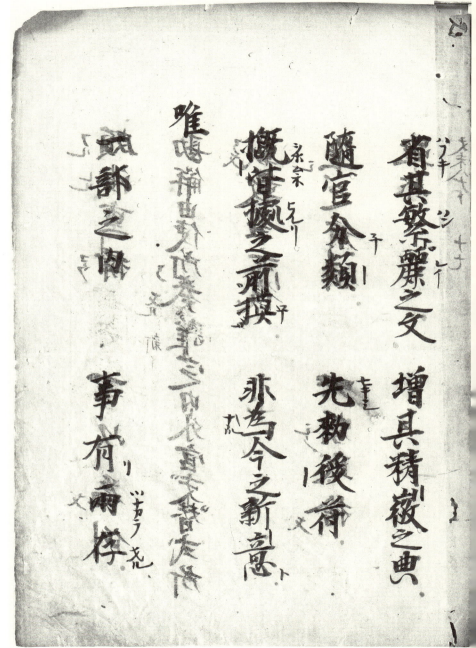

頗渉重揮　不以為例
勘解由使所奏雜定内外官交替式所
載數箇亦復
准之前例　未煩取捨
雖非

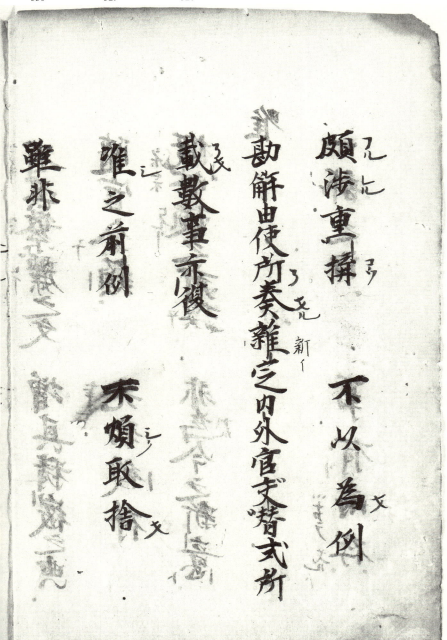

明于温故　博於前聞
猶欲
令之必行　禁之必止
賞一人而海内欣　罰一人而天下懼
謹因詔撰貞観格十巻奏聞

若

理軽作格　事足為儀

尋棄之如遺　集取之似砕

更撰為両巻同以奏上

唯開元留司格　号貞観臨時格

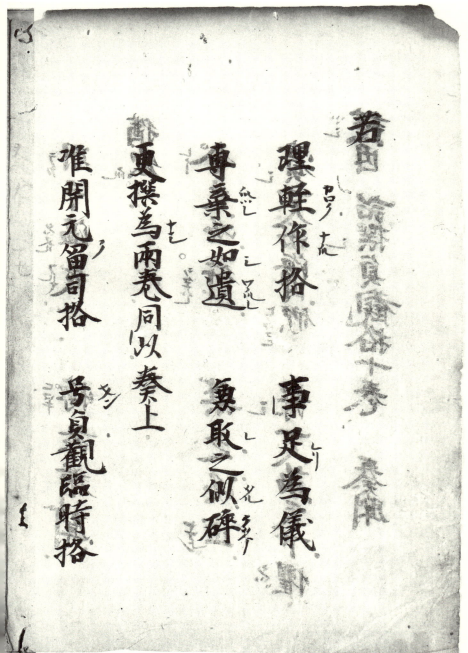

并一帙十二巻象十有二月以成歳
但
前格存而如舊本後曲續而增新
覧古知今斯焉在矣
猎聴

膚心所集有違戻於宸襟
僣見攸裁無協應於叡旨
憲章不能自舉得教令而舉之
教令不能自行待誠信而行之
斯文不墜百代可知

謹序

延喜格序

左大臣正二位兼行左近衛大将臣藤原朝臣

時平等奉　勅撰

易曰天垂象聖人則之又曰大人者与天地合

其徳

乃知

陰陽寒温天道所以成歳

政令寛猛人君所以導民

随時立嚴或草或法観風制法世軽世重

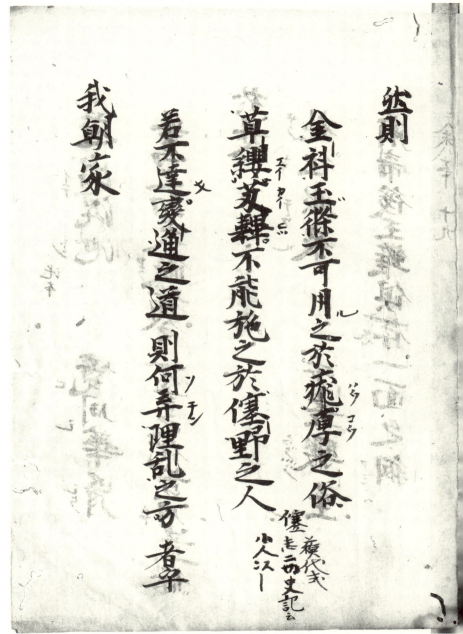

然則
金科玉條不可用之於薄厚之俗
草纓艾韠不能施之於僿野之人
僿 蘇代反 志云二世史記云 小人以僿
若不達變通之道則何弄理亂之方者乎
我朝家

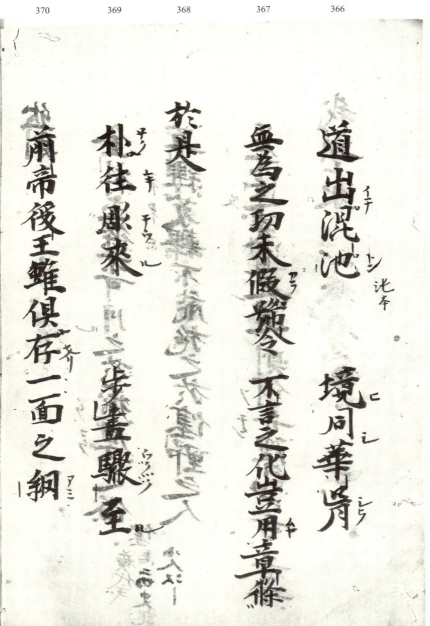

道出渾沌境同華胥
無爲之功未假縈鞶不言之化豈用章條
於是
朴往彫來歩盡驟至
前帝後王雖倶存一面之網

重規疊矩不能發三章之行
故
殺而不誅制甲令於先
誅而不怒張丙律於後
述者弘仁格十巻貞観格十二巻

亦是
聖主降其綸言　賢臣施其筆削
搜舊章於臺閣　擇新制於　詔命
察此民情　適彼俗代
定綱軌之故典　立經国之大規

方今
膺千年之期運兼百王之流弊
時風扇而茂草靡震雷動而蟄虫驚
将欲
築海浪以堤防馭夏駕以巒宗

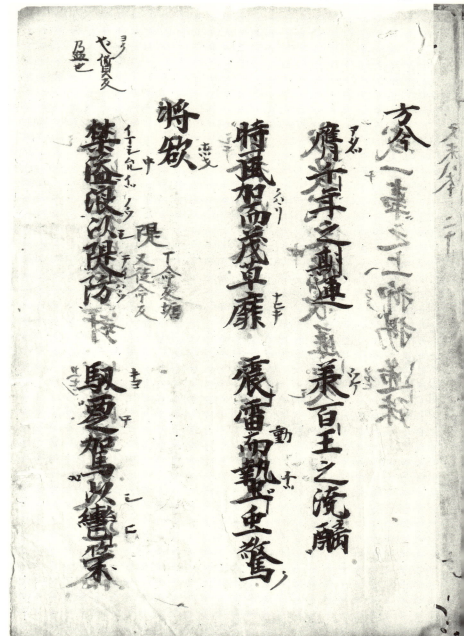

流淳化於比屋之封
反薄醨於大道之俗
而
制格以來　歷年漸久矣
或數代之施張屢變
或一事之上抑揚逓殊

或同本而異末　或分源而會流

斯乃雖

協其時宜　匪故相反

而

綜其事迹　無所適從

爰詔
右大臣正二位兼行左近衛大将臣藤原朝臣時平
故従三位守大納言右近衛大将兼行春宮大夫
陸奥出羽按察使臣藤原朝臣定国中納言
従三位兼行民部卿春宮大夫臣藤原朝臣有穂

參議正四位下行右兵衛督臣平朝臣惟範参議
（大）左弁従四位上兼行讃岐守臣紀朝臣長谷雄従
四位上行式部大輔兼侍従春宮亮備中守臣藤
原朝臣菅根左京大夫従四位下臣藤原朝臣興
範従四位下行文章博士兼備中権守臣三善朝臣

清行從四位下行民部大輔大藏朝臣善行正五位
下守右中弁兼行勘解由次官臣藤原朝臣道明
從五位下行大内記兼周防權介臣三統宿祢理平
外從五位守大判事兼行明法博士備後權介
臣惟宗朝臣善經正六位下守右大史臣善道

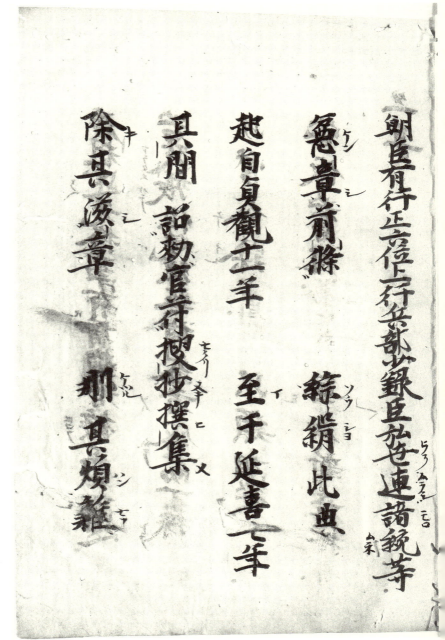

朝臣有行正六位上行兵部少録臣弘毎宅連諳統等
愆章前條　綜緝此典
起自貞観十一年　至于延喜七年
其間詔勅官符捜抄撰集
除其滋章　刪其煩雜

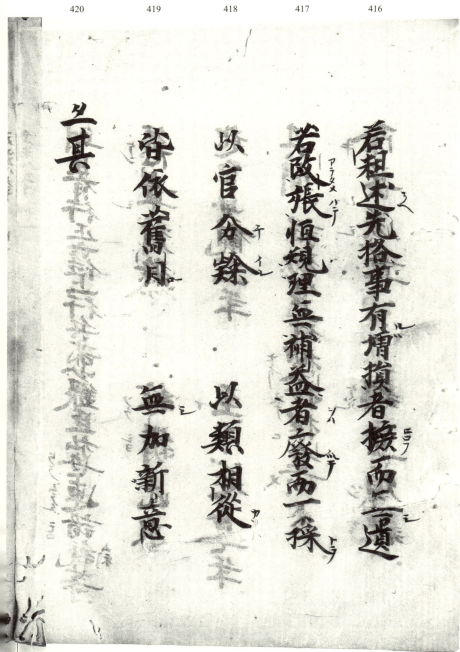

若粗述先格事有増損者撥而遺

若改張恒規理無補益者廢而採

以官分餘年　以類相從

皆依舊月　無加新意

其

綜貫粹錯　難為遍分者
唯之雜令　使号雜格
勒為十巻　曰延喜格
又有
理非大典　政出權時

雖不足為龍斷之銘　而猶可恨雞肋之弃
如此之類別為延喜臨時格二巻合為十有二巻
依歳紀而取象　法星次而分篇
寧由前摸　不敢殊製
臣等

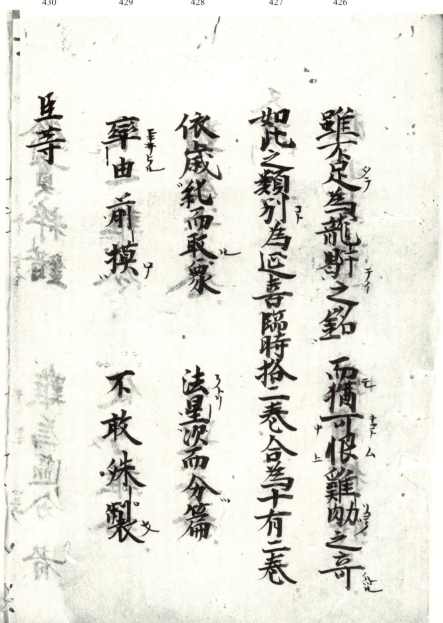

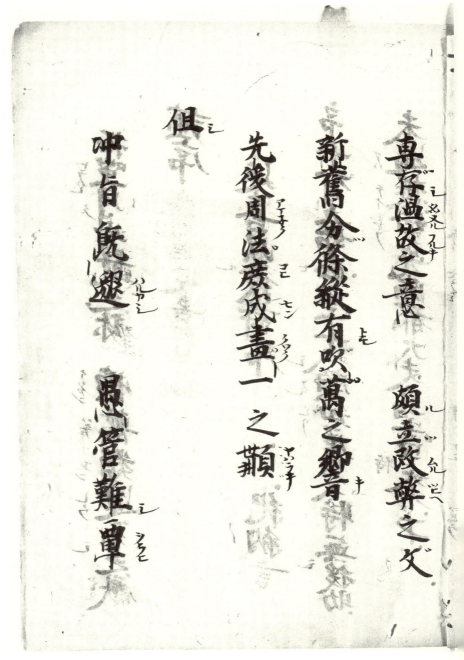

専存濫故之意　煩立改弊之文
新舊分條縱有吹萬之響
先後周法廢成畫一之蘋
但
冲旨既邈　愚管難覃

指嗤周鼠之跡　慚愧類遼豕之献

謹序

延喜以後詩序　紀納言

予十有五始志学十八頗知属文特無援助

未遇提奨先師都大夫為当時秀才

予
雖列門徒未及知名
于時北堂諸生群飲同賦幽人釣春水之
詩先師獨擢予詩曰
綴韻之間　甚得風骨

依此一言　漸増聲價

其後信讒　遂被疎遠

士衡文優

論藝積年　研精永倦

貞觀之末纔登進士之科故菅蕭相在

儒官之日

復黨同門　未有相許
適見予大極殿始成宴集詩云
不意侍人詞藻至此
自後屢意數相寄和
及予出仕　兼相執政

毎有文會　必先視草

予昔侍内宴賦草木共逢春詩曰

庭増氣色晴沙緑　林變容輝宿雪紅

又九日賦菊散一叢金詩曰

廛路邊疑不拾　道家煙裏誤應燒

並相當吟賞以為口實兼辭執予手曰

元白再生何以加焉

予

雖知過賞猶感一顧

故伴州刺史嶌田大夫作當代之詩匠昔為義

州刺駕秩滿歸洛
見予舊草　即語人曰
吾始不許紀季才文自我不見四五年來
體製非昔　可謂日新
寛平年中田大夫臥病遂已故越州

別駕高大夫以文見知与予相善遊宴之交
於筆硯之間
遇共無命託以一子
至昌泰中菅丞相得罪左遷
知文之士　當時無遺

適有内史野大夫雖云訖興不幽並而早成
猶過予深喜之延喜二年忽化異物矣相
左遷所送哭内史詩歎文章已絶其一句云
紀相公獨煩劇務　自餘時輩畫鴻儒
後無幾何矣相次以薨

在朝儒者　寔繁有徒
感列王何之輩　不習潘謝之流
取捨不同　是非各異
彼豈為愛憎而然乎　誠不知文體之趣也
司馬遷有言為誰為之誰令聴之故予延喜

以後不好言詩

風月徒抛　煙花如弃

雖関乏寡　不敢深思

只避捨律之責而已

若夫

観物感生　随時思動
任志所之　不労擒藻
獨吟獨作不肯視人　年往月來徒成巻軸
題曰延喜以後詩巻後見者莫咲不到佳境耳

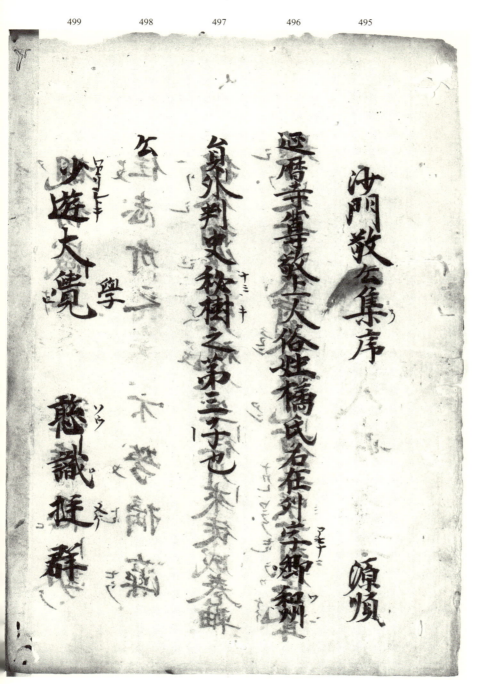

沙門敬公集序　源順

延暦寺尊敬上人俗姓橘氏名在列字子卿和州

自外判史秋樹之第三子也

公

少遊大學　聡識挺群

相如風月之賦揚雄河漢之才
皆自然而得矣
世有源氏小草五巻右親衛源亞將之家
集也亞將以箕裘相承之孫
出勤武職入好文章

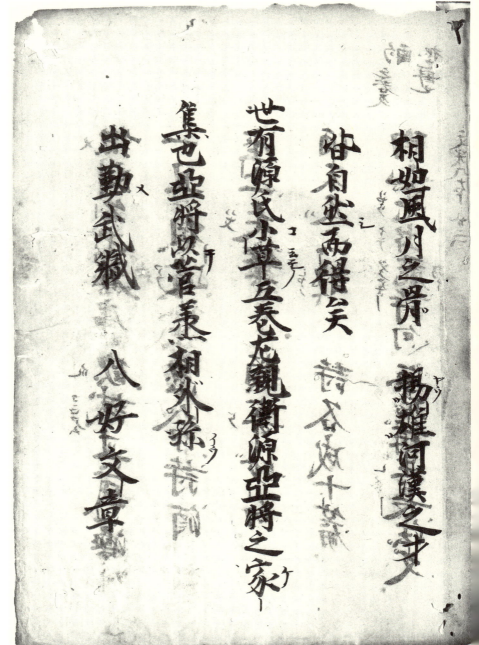

始關才名欲試風藻
一旦相遇忽命詩酒
座上走筆頻寄妙句
酒未及三酌詩各成十篇
陶元亮出龍詩句無垢稱生長法文

是其義分之其句也

公

且談且飲　不敢沈吟

應響而和　甚於宿構　焉

凡將顧謂座客曰橘雅者實天才也自後

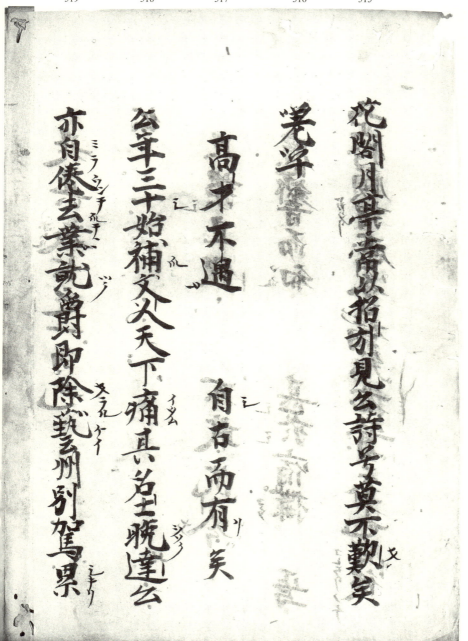

花閣月亭斎以招引見公詩者莫不歎矣

耄浮

高才不遇　自古而有矣

公年三十始補文父天下痛其名望晩達公

亦自傍去業就爵即除藝州別駕累

遷御史中丞
居職歳餘　臺務粛清
霜威弥厳　風擧益遠
然猶
恥榮朝市　栖心禪門

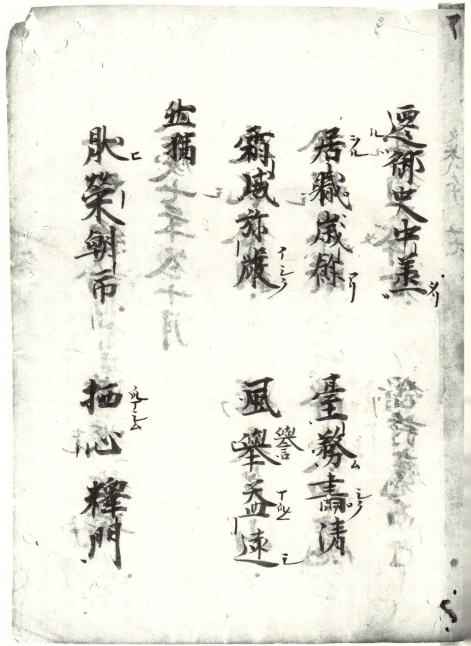

一切經論　渉採秘賾
天慶七年冬十月
遊戯俗網　遊天台山
除却五醉　降伏四魔
豈其猶不降者　獨詩魔而已

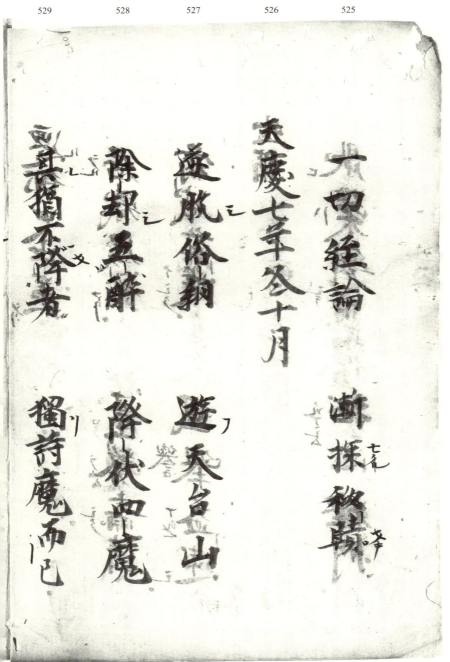

是故毎至洞庭春渓霧秋
山鶯囀花之朝　林鹿踏葉之夕
無稽之丸飛具文利他願之條或為人所
古人所謂為義作為法作為方便智作為
解脱性作不為詩而作益公之謂乎

昔
王朗八葉之孫蘇徐磨事之藿草
江淹一時之文集詑別駕馬之遺文
即作其序　谷掾其右
彼官蕪才輿學深於文巧於之徒

作者亦其人也　序者亦其人也
以傳于世　誠足翫
如予者
才地立錐　遥謝刲股之學
文場駘筆　獨慙假手之詩

偸集蔚文定知招朝
然而義韓勝句徒在人口其餘在紙墨
者往々零落
不尋義錦於蜀江之水何見粲爛之清文
若搜良璞於荊巖之雲誰聞鏗鏘之遺韻

仍
近自蠹含味道　逮至幽博騁跡
公所作詩賦歌賛啓牒記状咒願願文等
且編録成七巻
聊述由緒　冠于篇首

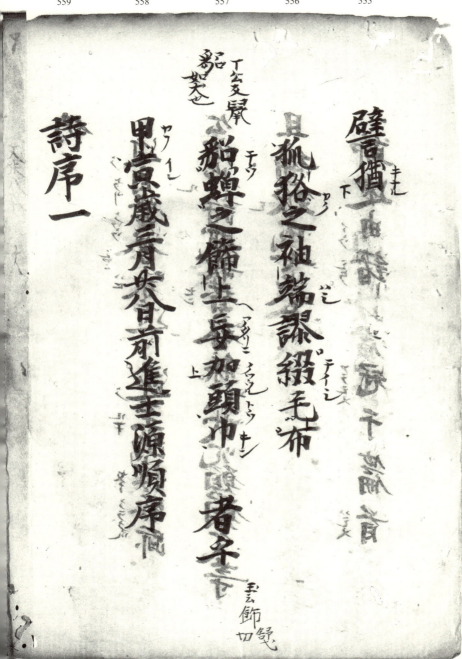

譬猶
狐貉之袖端罽綴毛布
貂蟬之餝上更加頭巾者乎
里宮歳三月廿八日前進士源順序

詩序一

天象

賦冬日可愛　橘贈納言

貞觀之初天階平東海靜右丞相開客

館以延英才焉令於中丞毎旬試以文章業

札弟其高下隨以賞賚感激洋々之義雖

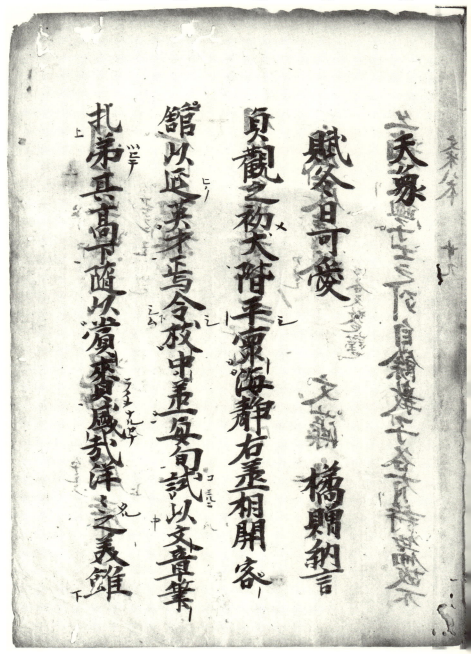

周公生惰　魏帝虚席
何以加旃
相公之兩子皆年成童
風度清格　文藻日新
久預在學士之列自餘數子各有詩篇故不

570 具録名姓十一月中旬試賦得冬日可愛〈一首〉

571 詩并格律　成文云々

572 七月三日陪第七親王讀書閣同賦弓勢月

573 初三應教　源順

先朝第七王讀書閣去年以來筆硯生塵
運中水龍含冬氷而徒咽
簾外花鳥恨春風而空歸
人物相傷　蓋有以矣
於是侍讀工部橘郎中正通江州廢司馬

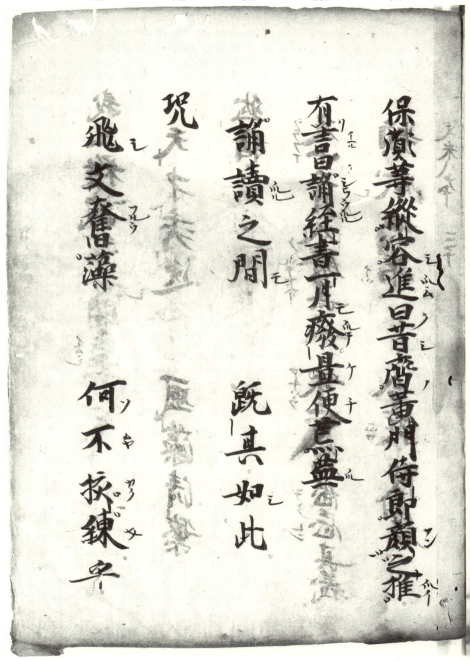

保胤等縦容進曰昔唐黄門侍郎顔之推
有言曰誦経書一月癈豈便荒蕪
誦讀之間　既其如此
児
飛文奮藻　何不揀練乎

我王雅誠　何不採録乎
況天才秀逸　風藻清繁
然猶讀之間　疑真如此
及廿二月久廢其文　味三百篇悠悠其義
頻獻無常　今録陳篇

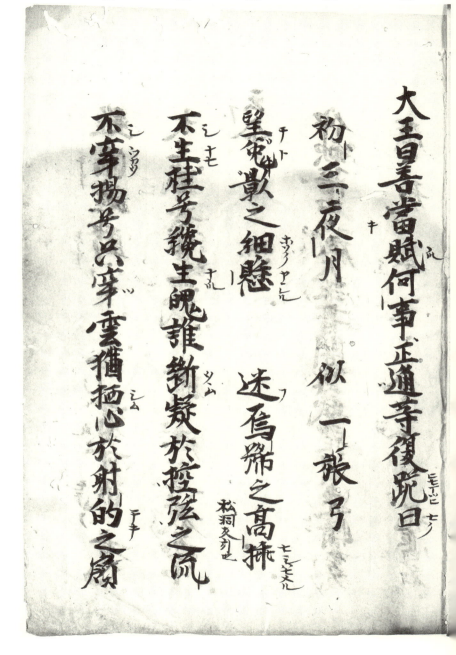

589 大王曰善當賦何事正通等復跪曰

590 初三夜月似一張弓

591 望兎轂之細懸　迷烏鼎之高掛　松洞文刋之

592 不生桂兮纔生魄誰斷疑於控弦之流

593 不穿揚兮只穿雲猶插心於射的之處

雖滿雖虧　可賞可翫者也
大王感其言而賦　老吏應其教而序
云尓
仲秋陪中書大王書閣同賦望月遠情多
應教　紀齊名

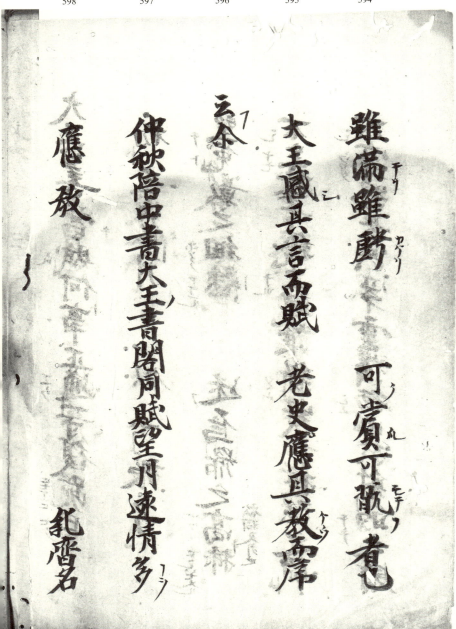

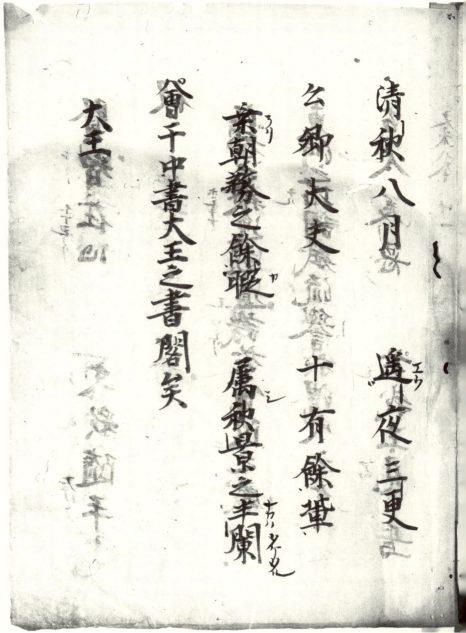

清秋八月　遥夜三更
公卿大夫十有餘輩
乗朝務之餘暇　属秋景之半闌
會于中書大王之書閣矣
大王

賢智在心　文彩随手

彼

江都之綴逸遊遺譏於雷陂之戯

東河之巧詞賦流誉於渭水之文

古人美悪於我王見焉

千特
閑望秋月　更多遠情
薩留家に暗思隴頭之水咽
村砧處に遥諳塞外之風寒
至彼

共清景於千里　同佳賞於兩郷
呉人拚而高歌江波水潔
胡馬嘶而欲感野草霜深　者也
既而
酒軍在座兎園之露未晞

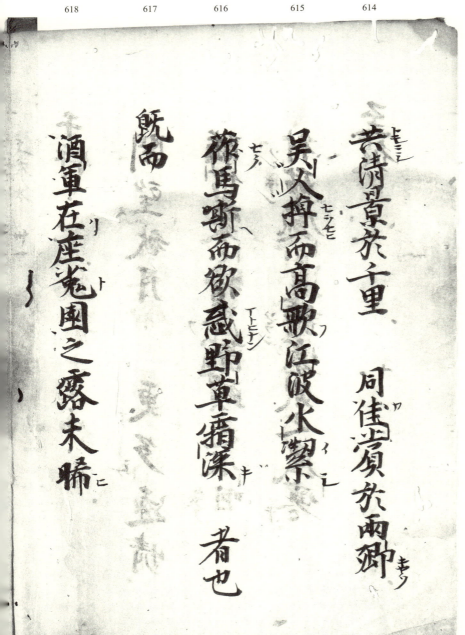

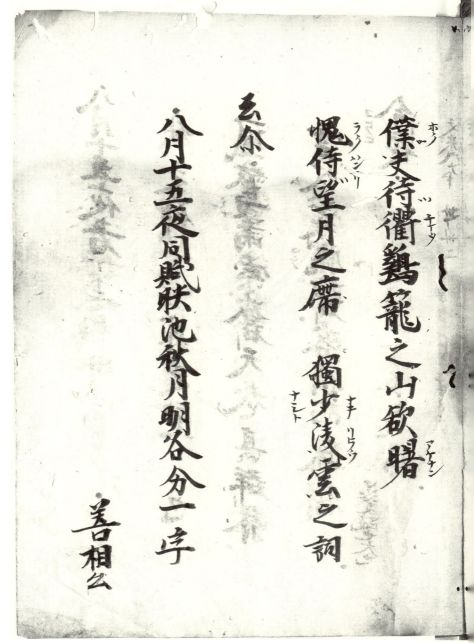

僕夫待衢鷄籠之山欲曙

愧侍望月之席　獨歩淩雲之詞

云尓

八月十五夜同賦映池秋月明各分一字

善相公

八月十五夜者
秋之仲月之望也
風驚蕭索蒼天巻其群翳
雲收蒙朧碧落晴而疎闊
口活反疏也大也
今夜

初更鎖晴　團月褰光

清景外徹照天地於氷壷

浮彩傍散變都城於玉府

長安十二衢皆踏万頃之霜

高宴千万處各得一家之月

斯乃良夜之義足愛翫者也
況乎
秋水澄徹　夜池平鋪
對絳霄之明月　倒素光而映波
玉鏡沈景与水而可鑒

金波髮色混細浪而難分

千時

詩賦之客　筆硯得時

過閑幽之月夜　敢縱容於池亭

周遊忘歸似行揺池之曲

風情断髙疑入銀河之中
所以為佳會也
与史
魏夜徘徊西園之敬愛
晉月玲瓏催北臺之賞翫者

論其風流　是誇在昔也
睠乎
人之一遇　時不再來
盡
命以篇章　述其中情

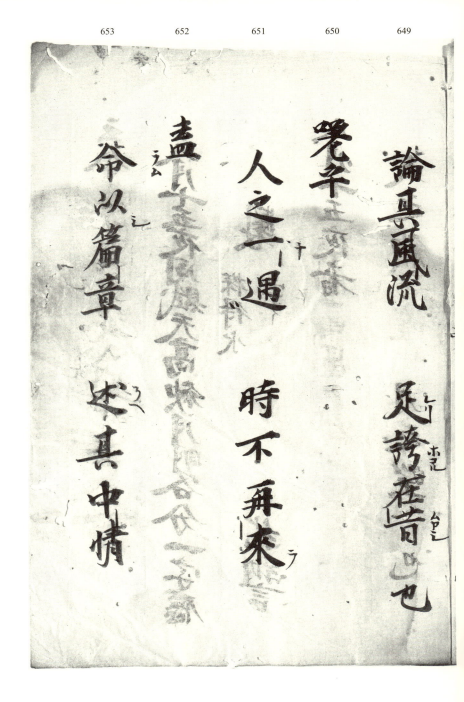

云尒

八月十五夜同賦天高秋月明各分一字應

製　探得水　字イ　紀納言

八月十五夜者

天之秋　月之望也

更闌人定　雲清月明

十二廻中無勝於此夕之好

千万里外各争於吾家之光

況復

思感於秋　心凝不夜

澄〻遍照梵筵之草戴霜
皎〻斜沉御簾之水含玉
千時
高天早曉繁漏漸移
憐秋夜之可憐　翫清景之可翫

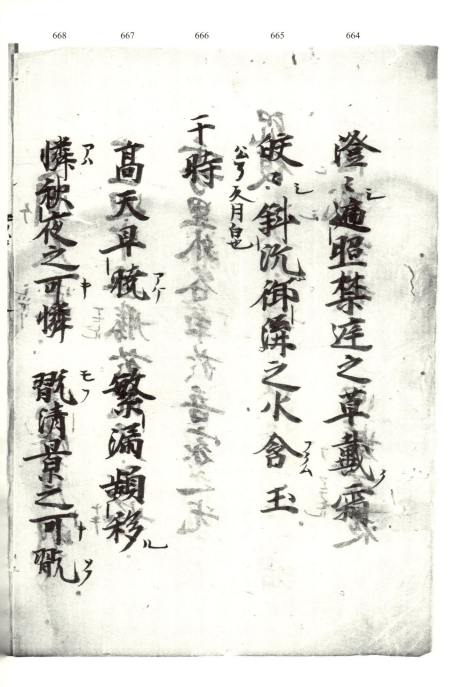

更及盃盞算　令叙事大概
臣
不勝甚酌之量　已為辭鄕之人
忩對明月之輝　以述暗陋之緒
云尓

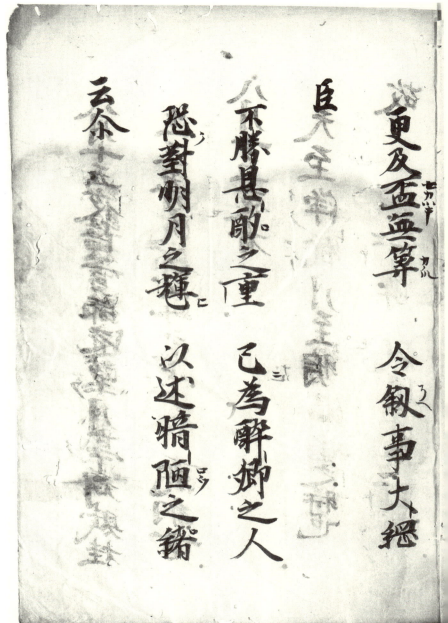

八月十五夜陪菅師匠望月亭同賦桂
生三五夕　紀納言
八月十五夜者
天至浄　月至明　之時也
故

古之翫月　多在斯宵

莫不

登高望遠　含毫瀝思

古人之心　知有以也

菅師匠

儒林之翹楚　文苑之英華
便對三更之晴　以翫一家之月
于時
月明於上　桂生其中
潤金波之遠流　拂玉葉而彌茂

至其
託（ツケ）根陰雲　褰（ケン）影清夜
籠嫦娥於花葉　蔭（カク）顧兎於枝條
況亦
千里之表（ホカ）　九霄之中

擢鰐何方滄溟之東隘
嵒隆何處宇宙之中央
風霜無變　古今何渝
遂掩白楡之歴　更望素華之澄
於是

更漏漸闌　琴歌閑奏
吟詠之客歡其得閑　筆硯之間知其有味
若不寫其懐　何以貽於後
請各探一字　毎人賦三篇
云尓

本朝文粋　巻第十三（鎌倉時代写）

禱之所宥也神若有所咎者早宥
其過神若可成害者能加擁護神不
自責以人之敬則責人不自安依神
之助則安伏願神靈垂鑒察
驅却邪鬼掃去毒蟲人無疾病道
賊之憂室無風雨水火之害至于

牛馬無有爲損是神之恩也人之
幸也春秋敬祭將傳子孫伏請
尊神必垂歆享　再拜　謹重言伏見
北山之祇以龜爲體龜者玄武之
靈司水之神也甲虫三百六十之
屬在於北方靈龜爲之長或背

員蓬宮不知幾千里哉身遊蓮
葉不知幾百年神靈之至哉以無
量者也他山莫不有氷丹山豈可
乏氷乎夫氷者禀秋氣於庚之
全盛正位於少方養春味於震之
本歸末流於東南群品爲之亭

毒万物為之生育故山須猶有水
山趾豈無水乎而此地無水進退
惟谷伏望山神開視聴廻顧眉
引水脉而通洪流穿石竇而下瀧
然則上以膺神明鬼物中以用歟
食湯沐煎則潔耳目尊心胸而長

養逸閑之志後則除煩穢滌汚濁而反
得拂拭之便是神之祐也人之望也昔
貳師將軍拔佩刀而刺山飛泉涌出
己校尉正衣冠而拜井奔流激射感之
至也 貳師將軍戊己校尉者並漢書之間鳥通呑之所班 本書廣傳汲流勸國云中無水九十五丈也云々
若不感應者是無神靈也先以水爲事

験将知神之有無矣神誠有霊荅
此祈請為員外藤納言請被餝義
福門顧寄告弘法大師文江以言維寛
弘四年歳次丁未正月朔日参議正三
位行兵部卿兼右大弁侍従播磨
権守藤原朝臣行成奉請弘法大

師尊像敦攢香花之奠驚覺而
言某蒙去月日宣旨傭可所修飾
為福門額字者今件門額是大師
之筆書也題暑之後載祀久矣制
草之上露點雖消入木之中風勢
無盡一脈存筋肉骨似有精靈今蒙

明詔而欲下墨則疑有黷聖照
之冥鑒更憚聖照而將罷筆夕
恩物諱明詔之朝章晋退慙心
胡麗共歩危於凌雲之急變梳
壽之首甚於五德之不及孔邑之
翎然猶晉右軍之署南門後加隋

五丁

代之華牓魏巌子之題而着本是
唐帝之草真就其舊跡更施新
功中心所望前聞在斯伏乞尊像
示以許否若可許所請者尋痕跡
而添粉墨若不許所請者随形勢
而迴恩慮王事靡盬盡擎抵以

尚饗小野天神供御幣并種々
物文　江匡衡
獻上　御幣上紙百帖供物二長櫃
色紙繪馬三疋走馬十列
右天満自在天神　殷高宗傅説曰我渡巨川以汝舟檝我作和羹以汝為塩梅云々
為塩梅於天下輔導一人為日月於

天上照臨万民就中文道之大祖風
月之本主翰林之人尤可夙夜勤
勞而性愚事亂思以海并雨露命
半祖無益嗟騰風情欲隠不如頒首
肯彭祖七百歳已悔杖晩而早衰
今小子六十餘猶恨鼓朝以不幾万

死也一生也只仰神眷而已匡衡病
中右筆伏地敬白
寛弘九年六月廿五日正四位下行
式部大輔兼文章博士丹波守
大江朝臣匡衡

呪願文

六一

臨時仁王會咒願文　後江相公

三千界中　唯佛是尊

十六會外　此經殊勝

非有非空　妙理氷渙

天上天下　年足月明

既稱仁王　神符救世

北野天神讃文守時御作也　一行四句各五字餘行如例依證式　也且例可見之也

爲号護國　濟衛佐時
秘皇恩心　嶽遷安在
聖主責己　神襟何由
五元餘殃　拂而難盡
三合遺蘗　防而猶
山東凶徒　結黨構逆

海西狂竪　成群徒作
淩辱吏民　劫略州郡
顧我風化　忤懟祖宗
爰命將軍　議其征伐
轂城石動　常山虵驚
付囑寄深　可俟誰力

七丁

受持志切　莫惜其感
青陽六旬　黒月七日
近綾綺殿　遠羅城門
驗佛臺前　名神社下
百講構座　千軸分
抽誠一心　求助五力

唯法守護　如說修行
東方菩薩　持金剛杵
放青色光　来護我國
南方菩薩　持金剛珠
放白色光　来護我國
西方菩薩　持金剛劍

放金色光　来護我国
北方菩薩　持金剛鈴
放瑠璃光　来護我国
中方菩薩　持金剛輪
放五色光　来護我国
開題之物　稽首悔禍

結願未畢　束手請降
須臾奔亡　同遁風欅
刹那殄滅　類向日氷
戎據長偃　蔵兵武庫
風塵自靜　放馬華山
七難先消　四海無事

史大記文国被王之時被臣先以鎮敷
牛林陳評

斑足遷怒　赤脛亡蹤

杏花欲闌　何忌東作

桒葉初吐　須催西疇

古剣空抛　疇耕畄器

新弓徒弃　造縁絲東

鳳暦運長　鴻業徳久

魯匠殷工　其藏循至
釋迦多寶　半座全身
普賢文殊　觀音勢至
眉間螢出　頭上照来
二世尊前　四菩薩後
窮冬二月　吉日良辰

焼香散花　恭敬供養
作一心礼　嘱百口僧
霧集雲廻　或梵或唄
山表寒雪　四花假綻
林梢暁星　九枝添影
車已周備　檐豈唐捐

列祖精霊　一族朽骨
別則考妣　及以弟兄
共證菩提　普開功徳
先擎白業　敬献紫宮
堯日麹長　舜風薫久
太上南院　皇后仙園

玉砌収塵　珠簾拂霧
中宮露暖　蘂花馥榮
内職風味　累葉無動
龍樓承樂　猿巖彌堅
三槐庭卒　九棘門静
施主蓄念　唯佛證知

照之見之　必満必足
現世安穏　後生菩提
輔国刺公　願家曹子
天衆地類　倍増威光
上下見聞　親疎遠近
歴劫沙界　六趣四生

四三事門　至四衢道
寛弘四年十二月二日
表白
村上天皇御筆法華経供養講
義旨同者表白文　前中書王
金輪聖主堯雲遍壽煕涸樂嘆

春敲鐘自重照轉法輪於昏衢
方今開蓮之文出聖跡臨池之妙
貫花之偈生神筆入木之功爰
攀碩徳於鷲堂開講筵於燕寢
是所未曾聽不可得逢者也講
凡當其仁始執其義東風未

下之氷盡解子夜未至胸中

先明析鄭叮疑閉之樞將披

難入之義

天暦九年正月四日

叢願

發願二條　前中書王

伏願未來无量劫恒河沙世界於
法華經自書若令人書受持讀誦
若令人受持讀誦得令无具量以
此一大事因縁之故使一切衆生
悉得无上菩提願生澗底之松焦
心而成墨點久化山下之泉引脉

而添硯氷春風和暖之朝生煙林
之笋長莖挺枝令可作筆管秋月
凄涼之夕雁寒郊之兎採毫纏
毛令可作筆柱以書著垂露之
點以開出貫花之文然冬爲宿
雪夏爲行雨潤彼千畝滋秋可

穀令敎持經者不乏飲食爲
氷蠶致身成仁爲雪麻絶根
報恩令敎持經者不乏衣服乃
至轉々隨喜者皆出有爲界令
至無漏地敬以發願伏願未來无
量劫恒河沙世界於敎本尊觀

音大悲至心供養盡身服事質
長爲彖跂之地口常爲唱名之業
生々世々敢不退還爲叶我觀音
之大悲願代五濁衆生受苦惱
嗟乎諸佛拋我不顧今我久溺
苦海唯我觀音視以慈悲之眼潤

迷杝我不顧今我既爲弁才唯我觀
音降以汲引之恩恒沙之衆立錐之地猶
無非奉爲觀音弁才身之處矣三十也
諸佛誠聽我言吾重觀自縁開法華
之勝理覺觀音之慈悲是釋尊之
遺教也一切善根先奉廻向白衣弟子

伏以發願趣旨

知識

勸學會所欲被建立堂舍状勸學

會所欲被放人當結同心合力建立

堂舍状　　　慶保胤

堂一宇　一間四面
　　　　可有礼堂

廊二宇　右一間　僧俗坊
屋一宇　七間　炊爨并所　大炊所也
右起會以降十一箇年緇素歸心
内外勸學善哉此會未曾有之
但有會名無會處毎至期日借求
諸寺若有講法之倫是情若有

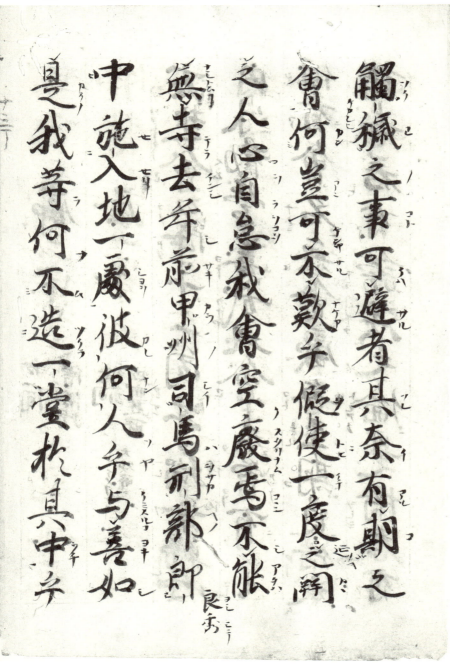

觸穢之事可避者其奈有鄭之
會何豈可不歎乎假使一度之間
之人心自急我會空嚴焉不能
無寺去年前甲州司馬刑部郎 良秀
中施入地一處彼何人乎與善如
是我等何不造一堂於其中乎

嗚呼不聞致聲成雷不見狐腋
作裘莫辞官無俸禄莫尊家
太貧宴唯是力之所任志之所
致雖一錢一粒雖寸鐵尺木所
不足嫌也有造高堂大館者寧
非橑宿乎有堆黄金美玉者又

是浮雲也栽尋遍起此堂乘後
此會世〻生〻見弥陀佛在〻
處〻聽法花經是大日縁也是大
善根也若有故人當結之外同心
合力之徒可以随喜可以頌歎令
記事由所唱如件請各勤〻勿以

忽諸

天延三年九月十日勸誘源髙階

廻文

勸学院佛名廻文

夫佛名懺悔者其来尚矣便是一

院之舊蹤多年之恒規也下帷之

士不覩其園牢張鳥羅於煙郊
閉戸之生不出其園誰弄魚竿
於月浦然而照書之窓多積丹
鳥之恨披帙之處自致紙魚之愁
飛沈伏走之群胎卵濕化之類咸
傾一旦之命咸樂千歳之生寔雖

長短不同大小各異愛生悪死彼
此同一者也況復春苑鳴硯以花
穪雪秋籬染毫假菊号金妄語
之咎難遁綺語之過何避誠雖
樂遊宴於下土之性高恐遺罪
累於上天之眸是故奏書帷而礼

併掃文場而迎僧先生有餘之
罪願消礼拜之頭今生无量之
禍願開懺悔之掌一遂先達得
羽化於蓬極之雲満堂宏才哉
鱗飛於龍門之浪善根之地布
施是勝羨集軽財於同心枱厚

福於合力所課有例諸君勉焉

年月日

願文上

神祠修善

賽菅丞相廟願文　慶保胤

沙弥某前白佛言往年為榮分

為聲名祈廟社祈佛法有同矣
遂其文成復于崇官是天之工也
是神之福也其一廟曰就天滿天
神廟會文士獻詩篇以其天神
為文道之祖詩境之主也某暮齒
出家一旦求道今老沙弥無便營

十五一

風月之賓此一乗教有心展香華
之逍遥乎華言綺語之遊何益於
神道有難解之法可助其佛
外當此時也一神有慶衆生樛之
功德无邊普及一切敬白
寛弘二年七月廿日

於尾張國熱田神社供養大般若
經願文　江匡衡
國守正四位下行式部權大輔兼東
宮學士大江朝臣匡衡稽首礼
足白佛法僧言當國守代々奉爲
鎮守熱田宮奉書大般若經一部六

百卷已為恒例之事其中若有神明
不享之吏不能供養此經足能遂任
秩當國之事莫先於大般若會
匡衡葦出顏巷之雪窓謬蒞尾州
之風俗若不奉侍讀於我君何必
僻閲朴之愚者得為州刺史若不

殖善根於此地何必閑素之儒者
得書大般若今年遭洪水遺太
旱國雖衰少治術少貪欲身雖
貧事不獲已學由舊儀荘厳
契因之靈社流布般若之教文請
僧六十口伎樂尚三聲財弊玉

帛戔々羅列法器道具各々辦
旐為有潔信潢汚之水非穢為
有香縁智恵之花自開初銷盡
善盡美具足以杖薫修豈留随
有随無低頭以繞供給傳聞大
般若者釋迦如来成道十二年之

後於鷲峯等四處十六會中所説爲除憂苦譬之天上莫耆之藥爲滿求願喩之海中如意之珠三世如来以爲慈母十方菩薩以爲尊師昔玄奘三蔵從大唐顯慶五年正月至龍朔三年十月首

尾四年譯之今白衣弟子從日本
長保二年八月至寛弘元年十月
首尾四年書之所生功徳以薦
嚴三寶大海三所權扉廻向天
衆地祇三寶四恩忝棒惠業奉
祈金輪聖主增長壽圓滿

伏願澄清天下興隆佛法復
擁護左府殿下息災延命千秋
万歳作願諸佛知見證成嘵乎
砕丹心而營佛事運類帶端
菩薩之集身容薄俸而謄神威
只恃勢因權現之善然哉已

満任限〻満欲歸故郷之朝今不
蒙神明顧賜霊貺匡衡敬白
寛弘九年十月十四日正四位下行
式部權大輔兼東宮学士大介大
江朝臣匡衡
供養塔寺

村上天皇供養雲林院塔願文

江納言

夫雲林院者松筠有心之地香花
不朽之場也草創之功雖在昔
興隆之恩猶切當今此院堂舎鐘

樓皆悉具足其所無者塔婆而已
風聞造塔善根流傳唄葉豈唯
果報之殊勝乎兼復道場之莊
嚴也仍心中發願之後新結構多
寶塔一基安置五佛像餝金之鏤
侍曉風而常鳴承露之盤非秋日

以永朕便利支提之會二身歸正
鷲羅漢之僧一百口應請內典云若人
作樂供養三寶所得功德無量無
邊不可思議是故別命伶倫整理
音樂奠令舞人盡其妙曲罷乎
落花繽紛之光寧如翻袖垂柳

婆娑之態難及轉腰折之仕开
擇此地之閑敞修法華三昧半行
半座累月累年令移舊造普賢
菩薩像舊書妙法蓮花經於寶塔
之中常行三昧於此致勤篤六斎
之白象證明無從護一乗之法輪

觀念不變惣會勝利普將廻施
天神地神之不同共向慧日聖靈
冤靈之相異盡任法雲華藏消塵
盡感四海之靜謐朝野寒霧皆
戴三光之精明作賓玉臺之中詠
添玉德金殿之上又照金輪黃河

澄波毎計五百之歳紅桃結子二
（黄河者漢土有之千年一度澄五百年一賢生千年聖人生之）
朝一千之秋乃至鷲王威力迹任遍
（紅桃者漢武内傳云西王母桃三千年一實以之獻漢武帝東方朔在帝王前云我三此見三食此桃云々）
法界之風聲雁塔功能遥分刹衆
生之月歟敬白

應和三年三月十九日

為左大臣供養淨妙寺願文　江匡衡

弟子大日本國左大臣正二位藤原
朝臣某前白雲山淨土釋迦尊言
天上天下妙覺之理獨因三千大千
無緣之慈善被佛法之沖邈不
可得而稱者也弟子自竹馬鳩車
至而立強仕不好獨善企兼濟

不忘敬始顧吾修善弱冠着緋
之時従先考太相國屢詣木幡基
所作三重塔四域右塚壘之無遂
寂之佛儀不見只見春花秋月法
音不聞只聞溪鳥嶺猿尓時不
覺淚下糞作斯念若向後至大

位心事相諧者争欣茲山脚造一
堂修三昧福助過去恢弘方来恩
以海蔵不敢語人爰兼累葉之塵
浴童華之恩年三十極人臣之位
十一年奉王佐之任皇帝之為舅
也皇后之為父也栄餘於身貴過

於谷如響麈尾如撫龍鬚自茲雖
趨朝廷雖居私廬發菩提心凝
道場觀行住坐臥事二三寶造次顛
沛必歸一乗抑撿家講万歳藤之榮
所以皐樂万姓且其理可愁何者始
祖内大臣枝椅宗廟保安社稷淡海

公手草詔勅纂削律令興佛法詳
帝範其後后妃兼相積功累德寔
繁有徒矣建興福寺法華寺開勸
學院施藥院忠仁公始長講會昭
宣公點木幡墓貞信公建法性寺
後三昧九條右相府建楞嚴院後

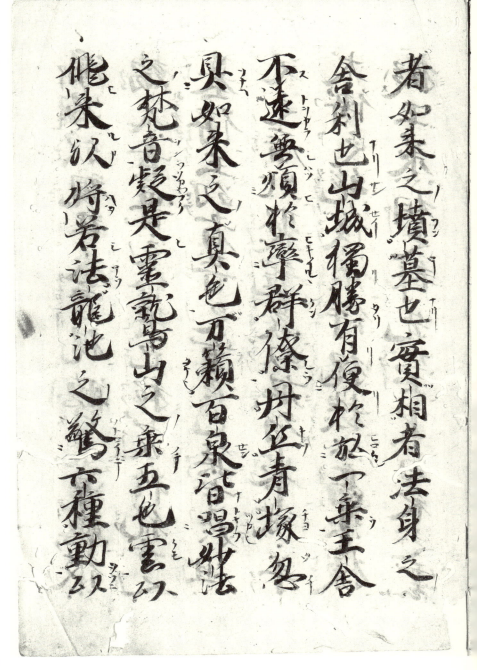

者如来之墳墓也寶相者法身之
舎利也山城獨勝有便於一乗王舎
不遠無須於摩群像丹丘青塚忽
見如来之真色万籟百泉皆唱法
之梵音疑是靈鷲山之乗五色雲以
飛来似将若法龍池之鷁六種動以

涌出歟視耳未曽視聴目未曽聴被
端木者曽之賢士也移家於孔子之
墓傍王朔者晉之重臣也築寺於祖
父之墳北聚龍象以旅緇峯識羊
太傅之絶後猶伴槐棘以高棟
擬王羨相之拜先塋黒衣之雲

集豈三州五郡之浅敷内外戚之
歟從抑以見佛聞法之大縁功徳
遍于法界利益及于衆生我願已満
衆望久足此一善廻向四恩天下
安穏万民快楽敬礼釋迦多寶妙
法大會妙光法師普賢薩埵入道

揚澄明功徳天神地祇及玆山霊
善神被如来之衣着菩薩之座仰
願三寶増益一念寃乎幾寒木
於大宥之日滋蔓蒼栢之煙霜枯
壌於寸露之泉乎播白蓮之種切
石雖磷願主之下不利於城縱盡

不退之輪長轉願共諸衆生上彼岸
寧面遇彌陀弟子某歸命稽首敬白
寛弘二年十月十九日左大臣
供養同時塔願文　江匡衡
弟子某歸命稽首白佛言木幡山
淨妙寺者松栢有心之地佛法肇

興之壊也弟子爲奉資祖考宗族
之幽儀未曾有之願擧〻墳墓之
縁遍新建寺院修法花三昧設供
養於冢壠朝香花於不朽蓋慕古
人廬墓側之跡所草創也曉夕參
誨孝之至也具由緒詳見寛弘二

年十月供養寺之願文矣方今此
寺有佛像焉有經典焉有禪侶
焉有鐘樓焉有房舍焉有庖
浴焉道場之體漸具其下成聚
成邑唯其所无者塔婆而已願
若善男子善女人以清淨心造作

佛塔是人一生不爲一切毒藥所
中壽命長遠無有横死究竟當
得不壊身矣非唯果報之殊勝
兼爲佛道之莊嚴仍心中發願
之後新結多寶塔一基其内
安置釋迦多寶二如来普賢文

殊観音勢至四菩薩不日而成乎
是従地涌出歟穿雲而出将以自
天飛来歟金星銀星之左右騰護塔
之奥白雲青雲之低昂迤邐塔之
鳥見露盤之耀首迴填観之胸
心開聞寶鐸之鳴風喜担心之渡

先落如遇過去之二親振肝素而
歡喜似對優曇之一現合掌花
而薫脩今日設大會供養此寶
塔瀉百餘口之羅漢作三世佛之
證明率二鸞鳳之群代鷰雀之賀
叆雲納霞袂咸来自靈鷲山之

巓錫杖香爐咸出從鳳凰合之
庭遮儀照地九億之人背未法音
沸天三千之界盡動弟子弃朱
作功德種々無量是為菩提半
是為現世心汚不染清淨攀緣
非无前慙於此造塔為祖考先靈

成等正覺也又爲自身滅罪生善
无上菩提也夫近塔之石變爲義
玉近塔之土變成黄金度塔上之
飛禽遁結使之羅過塔下之走獸
免煩惱之網而况於至心之人乎
於造作之人乎然則此山之林中

縱有枯株依造塔力可榮何株非釋迦樹北山之藂中縱有寒草依造塔力可暖何草非妙法蓮台塔瓦又有万歳千秋樂末尤之七字推其樂字之趣感歎難禁現世則天下太平理世安樂之樂後生又赴

下抜苦往生極楽之楽弟子前亦答
己同瓦文所修功徳廻向十乗所
修善根引導四恩天神地祇向恵
同而増光精霊冤魂浴法雨而
離垢久願上自聖衰下及黔首
華夷消災幽顕蒙益南無一代

伲主釋迦尊多寶分身諸善逝
增益秋願助成秋郎昔幼日童子
之戲聚沙施石今長年兼補之勤
瑩玉範金阿育者阿闍世王之孫
也假神力而責鬼備弟子者日本國
王之胤也浴皇恩而興佛法愚丹

所思啓白如此弟子某歸命稽首敬白
寛弘四年丁未十二月二日甲午弟子左大臣
為自僧真救供養率都婆願文
江匡衡
佛子真救敬白幼少共雨眼十餘障
二思身已有若三人間非可求名利

心在无上道佛事何不垂慈悲是故
至十三出家及四十不退衣雖破懺
悔之衣是全食雖乏禪悅之食是
豊目雖瞎有耳得聞諸法理目雖
瞎有舌得誦一乘經目雖瞎有意
得念極樂目雖瞎有足得至道場

嗟乎目暗一不幸也不見経不見佛
不知晝不知夜目暗一幸也雖向衆
色不起見欲无愛无怒无喜无辱
弟子宿執可愚後生可懼久遠幾
久遠乎未来幾未来乎涅槃山上
釋尊之日早蔵生死海中慈氏之

月未照悲哉我等衆生進不遇釋
尊退不値慈氏恨生其中間空欲
歸三悪是而不勤後悔不及夫率都
婆之功徳大哉至哉不可得而説你
變身於多寶如来尋信力於雪山
童子功能出於般若讃益傳於倶磚

因茲弟子致一心合衆力造立十三臺龕有三面矣一面奉畫阿弥陁佛觀音勢至各一軀一面奉畫阿弥陁佛地藏龍樹各一軀以六軀之佛菩薩蓋當六道矣一面奉畫阿弥陁佛等蓋極楽善女人之

廿二丁

願也九十三基中奉寫法華廿八
品諸尊言菩莫救貌於佛法僧前
起悲心發弘願願以此功德廻施諸
衆生云佛云經討歳塵劫以度脱
一香一色遍恒沙界以薰修其中
有如秋痾重者如秋命窮者先与

諸藥令到寶山然則利益衆生
斷惡修善離苦得樂不越南部
便觀西方敬白
永延二年七月廿三日　佛子奝然
雜修善
朱雀院被修御八講願文　江納言

風聞佛心湛水智恵之海无涯
神變放光晴眞之霧盡散花
雨四種弥勒欲決疑於當今材明
六通文殊能弁瑞於往昔寔知釋
尊之說法華經也醍醐味灑豈求
雪山之中栴檀風吹自出靈鷲之

下元二元三之車胸轄連載篤宗
難解難入之門排向開悟不側
是故聴聞受持者書寫供養者
保寶珠於酔後照燃燈於暗中彼
岸司樓之回音済三千界之塵
数他方妙覚之果速證四八相之

金容祚朝露易滅春夢非長刹
那之榮花更變枯木須臾之歡
樂遂爲苔緑況復紅桃漸淺可勸
風前之心翠柳不濃何貽霜後之
梅月宮留影雖得羨天之名塵翳
寄身恐滞成佛之道加以流轉三

有之群類欲救罪根併返六趣之衆
生愚朦覺蒙何謀能救歸白毫之
照明何善能通依白牛之引導因茲
歳於天台山歳於法性寺多造尊像
數寫經王白葉奔滌丹心自積然而
大光遍瞕猶有伏不見之人一〻葛

輪轉非無退亦住之輩童爲佛法
興隆自他利益奉造金色釋迦如
來像一軀奉書金字妙法千花開
盡之候百鳥和鳴之時八講展莚
四日設會鷲子元雙之智振英聲
於暮春之風鶴勒有一之才傳義

實於長秋之聽矣所修者朱雀院之中桐梁殿上優曇花蔵海岸香薫吁嗟忉利天宮之園含歡喜之号蓮華世界之鳥囀妙法之音懐古感今異處同趣以此勝利遍擬廻施天神地祇増威光以随喜冤

廿八丁

霊邪鬼魅惡氣以帰真紫微聖
徳之君金輪常照玄圃仙遊之際
玉躰永明在藩諸王不改盤石之固
空桑賢輔久保金鉉之名文官武
官共勵吹塵横草之中節畿内
畿外皆報千門万戸之歡娯至

自有頂天及阿鼻地如此經競濟
度不遺敬白
天慶十年三月十七日
朱雀院平賊後被修法會願文　後江相公
奉畫觀音像六鋪
奉寫法花經六部

右奉作云慈悲爲舟濟度於苦
海智恵是炬照群迷於昏衢難
解難入白蓮之種貿花无去无来
紺顔之影澄月元得而稱其唯妙
覺欲伏惟追尋往事不忘者有偎
ムス以眇身嗣膺寶曆訓俗之術淺薄

氷於深淵撫民共旨懼朽索於奔
駕東山桿命之徒陣雲湧起南
海乱常之族逆浪不閑遂議征伐
而出師更慙減巳而泣罪然伏自
刄而傳首然迷途蒼波而乱嚴循恐
九泉之底永纒寒氷三途之間詠

溺沸斷合眼憂悲彈指謦欬背
當万邦之有罪歸責於一人今思
四生之无安求哀於十力夫遊十方
而導衆生觀音之檐自在無三世分
而救群類妙法之功甚深故今圖繪
尊像繕寫寶典分此一心備於六道

雖在官軍雖在蓬壷既去塵土
誰非王民欲混勝利於怨親以傾校
濟於孕毒兒隋高祖之建仁祠變
戰場於頗梨之閣唐太宗之設齋
會迎亡卒於菩提之門在今尋古
世異趣同夏展一日之鞠進着施千

僧之綺饌意樹送春解脱之枝點
萼身由追夏定恵之水浮光兆棹
智釣何剪稠林作願多寶如来從
地涌出普賢菩薩乘象降臨證
明恩波之元岸知見聖德之有隣
又願燕肝越膽輪迴之郷元朝欲

海受河流轉之筆不定請扇鷲
頭之餘風併滅阿尾之殘焔者奉
仰令修如件敬白
天慶十年三月廿八日別當從二位
守大納言兼右近衛大將藤原朝臣
師輔奉

奉供養自筆法華經願文　前中書王
弟子敬白夫来而不留蓬離有拂
晨之露去而不返槿籬元暮之
花倫凡浮生如彼花露予兒霜鬢
齡邁暮壊朝催若不心起丈夫手
成歳功徒爲東岱之晴魂北邙之朽

骨因尋奇肱而奉造白檀觀世音
一柱釋提桓因毗沙門然穿拙掌而
奉寫墨字妙法蓮華經一部開結
經般若心經負元之氣无畏道場
敬崛鳳門（鳳門山名秦始皇時西方開之）之師講演鷲峯之偈
伏願諸佛如說隨喜播手一善之帶

芥納於百億之須弥豈敢習人間
之息交唯是免身後之追福而已
苟朱邑之帰邑里也有懐桐郷之
民今弟子之誡子孫也不如松門之
侶故以此仏経属秋法侶雪盡氷
解之日付鷄鳥而傳妙音月殘露

結之朝竹籬花以供佛界適有
香煙之不絶者無限石火之早滅矣
有為之郷无邊之界同舊方亦共
朝同明兼明稽首敬白
貞元二年九月十九日弟子左大臣皇
太子傅源朝臣

為空也上人供養金字大般若經
願文　善道統
敬白
奉書寫供養金字大般若經一部
夫以覺花柔歩應化之跡長昔佛日
懸光真空之理已顯大千世界迴轉

慈悲之雲一切衆生普潤智恵之雨
覺了諸法無相四生無常五蘊六根
雖隂陽之陶冶真如捺落在善悪
之因縁成劫壊劫前身後身禽獣
鳥魚何物非流轉之父母山川藪澤
何處無生死之波瀾是以立四恩

六道成佛得果於緣自天暦五年
九月至于應和三年今朝星霜十年
四廻胸臆千万緖嗟大士之本
懷驚心晨昏法滿菩薩之對揚
寄思開示不中賈身雖在秋貧
人間催信既寄群緣半錢所施

一粒所捨漸〻合力嶮成砂銷
瑠璃之紙象教無跡崇磨金之文
鴈行成字為瑟嶠如護梅羊柱
適畢書鴿栫空也谿遂年暮
身与書浮禪林戴霸有漏之質
已老意惹業叢露洛元上之菓欲求以

卅二丁

先彼後我之恩為恩以利他為己
之情為情薜服防風之外更企
何縝麻飡送日之中復能何力曽
无一髪之儲唯唱十方之志於是
幾明共勤遐邇普驚長安洛陽
貴賤上下共致歸依今遂營青

下婆聲聞之展齊進廣勤三明之
炬曇无比丘之傳法氷之通迴六度
之舟或催功德於人民或得恭敬
於草木仍為廣集會隨喜殊於
王舎城之東河邊立佛世尊之月
殿奈嗢六百高僧之龍象將歸十

六大會之煙霞白足青眼之輩縣
腹垂坏之人咸降自雪嶺香山
咸至自菴園奈苑甚深之義海焉
唯明月之珠精數之識天人湛栴檀
之水白浪咽石之岸相同鷺池青草
數煙之堤宛如鷲嶺方今聊設

伎樂倶以音聲洞簫羌笛之管曲
沸晴天龍頭鷁首之舟棹穿秋
水况處讀法之後更臨夜漏設
燈會修菩薩戒專念彌陀歸極
樂苦空傳音妙聞命々之鳥禪波
澄意敬開上々之蓮詩以勝先賢

卅三丁

神祇无明與鷲長別苦海有習
悉盡應謝稠林以此善根奉祈
聖朝金輪千福道被熊帝之先王
辨可義化出哥王之表蘭殿椒房
鶴禁鳳園母儀之砌勉齒獻壽老
之方沙陽之宮龍胎勸延年之術

三台九棘百辟千僚花冕遠近緇
素尊卑同浴佛海之無邊須保壽
木之不老乃至有縁无縁現界他
界元始以来所有群類五道四生之
輩三悪八難之者黄泉古今之間
東岱先後之魂併開薫修感證

妙覺敬白
應和三年八月廿二日佛子空也敬
為仁康上人修五時講願文
佛子仁康敬白
奉造寫金色丈六釋迦牟尼佛像一躰
奉書寫花嚴經等云云

右佛像奉造寫如右夫佛日之出世也
光照高山次及幽谷歟臨万水光
滿三空圓鵠亭午寂滅子而衆生
破晴此焉明矣不然者十方佛土
所擯斥是娑婆世界衆生徒累
並刀之業因焉聞佛法僧之名字哉

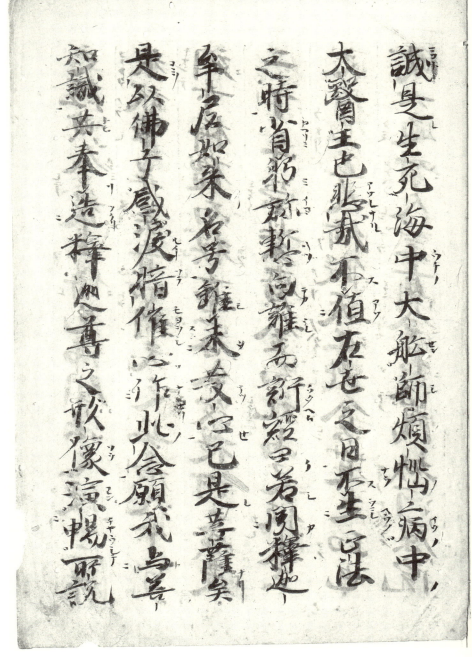

識是生死海中大船節煩悩病中
大醫王也悲哉不値在世之日不生正法
之時肖形於新歎向難而訶經若閲釋迦
牟尼如来名号雖未没已是菩薩矣
是以佛子感涙指作之作此念願我為善
知識共奉造釋迦尊之敬像演暢所説

之經典令衆生得見佛聞法之便一二年
采菽事畢矣昔切利天之安居九十日
刻赤栴檀而模尊容令跋提河之滅度
二千年瑩紫磨金而礼両足彼大王
之力也五尺猶假天工此貧道之功也
丈六適叶人望方今於洛陽城河原院

設六日之大會移五時之舊儀身手
詵縚頭面礼佛七迊香煙瑠璃之雲
成蓋四種花雨薝蔔之露添燈異
以同音讃嘆如来之相好低頭舉手
懺悔過去之罪業特也大衆中感
垂涕曰我等不當今日奉見靈山

釋迦衆心歡喜得未曾有嗟呼衆
生慈父今已在此三界何子不蒙
教化捨佛音於過去釋迦牟尼所
發心作願曰願我成佛時名曰釋迦
牟尼徒衆及教法如今日世尊佛
子今願名復如是凡厥發因起縁

卅五一

円珍和尚伝

（寛喜二年〔一二三〇〕写）

円珍和尚伝　（表紙）

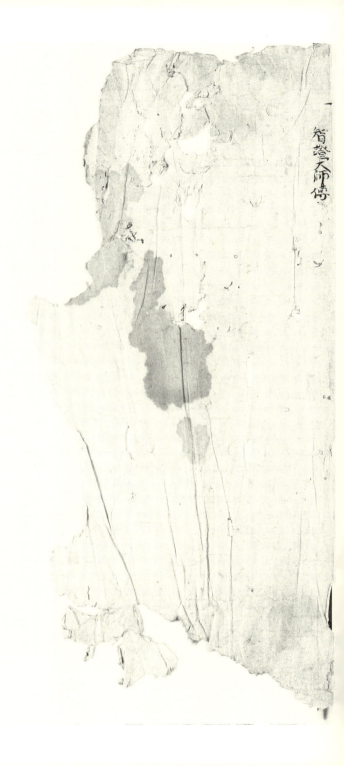

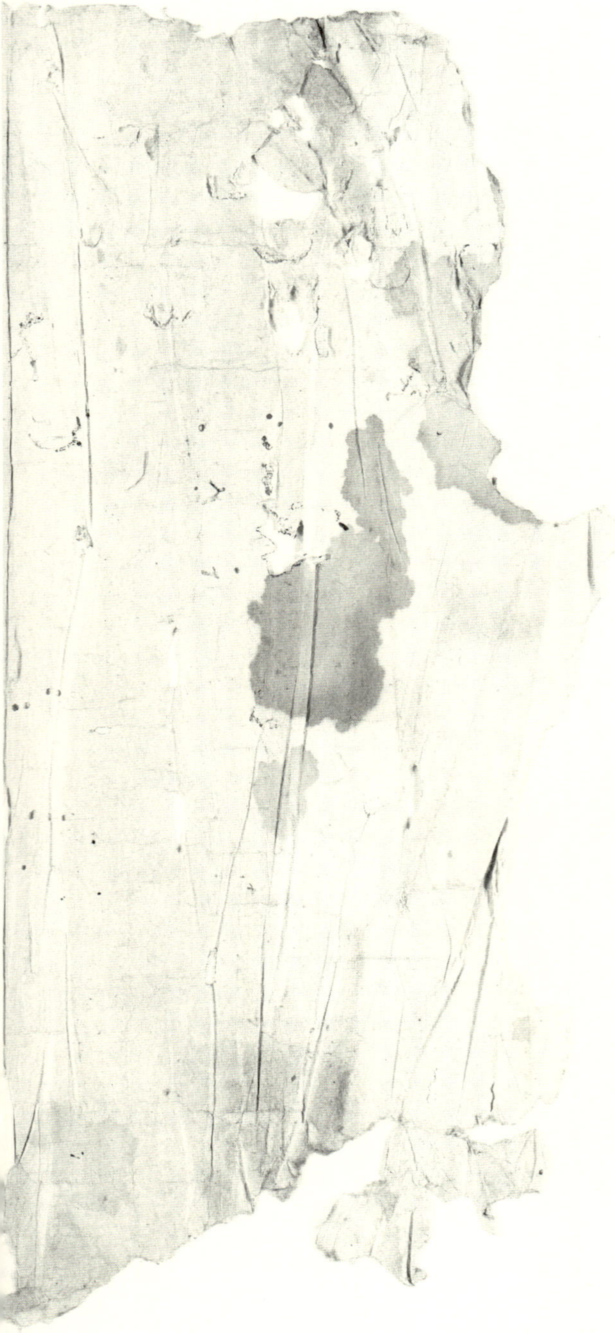

円珍和尚伝　（表紙見返）

圓珍和尚傳　　　　翰林學善清行撰
天台宗延曆寺第五座主入唐傳法阿闍梨少
僧都法眼和尚位圓珍俗姓和氣公讃岐國那珂郡
金倉郷人也〻父宅成殖資産巨富有行能爲
郷里所歸服母佐伯氏故僧正空海阿闍梨之
姪也嘗夢朝日初出光耀赫奕須臾飛來如
流星入其口中無懐妊遂誕和尚〻〻岐嶷機警

幼有成人之量雨目重童子又頂骨隆起形如
肉髻遠而視之似有尖頭資是靈嚴特峙也年
始八歳語其父云内典之中可有因果經義也令
我誦習其父驚異尋求而与之和尚得之朝夕
讀誦未嘗休廢郷里莫不歎異年十歳讀毛
詩論語漢書文選一所閲讀尋以誦擧年十
四辭家入京隨叔父僧仁徳初登叡山仁徳語云

児器虚遠誠非凡流吾是短綆之量難測其深
淺焉須請業碩學期彼大成帰託前入唐尋教
沙門第一座主義真々々熟其才量盡心善誘
授之於法花金光明太毘盧遮那等大乗経及自
宗章疏十九季年分試特試業師及證師等見
秀抜深加精覈而和尚隨問解釋如響應聲於
是勅使深加嘉異處之甲科其年受戒為僧依

例鬱山于時天長十年四月十五日也其後経歴一紀堪忍艱険或渉旬飢頓或入冬単寒全護戒律精錬修学名誉稍聞遂達天下時淳和天皇屡降綸旨添加慰問兼給資粮寵遇尊重多超時輩矣承和五年冬月和尚晝坐禅於石龕之内忽有金人現形云汝當圖畫我形慇懃請仰和尚問云此化來之人方以爲誰金人答云我是金

亦不動明王也我愛念法器故常擁護汝身汝須
早究三密之微奥為衆生之舟航爰熟見其形魁
偉奇妙威光熾盛手捉刀劔足踏虚空於是和尚頂
礼意存之帰令畫工圖畫其像々今猶有之僧年
十有餘寺中衆僧大小帰伏受業者居多當時名
儒有識通好結契者稍傾京洛尤与當書頭惟良
真道有忘言之契每至對語終日竟夜清言無倦相

俱論難内外之疑義質正篇籍之謬誤稽古緇素雖異契為兄弟生々世々之中無改交執之志和尚一紀之間究閲経論中其疑滞無人撃蒙輙然馳心思遊西唐承和十三年七月満山大衆推和尚為學頭十四年勅擢為定心院十禪師其歳正月為大極殿吉祥會聴衆弁論泉涌究微入妙道俗聞之者莫不歎服又於御前与僧都明詮論決大義明詮者法相

宗之碩德也衆加歎異名譽俄播宣聆朝野嘉祥二年
春主上別勅擢為内供十禅師勅云大法師圓珍
精進戒律持念眞言苦節年深勤行匪懈宜為内
供奉持禅師時和尚夏﨟十七三年春夢山王明神
告云早可遂入唐求法之志忽致留連和尚答云
近來入唐請益闍梨仁公究學三密歸着本山
今何遑汲々於航海之事乎神重勸云知公語明神

者世人多剃髪為僧何以昔者没々於剃髪之志焉
明年春夢明神重語云沙門宜為求法忘其身命
况今公利渉之謀有方会之冥助乎努力々々勿疑
慮和尚夢中許諾乃録意旨抗表以聞文徳天皇感
其懇志便蒙許可仁寿元年四月十五日和尚辞京
向大宰府遂入唐之志也三年八月九日偶値大唐
商人欽良暉舩進發過海時東風急迅舟行如飛

十三日申時北風俄起十四日辰時漂着流梂國流梂
者所謂海中喫人之國也時四方無風不知所趣遥見
數十人持戈鉾徘徊岸上時欽良暉悲泣謂和尚曰等
當為流梂所喫也爲之如何和尚乃合掌閉目念願
不動明王須臾前卅年所現金色人露立舶上時舟中
數十人皆見之俄而巽風忽發艫柂指乾維十五日午
時著大唐嶺南道福州連江縣界即唐大中七年

矣時刺史林師睾深加安存假住此州開元寺優給資糧如有舊故和尚在寺儻遇中天竺摩揭陀國大那蘭陀寺三藏般若怛羅受學梵字悉曇章復授金剛界大悲胎藏大日佛印七俱知曼荼室利印法梵夾經等文至國清寺遇僧清觀元璋兩上人安置同房視如兄弟時本國留學僧圓載從越州來於國清寺相接喜慰大中八年

二月上天台山禪林寺礼拜定光禪師菩提之樹又
拜智者大師留身之墳禪林寺者智者傳法之地寺
東北有石像道場此智者大師感得普賢乘白象
降來摩頂之處古來相傳普賢白象化爲大石
象々々南有石窟有大師坐禪倚子西邊有盤
石形似呉鼓世云智者説法槌之集衆智者滅後他
人槌之無聲和尚試以小石擊之響動山谷諸

莫不歎歇天台山上方高峯号曰華頂此則智
者安居降伏天魔感得神通之地也焉寐栢亭石
上見在定光禪師之迹和尚自華頂還至國清寺
坐夏又出天台山向越州於開元寺過天台智者大師
第九代傳法弟子沙門良諝講授宗旨大中九年二
月轉至蘓州緣病寄宿衢州十將徐公直宅直盡
力着病直中夜見金人立和尚枕上一家異之四月上

旬与僧圓載倶趁向上都五月六日到東都洛陽廿
一日達長安城六月三日拜見唐中天竺大那蘭陀寺
三藏善無畏阿闍梨第五代傳法弟子左街青龍寺
傳法和尚法全阿闍梨受両部大法十一月四日排批
香花供養賢聖受三昧耶戒其後授両部大教阿
闍梨位其後又至街東大興善寺不空三藏和尚院
礼拜三藏骨塔并見三藏第三代傳法弟子三藏沙

門恵輪阿闍梨受両部大曼荼羅秘旨兼授新譯
持念経法並七日和尚与僧圓載拝辞ゝ師出長安城
十二月十七日至東都廣化寺礼拝無畏三蔵舎利之
塔又詣大聖善寺善無畏三蔵舊院礼拝真容大
中十年正月与圓載等至龍門西山崗礼拝三蔵全
身智阿闍梨墳塔五月暇廻到越州開元寺相看
良諝闍梨ゝゝ授与天台法花宗法文秘要卅五巻此

皆本朝未傳者也従此拜別向天台山六月四日達國清寺初祖師寂〻貞元年中於禪林寺造院備後來學法僧侶而會昌年中僧徒遭難此院頽毀和尚見於國清寺止觀院趾止觀堂備長講之設以遂祖師本願請僧清觀為主持〻六月辭朔上商人李延孝船過海貞觀元年六月十七日至日本国肥前国松浦郡于時天安三年也於是大宰府上奏和尚歸着

之由忠仁公大悦使人傳送和尚カ閲録新所求得天台本宗諸宗法文摠過一千巻下勅令翻真言止観兩教之宗同号醍醐俱稱深秘必須資師授受父子相傳爲無機緣難遇難悟法師在於本朝苦學此道遊歷漢家更通要妙堪可弘宣奥理仍爲國守城塹宜下知所司許其渲説増光恵炬初和尚在唐遠國清寺止観堂合寺歡喜題曰天台國清寺

日本國大德僧院令〻鄉貢進士沈惟述作記其緣
曰唐大中七年九月十日有日本國大德僧法号
圓珍俗姓殷氏自扶桑而來抵于巨唐福建道
五臺復止天台國清傳西域金人之教我師幼能挍
俗制衣度出家以惠鏡意珠内明外朗作昏衢之
燭為苦海之舟誓願維持三乘妙理以拔有識無可
求儀拂麻衣飛玉錫遊歷此寺數梅又曰昔相此地會昌廢

圻大中臺興佛殿初營僧房未畢亡回衣於士經行而
曉泊浮雲青月𥇥沙門坐定而夜棲盤石師乃寘之捷念
言發歸響從爰得野人伐鸞林之樫柏丁〻之響朝發南
山落〻之材暮盈北嶺妙匠行斧長短得規巧刻
曇繩曲直咸準功不逾月其如化成翬飛而彩耀巷
園勝槩而允揚鷲嶺以下年九月七日造成矣師召
住持此院苦節修行以无爲心得無得法遂誓執錫

告別東帰郎十二年六月八日矣有趙郡李處士
芳名達爰來告過与師有舊東望雲水豈增浩
然仰観斯宇其功莫大乃命余纂録其事唯慙
不久感通二年五月十日記和尚入唐頻遇天竺諸三
蔵習學悉曇并梵夾經諸瑜伽其言語音詞一与彼方
語同無有分別由是先後所遇三蔵嘉其易授焉
然歎異之和尚貞觀初帰朝大政大臣良房公深相尊

重資奠供養日夕不絶
貞觀五年於近江國滋賀郡園城寺以兩部大法授宗
叡阿闍梨　六年秋奉勅於仁壽殿結大悲胎藏灌頂
壇皇帝入壇定尊位美濃公以下郡臣入壇者卅餘
人其後重有勅命和尚講大毗盧遮那經一部皇帝聽
之忘倦當時有識預聞之者卌餘人時皇帝道心俄發
初有厭世之志後年脱屣此其濫觴也十年六月有

勅任座主時年五十五夏臘卅六元慶初依例講百座仁王般若経別有勅命和尚為御前講師是日宏辯清澄金聲玉潤開座公卿莫不歎服七年別勅叙法眼和尚位其勅命云公叡聲高卯斗價重連眉作禅師之棟梁為法水之舟檝朕自從降誕之時至于成立之日頼公消衛備得保存欲酬之心臨寤尤切因此授法眼和尚位聊叙朕懃懇之懐宜增徳望於山楹

發光花於澗〻ノ仁和元年皇帝踐祚又依例講任
經和尚然爲仁壽殿講主皇帝悅其雄辛深加慰
謝二年秋皇帝不豫危篤甚劇董修之驗遂元
得驗大政大臣越前公令人屈和尚侍帝病和尚乘
命下山侍仁壽殿一宿之中沉患俄平和適如常
天皇深以感服勅云朕深欲酬公恩公有何希望焉
和尚奏云貪道菩提之外然無所求但叡山地主明

神以秘道之寄深託於貧道昔者踰滄溟而來
法亦是山神之志也伏望加年分度者二人報山
神之恩天皇嘉納即給年分度者二人寛平
二年冬寺僧大小相率上表曰若真理難聞莫
嘗醍醐之味禪徒之志懇切任茲座主法眼和尚
位圓王得道樹爰鴻佛執水精進覺路聊不退
之輪率勵法軍槌無畏之鼓兜復既覺浪而

聞道及杭油而傳業椅如來之心印被菩薩之髻珠
領灌頂壇二十有年化木叉衆千万餘人既而寒
隔年深草菴老至六時修行一念迴向莫不致
冥護於金輪獻濟衛於綺闕伏惟陛下啓鑾
法鏡化照世燈轉大日而助堯曦流甘露而添聖
澤遂令優命溢於澗戸龍光暎於松扉爲國爲
道而念深矣然而法眼之名稍似散位座主之号唯

施一山若不惣法務之要領握道統之紀綱則増揚
徒何以降伏赤等唱山神而忌誡緊消心而同盧
推擧闍梨望爲僧正伏願早聽眷纉惠眼褒流
天允由降照大衆之中襟雲漫忽施濯滿山之渇
企不任精誠之至拜表以聞時大政大臣越前公只加
推慶即爲少僧都和尚語諸僧云今推擧非撫
素懐但上懼違聖主之恩施下草耻大衆之

篤志故旬月間暫向此号須大衆畢奉賀表
然後負道抗辞退而已三年之夏寺家大衆百
餘人詣闕奉賀表書延暦寺沙門某等謹言
去十二月廿六日恩勅授座主法眼和尚位圓王
以少僧都之職僧徒歡呼嶮奔相告山神之驚喜
廟塔由是之震動圓公生而爲摩尼寶發而爲
優曇華智瑩圓鏡隨像分輝器溢鴻鐘待

叩歳帰晋雖復永外之神獨遊金縄之境然而心中
之眼常觀玉階之塵伏惟皇帝陛下德參四皇化周
千葉非唯蒼生沐其皇澤然今緇徒潤其天波既
而護彼正法崇此台宗擢一山之闍梨爲四衆之都領發
恩綸於綺閣耀寵榮於巖扃喜氣紛郁新添台嶺
之霊德馨薫蒸香滿霊山之窟公等寵植福業
生属明寺見未曾有之善載不可量之恩圓珠增

光殊照一乗之轍法藥倍味永愈群生之痾欣感交
幷百於恒品不任抃儛之至拜表以聞其秋和尚将
抗表辞職而坐禪小暇法務多端經秋入冬未遂宿
願臨終之日遺恨更深先是和尚誡弟子曰我今
年将終汝曹宜記之其前行送之法須以木造棚安棺
其上積薪於棚下以火燃之不得燒之於地之上何
者我身雖濁穢常觀諸尊藏之心殿熏染猶在何

可自軽又云我所傳三部大法宜於求其人而傳之[illegible]
其年五月即經奏聞家官隷書傳授敷篋惠康濟
兩大法師以爲三部阿闍梨爲不斷佛種也時門人
夢大山崩倒或夢堂寺丈六佛起座他去至冬十
月廿八日和尚忽自唱門人云十方聖衆雲集我房
汝等早應掃灑房舍排批香花如此口唱叉手左
右相揖拜三也先是和尚令寫唐大涅槃經疏十五巻將

流通於寺家書寫之後手親讎校正其謬誤廿九日臨終
之朝猶然執持此疏乃謂門人云如來說惠為命比丘以法
為身若法慧相傳何處生死分段之形骸雖遷化聲
聞之壽猶為長存其日食時齋供如常日沒後手
結定印合眼安座念佛懇至陪於尋常至曉更起
開更取三衣手捧頂戴取水漱口右卧枕三衣入
滅終無病痛後二日將火斂僧徒競請替三衣枕和尚

乃擧頭〻〻敢之是時寺中大小聞天樂滿虛空乃葬
叡山南峯東塢送終之制皆如遺命時和尚春秋七
十八夏臈五十九居座主職卅四年焉初和尚在唐
温州与内道場供奉德圓座主相善和尚歸朝之
後貞觀九年送書通慇懃乃贈繡文極樂淨土一
制長二丈四尺廣二丈五尺及織繪靈山淨土一鋪長一丈五尺廣一丈及紺瑠璃畫容
佛舍利又婺州人詹景〻全歸依和尚涤契檀越

和尚帰朝之後景会圖畫付法師大師上自擇迦之
葉下至唐恵能之像二楨子各廣四丈同然送來之又天台
宗之法文并諸経論未傳本朝者和尚入唐求寫賫
來者具數甚多其後元慶五年唐婺州人李達依
和尚之囑付張家商舩送來本朝一切経闕本一百二十
餘巻元慶六年和尚又差小師三恵入唐重令捜寫
闕経一百卌余巻先後和尚所寫傳経論章疏目録

文多不載先是故太政大臣越前公有大願書寫一切經常
恨諸經多闕至是大悅即傳寫補之和尚遊天台國清寺
之日寺耆德清觀元璋深有悟解元璋嘗誡和尚云
和尚入里必宿殃可用心和尚須有靈驗此凶邪之人
常所窺求和尚問云取之何用答云無賴之輩將求
邪利見人有靈驗者竊謀殺戮持其髑髏以爲藏
往知來之用賣卜衒名之資台州刺史端公見和尚

如舊交並以此室嚴涼為同身之誠和尚答云若有宿
業防護何益若无宿業者乃人其奈我何又越州
良諝和尚者天台宗之智德也才學無微無不究和尚
過之請益良諝涼以以器堂知遇篤發被之痛亦如
鴻飛水湧和尚發自江南至于兩京所歷諸州耆
德宿名僧及詞客才子欽愛褒美談不容口先後
所呈之詩稍及一千卷文多不載和尚歸朝之後清

觀元璋及諸當頌蓋相遇者追慕跡年毎有便李音問無絶自觀中清觀贈和尚詩云叡山新月冷台嶠古風清當時詩伯嘗相玄視此一句大多絶倒初元寰中和尚住本山忽流涕悲悼更云大唐天台山國清寺元璋大德昨日入滅無緣悲悼云清觀大德亦入滅頻逸法兄不堪毒慟其後一年又失法甚悲悼云我大唐請益之師忽謂大和尚奄忽遷化貧道須修追福致

門弟之志乃捨調布五十端於延暦寺講堂修諷誦當聞之者未有信然其後元慶七年唐商人栢志貞着大宰府天台國清寺諸僧并越州良諝和尚遺弟子寄書信並付志貞送和尚具録元璋清觀兩公并良諝和尚遷化之日与和尚先語曾無勝違然常語諸僧云吾弟子留學和尚圓載歸朝之間漂没於滄海之中悲哉不歸歟於父母之國空終身於寂寞之郷命也如

何再三感咽沸泗連如其後入唐沙門智聰帰朝説云
智聰初随留学和尚圓載乗商人李延孝船過海俄
遭悪風舳艫破散圓載和尚及延孝等一時溺死破舟
之間有一小板智聰僅得乗着之須臾東風迅烈漂盪
同夜一夜之中漂着大唐温州之岸其後又乗他船来
帰本朝於是計圓載和尚没溺之日正是和尚悲泣
之時也天下莫不歎異自観未抑持随十四禅師済詮

將入唐求法并供養五臺山文殊師利菩薩主上及諸
公卿多捨黄金以為供養文殊之資濟詮辭山之日
拜別和尚便問大風俗兼將習漢語和尚默然一無所
對濟詮涕有恨色起座之後和尚門人云此師雖有才
弁未曉坐觀入唐之謀似衒名高尚若心殿不拂掃
何得三尊之加持若不至何踰万里之険浪其後
濟詮果不着唐山岸又不知所至和尚先識機鑒皆

此類也弟子或問云和尚洞視方星之外如在戸庭之中
察知将来之事如豈目睫之間豈神通力之所致乎
得宿命智之所覚乎和尚大咲云我自少年帰依金剛
薩埵以為本尊故現在未来善悪業報或夢中亦之或
念道間現形告語而已識者服其實語不矯飾也和尚從
自入山之時至于臨終之日涉獵経典諷誦憶義撰或昧旦 日之
隠几俄忘寝食或終夜對燈達元候寤年及八十直自

聡明精神明悟甚于無盡氣力不衰食啖之間常
不別寐寤与月義也論者皆以為得六根清淨之驗也
和尚總披覧一切大小經論章疏三遍講演自宗大乗
經并章疏不可勝數受大法登阿闍梨并受一尊
儀軌者一百餘人手剃鬚髪授戒為弟子僧者五百
餘人登壇受戒為菩薩僧者三千餘人寫初傳燈師
斬木刈草建延暦寺遂入大唐傳天台真言兩宗

其後相承聞楊兩宗光大門戸者慈覺大師与和尚而已和尚晩年特愛遇尚書左小弁藤佐世起居郎善清行綢繆恩好如有宿世之契焉故可著述和尚之遺美者兩人尚任也而寛平三年春藤大夫謫奥州刺史清行出左遷備州長吏居任之間和尚滅度九年秋奥州蒙恩徵爲右尚書促駕歸洛殞於中途清行其秋解入京然轉翰林學士今年和尚之遺弟子相

共録和尚平生行事令余撰定其傳此是和尚之遺
志也余對此聖跡究知年途極筆流褒一字濫願我頼
今日之實録結他生之眞期延喜二年冬十月廿日
翰林學士三善清行記之

圓王和尚傳

寛喜二年歳次庚寅橪月十一日未尅許於瀉
勘解由少路万里少路舍那院測宿所終功了
稚愚筆无極聊欲奉公少僧身　大師之間
不顧後代嘲哢遅筆馳畢　書本者
檀圓幻少特以師匠種智坊律師御房御
本書寫然而從自此見苦之間童清書
散々本々間今愚筆相具後見賢

可直願依今日書寫力生々世々結緣志（季大師）

所之蓋以出興仍所書寫如件　十五歳時

書本云

保延六年十月廿九日書之云々

養和二年（壬寅）正月十八日於蓮華王院僧房畢云々

円珍和尚伝　（裏表紙見返）

十二丁

明句肝要

（鎌倉時代写）

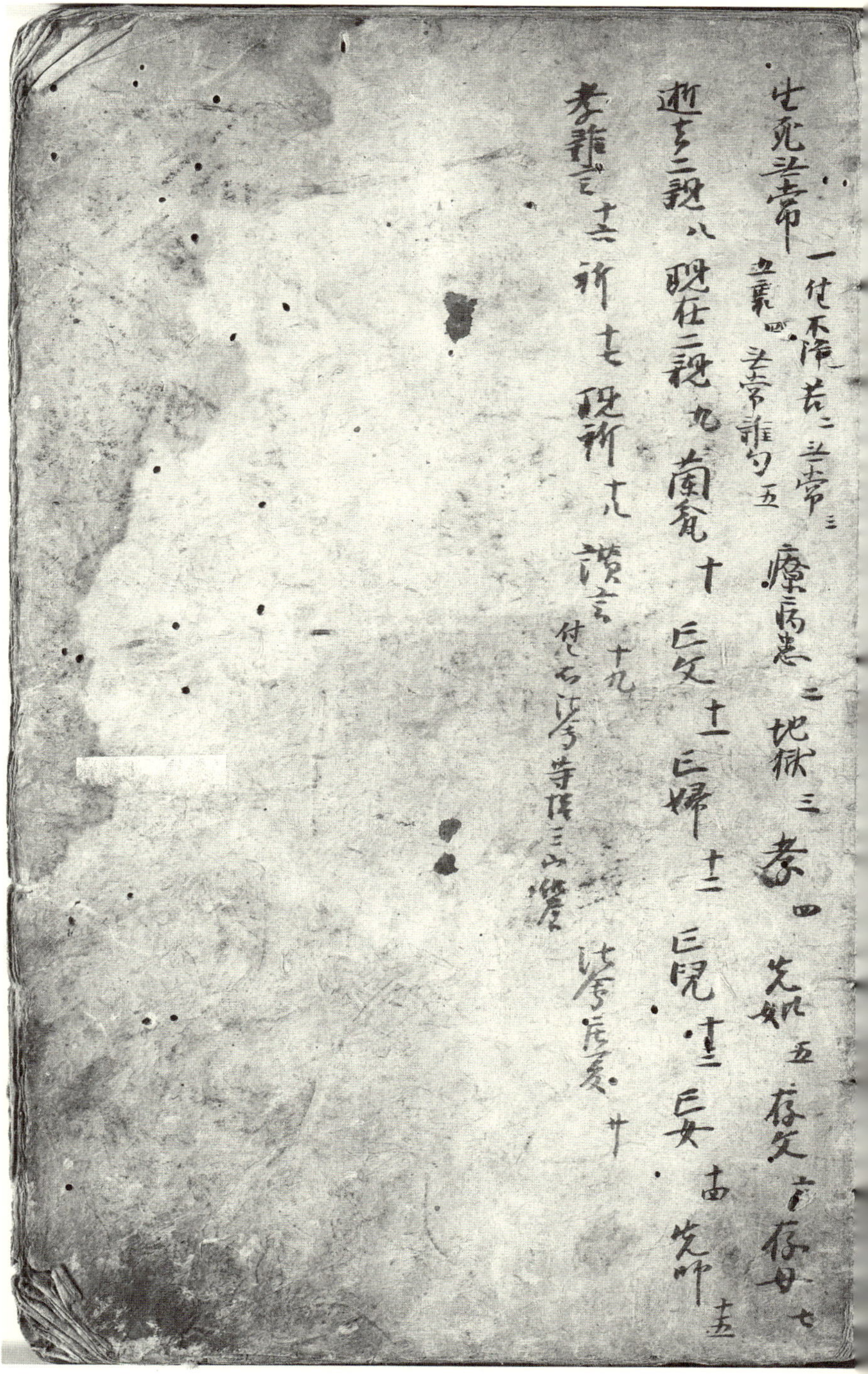
生死無常一　付不浄若二　無常三　療病患二　地獄三　孝四　先妣五　存父六　存母七
無義四　無常雖句五
逝去二親八　現在二親九　蘭盆十　亡父十一　亡婦十二　亡児十三　亡妾十四　先師十五
孝雜言十六　祈十七　現祈十八　讃言十九
付右法号等傳三山巒
法号尼受廿

明句肝要　（表紙見返）

一　明句肝要

並亡死無常　付此不浄　苦　無常

春朝見花終思刀林劔葉害、

秋夜挑燈覓夜悲銅燃猛火風、

峯嵐物心細唯思遣叫喚地獄之悲

暁鐘響音悲聞又思准獄卒苛責之聲、

旅観亡死無常信楽非常也、心静思時此身可厭

物有三百六十骨立石乱筋本旅假深橋梁造功

也。譬如白薄様畳不浄々水研入、皃織二十萬脉細徹

八万毛孔乱霞、五臓萬々相霞、六府靡々向下。九百纈

九十九重皮谷霞其上。

三百六十骨簾羅　九百燋纈肉沼淮、如朽塊舎宅也。

九十九重皮綱　八万毛孔乱䕺也。如似蓬野草也。

五根七竅不浄盈満

六情九門膿血流溢

赤白交色十八周轉宛如毒蛇蟠

従頂至趺従髄至膚八万戸虫九億細虫嬰食苦痛

旦暮食噉髄脳如是諸悪命終之時手丸食噉苦
痛難堪亡夫悲恠向方他方一切見識同性殨爛誰人
愛念此方何人可憐愍此方哉
縦以綾て纏方　悪業之風ニ扇ル、被
亡蒼
縦以金玉餝方　父母之亡ニ赤白方ハ　疵付皮爛膿
至見爛ての逝奇哉　縦以海岸栴檀香芳、直當為ニ
同シ洗シ時ニ濯シテ亡死有漏ノ屍父母之亡シ方モ更ニ無之
の浄キ哉や　縦以瞻蔔花淹染ニ垢油出夜眼ニ二時飲ミ

分取循貝号ニテ中石泮流澄シ腹同安可成香印
乃至傾四海水百千大劫清水却盡水渇億丸分内ニ
富石泮一分石ニ盡泮者諸有初心者更生愛著依シ
初心者観月外石泮状ニ切也　愚者外観好色敢石
観内石泮也或者張恭実由出也　況命終ニ時指挂骨
間色ニ変資破丸想数観シ時
鵰鷲鴟梟檀制争食敢シ
野干狐狗狸吠聲喧シ

石泮潰爛
蟲蛆雜出

見處可悪過於死狗屍也成白骨已支節分散
手足之髑髏各在異處風吹雨灌霜封年積朽砕々
若古佛和遺於玄許不見此乎　已上不淨相

苦相　出七帖集

此方從初出時常受苦惱而寄積經中說云以若男若
女遍出墮地或以手棒或乘搖或冷煖風觸後大
苦惱如出剝牛觸於墻壁　七太々壊矣為苦惱同經

中ニ有二種苦一謂眠所覺舌咽唯食米鹽胸腹手足
有諸痛也四百四病遍切其身名内苦ト二種有外苦謂
或禁牢獄或劓耳鼻或刖手足或鞭撻或被蚊
虻蜂ノ毒蛇ニ噬食或飢饉疾疫或刀兵弓箭寒熱
風雨ノ種々ノ諸苦凡三業六情一トシテ无不苦六塵宅中悉苦
受苦器也

地獄銅柱鐵床苦　畜生禾相殘害憂　人間四苦八苦
餓鬼飢渴散子悲　修羅闘諍合戰妬　天上五衰退没

凡三界六道何處非苦自界他方皆是受苦依處也出病患時

百味歸饍之極義嘗舌已味、絲竹管絃之曲耳成妬、

綾羅錦繡之衣觸身無替、栴檀沈水之句鼻聞誇、

四大遠離朝無容顏端正之人、彼李夫人蓮姿

五蘊皆散夕無長髮美麗之形、潘安仁[illegible]

一度伏病送百媚忽及無處早萎是則病苦也

東方朔祈桃花色流後仙姿留古、

是則死苦也

西王母棲膳花形交煙雲虎殘醜厳、

東都妙姫南陌麗人千年之契成徒松柏之朱空成

王昭君去鴈山之雲楊貴妃殞馬嵬之堤屢過恩愛之荘

早隠老由

墨子歴之糸悲有之恩愛

楊朱泣岐歎士死別離

是則不愛別離苦也

左道言右内史朝蒙恩暮賜死

高祖陣前骸成岳

大宗楯下血湛江

皆是会怨呑歎致死之輩也

斑足太王取一千小王

迎留陥害過去数羊友世大会

五ゝ太子設百千物花　駒形ゝ池若懐底明出ゝ失眼ゝ
遇此不思境令著凡夫ニ漢聖人猶有此慈父の
魔王不悩の違多被假給此則恐境令著類也
朝跪霜勤奉公　趁鳳闕之月不帶賢宦
暮戴星顧私門　荷篤基星不管直職
徒　之輩
幾千万年或求財宝或望高位乃此基難之
飛刧早帝足人同ゝ泥　七宝任心充足一人也
博陸義相足万人恐病　椎録四海足偽也

79 柔王宗財路ゝ易以前在方 乾尭城和之深

80 彼

81 所従了欲酒不孫ゝ慾如火著腐 高甚図類作切

82 不能十善者即之絶 高祖攫武将

83 不足文武者不須賞之

84 不恥忘心者修又矣 照了求賢才

85 凡立家為即高位下賤衣食不足ゝ欲求若ゝ沖畏

86 也読欲名不遂悩懐如前中者此招也然為一旦之尽

87 結衣切羅向過去死常遇此亦若従此方似宿也何求財位同松若

88 朝生夕死無人異蜉蝣ゝ生滅乎 五蘊盈内富四大毒蛇

89 昨盛今衰寧安草露秋光辛　六情門前翫六賊入力闘

90 霜還流風刷六根芭蕉忽破　自空天下頭載三冬雪

91 生老病死歩運旃陀羅牛羊命　自海不上面疊四海浪

92 籬竹黄金菊随変色　族類花皇后采女不免

93 菀同玉々露向光失形　命若露常皇国位不朽

94 去不来花若盛齢

95 実思静楽此身許假若暮

96 来不去花花衰族

97 愚凡若有加々礼若生視瑞々頌文壽煙及与賊三宝

杖分明不杖也作儒如来無悪覚　眼開寿量無非山、中也
者如枯木伏路頭也
既芭墓同曝　雲鬢比芭蓬下乱
現径尖尖中悲　玉鬟東伏山蔟同纏
見ゝ聞ゝ恭日ゝ遠
離深着夜ゝ煩進罷無由羅雑値ゝ一生無指南難受
浮木生没破戒無慚心瀬直辯急晝夜只仙道且暮
不爛西方譬如入宝山人空手還何又負荷麻無乱金玄乎
此度林頭恠怖尖石不勤竹遂永劫有悔乎、　予州立国法共
大旅也

107 老若不責一期有限生不向無病未隠元盛命

108 仲居墨翟之賢　向疊鶏跛　賢還成愚　李将軍射石為虎

109 彼

110 項羽高祖之武　頭戴霜雪　武変猶許　且見衛青之…

111 花盛同也

112 尋衣通姫之跡　向月夜通悪雲　花顔一度萎

113 似亦人皇之風　下花樹餘有狀風　楊柳数顰

114 雲林院春花無興　独臥寐床流恋者涙　南遊似日

115 遍照寺秋月冷　徒坐逢屋懐恨今之為　北戸狀寒

116 行住坐臥多煩

117 思古懐今以花法為思　湛集月來…

118 造次顛沛多苦

泉不如様之雖求之莫足充其大称也　此句ニ有上
諸力猶成　義像簡自成霊蹟　不助人不起　自不見物無興
武心衰　用笈安移豊波文　自心杖不行　耳不聞事不国

無常相

凡楽苦同下従不浄方無苦而可有　従有内外苦自一生度
求無死事又苦而可有
日景没西　夕分命免苦　世間似事思週酔稀也
月光登東　今日分算之従　財旅危事不申解回

127 無賢愚貴賤モ無常不叶心ニ
128 見付物可成常ノ思ニ
129 無老少高下モ旦暮難量
130 錦帳中ノ養金宮の付　五欲ノ樂忘此夢内春遊ニ
131 珠簾ノ内更養無益　貪愛ノ戯宮此浮雲空色ニ
132 樂榮昨拾出入息不絶ノ向同使不来ノ様也
133 同眼ノ契恩愛眷傍モ不来代リ　運報恩ノ志
134 今世常習
135 絶息ノ時積於財寶モ不助救ニヤ　致孝養ノ誠者只
136 昌巡山林ノ向　交一聚ノ煩上リ
137 の爲撥訪一對再會示陣
138 送遥曠野ノ中ニ　埋黄壌ノ土ニ

139 無常生死輪廻之境許根口皆所有一息不還之夕逢
140 頭並數悲哉何朝何夕獄卒前閻魔之間王宮何下許凡
141 有才並才高貴下賤並無識之處何有賢人有識之

142 143 144 彼　楊貴妃桜三千寵　曹子建八斗才　陶朱金玉財
潘安仁愛衆人容　百里奚一朝賢　鄧白衣食富

145 146 147 只　眼晌間
息不絶程並慕之　観死並常
厭生死過患　疾離三界許要事有

148 縦履綾羅芥金玉内何
其許實畢竟空

従凡賢突帯而識法蓋　其性法尓乃
就美麗嬌艶氣色迷心是何耕入夜叉刹掌裏矣進
肩儲因太心細中
貪濃語艶言多情結契如何只蒙馬頭牛頭呵啓肝破
骨横尸屍也
昨日麗雲鬟今日空類暗夜煙　終沈鐵湯底
朝鮮花容夕徒成白骨塵　宛随黄泉底
何再可学人
力何又値遇嬌淫此度随泥梨佛又永劫年送数歴却中間
三寶名字難
鬼従更黄壊古空残向骨去　多年志交言来訪
現獨消悟火觀進無肉身　孤葬子而悲若

鸞鳳鏡雙影無亡形不破程　綾羅錦繡世士稱之冥途無益
鴛鴦枕帳同心朝露命不消間　賢愚貴賤杜士榮同一冥路付
凡如此等苦唯非説凡下有此怖畏登仙得通者無没如是非
空非海中等　當知諸餘苦悉或有免者無常一下終無遁處
須如説修行欣求常樂如此観無常殺鬼不擇豪賢危
脆不堅難可恃怙何安然規遲百歳四方馳求貯積衣服
々々未足温然長住亦有去作資徒乃他有冥々獨遊誰訪是
非荒覺無常過於異暴水猛風掣電山海空而無逃避

169 一眠如冥、枕上心大怖畏、眠不安、常食不甘、哺如嚙頭燃、以求

170 出要。又譬如野干、失耳尾牙、詐眠望脱、忽聞断頭、心大驚

171 怖、遭生死病、尚不欲、忽死事来、奢非所、不怖々心、然時如此、実

172 173 174 可厭離。一篋偏苦、非可抗蓋。四山合来、無所避遁。而非常沼常来不留我

175 176 177 我等 頭戴霜雪、心染俗塵、遂尋白同下、独入黄泉底之時雑、叫天扣地、更有何益乎

178 努力々々、莫入宝山空手還。於此厭離心、速随出要路矣

179 五濁八苦煩悩々霞。一界有漏火宅。利鈍愛見、獣隠随任懐戯

180 毒蛇冤魅、悉森々甚衆、穢悪充満。梁柱墻壁、似労競用足破

塵點ニ賤劫向受析刹塵檮者　凡　岸樹風燭浪船、落花、
展轉更生縁迴三界苦海里ニ　生者必滅会者定離
電光朝露芭蕉泡沫　乃至
如幻如化如影如像
普天率土上誰
國家妻子宮室屋　如夢如響如城如肖
人方宛此理行ニ就中天上五衰不遁人間有損大衰也
欲界跡動境界向風前之燈　冥命孤獨夜殿裏
轉變不定報似草葉之露　動騁迷乱床同ニ
成恩愛別離之悲　千行淚夜之枕下成淚
懐再会長障之苦　九回腸時之肝中信寞

192 十善帝王仁實類麿澌乎寧ニ廣ニ　昨日談人今日成ル

193 千因流旦棲終成荒榛遂ニ地ニ　路頭乱花隠影シ

194 朝見光夕暮成白日光有爆骨衰

195 徒死徒生骸如毗富羅山峙

196 若無界思懐宿也少不帰

197 朝歎夕悲涙如大海水湛

198 光少不定處光人弥做岸額離根草如

199 彼

200 東方朔傳道術早東体九還ニ標蔵形

201 西方母棲臨石室北荒万道ニ露留命

202 楊貴妃ニ於馬嵬ニ失影大王見ニ歩照楊舎秋月湿袖ニ

203 王照君ニ應山雲ニ形人何得見ニ僞獲殿春花洞袂

我人露命雖同鏡好懐霞花鳥之詞林常翫虚誕花飾之
言葉求忘憂根去如之理空栽臨迴生死之羅根之

天人五衰之常

六波羅蜜行之一頭上花鬘忽萎二天衣塵垢三腋下汗
出四両目数瞬五不楽本居是相現時天女眷属皆遠離棄
之如草偃林間悲涙歎何此諸天女我常憐愍一旦之棄我如
草我今之依之枯誰救我哀善見宮城於今将絶帝釈宮
府朝謁之由殊勝殿中永断瞻望人天宮罷何日同乗衆
車苑并之遊殆見麁渋苑内介冑長辞雑林苑中宴

會之日歡喜苑中遊之期却波樹下白玉與石更之叱咜、
曼陀枳尼殊勝池水沐浴之由、雲穫廿露誇平舗乃食、五妙
音樂頓絶聽聞悲哉此方獨嬰此苦顧意慈愍救我壽
命更延廿日不之樂乎勿令墮彼馬頭山後進海雅作足
云之敵救焉　當知是苦甚於地獄

之常雜句

設雖長壽無終不免之常設雖威富貴報必有別離期哉
唯凡下有此怖畏不、仙乃通意之後必是

221 過春復来　萠草木根　去年復没　膝内骨不言
222 芳草上露　朝有夕无　命風前燈　暫存終銷
223 去来蓬莚　我方豈豪　霜枕狗衾　誰人免哉
224 方人命雑朽　汝如蜉蝣　去石之火　汝如芭蕉
225 鏡中皃　近三途別　頭上霜降　隣八狄囲
226 並梳之女　浮荒風前　稲底残々　忠對霞下
227 紅梅之良　老死主巷　白雪之脣　裏岐不肯
228 紫塊之顔　忠遊死之　白屋之竹坊　若無甚涼
229 夫妻之様　須申於甥　祖子之眼　剣非疑親

230 千秋之賦力乃陳評　一夕歳之葉　梧三冬之霜

231 白髪廻頭　懸杖痛腰　黒皺疊顔　柳不悩霜

232 從送多年　盡慰傷心　寧過数月　為馭悲涕

233 悠々生死　世友不断　則々去同　縦横雖推

234 栖々槐矢野向駈鹿　山獸野禽離心視　池藻淵菱

235 嬾枝結網海側機緯　川呉江甲何忘肆哉　嶺嶽谷葛剽已骸骨

236 愚属桂行恒弁説味　而有

237 入実之白梅檀光枯　紫花茶氷水

238 凡夫賤心顛実上下　入賊之叶樹神随死実知　生死之実如卵響聲

239 憂悩奈河水如血　鳥将死鳴聲哀

已上名句傳

240 飄留了山河似骨　人将死其言善

241 天人楽円石泉ニ　呉蕊蓮不窮　无常迅速心肝易動

242 毓袖栄佯岸汝　麗傾鏡不直　遷化遽眠有侍易傾

243 花枝枝尚留　命逝形残　空大日々衰

244 波運謡不盡　姿安泥存　光若鷲蝿虫　東西難弁

245 嶺雲廓復巻　去年復没　霞連千行　前車誡後車

246 谷水流不還　逝人不来　脂三九週廻　流舟謹浮船

247 見失人悲易方　雲係山易絶　命任天人去無常　歳前積人方

248 思別人愁存命　露宿菜難存　方居地泥沫易消　月々浪吾肌

249 徘徊風於編蒙燥上　林死雪養枕紅霞添落　蘇眉安居従於深谷

250 瞻眺宗礙瞳埋暮不　枯鮮銅衾黄思更絶　煙鼓雁陰樹於峻岸

251 雲膚屏之枕九折道　松飛花而落老常渡　瞻蘭菊而□
252 虫繡遊地發七騒路　採落葉而碎還窮肝
253 瞻蘭菊而概密契之儀牢　巳上　顔上老花而排下之借
254 挙松栢而悔孤負之長遠　胸中有炎而作三焉之由
255 人之在世春秋難留　頭上之霜半侵
256 洗我　心中之水漸潔病　倩思紅顔空衰
257 命之任天充少不定　循知今容之可恥
258 齢漸過強仕　自去歳之冬天霧難晴
259 才動悪歴羸　及今茲夏愛月筆苦弥劇
260 巳上
261 嗟哉悲哉　昼垂萬遍之慈文付偶誰人而長往　常恠勤子
262 拋日夕愛之婦遂指點何處而遂離

263 西瞻之景已傾前吾子死後下豈留吾子哉芒之鸎
264 忽促今弟子還聳終制
265 生死無常
266 前後不定之死
267 百千万行之落涙弥深　内茂孝敬同温清於九棘
268 四十九日之忌辰今満　外視安算期春秋於百年
269 忽変南面之代　雖知仙蹕之不帰
270 宵從以還
271 遂赴西方之界　猶歎毋會之長隔
272 螢火燃而悩婦女之契心　人迹如来寧忘一角仙人之昔下
273 蟋蟀鳴而助旅亡之哀声　於仁薄伽何頼三万采女之本志
274 殘命何處北日草創之遊場也　云死変玄其所
275 送終誰人暮年衰恥之親文也　函霜霧忽侵

永出拂云之故宮　徳音絶号不同風拂空階之落葉
還趣高里之冥路　蘭陵之詠行於對清鏡而識不見青影
徳音絶号不同風拂空階之落葉　蘭陵之詠行於對舊鏡而
識不見青影
芳儀去号有殘露泛蕙蘢之寒色　心水多芳心開衣衾而陰
巳子正月　尋余香
臺上迎之衆人皆誇陽春之朱　媛一子号愁世有涯之命不耐欲死
泉下冥之孤妄獨泛厚夜之離　先二子号永逝無常之理雖堪相悲
依何罪報　作趣于昊天之備似不仁　恨神姤鬼神徒似無情
逢此荒迷　伏叩厚地之亡似不載　憑佛念法佛法空以無賦
五内之愁　頭今如千傷雖一旦切之筆皆附廿
方方不慰　配今歎我失子旅之今皆得度脱

288 慈顔若見鏡同此下於舊儀之後　顧劃其六次暮之歎

289 憂腹雖休只暫宿因前世之業　忽乃彼他生之因

290 願令母氏之別恨焉訪彼息之承覚　時過而恨遺若不報息之情

291 願依彼息之證果矣結母氏之良縁　方浅而願深若欲謝德之志

292 哉歎哉思　林苑若葉自表世死若常　哀聲遠響而應驚上界之交

293 可謝可報　枝條有葉知世有限　憂詞遍陳而盡悃四法之母

294 史

295 指山指地願骨信多　輪王之位七寶不久　樹欲靜而風不停

296 指海指江髓悩非分　天上之樂五衰早来　子欲養而親不待

297 志雖春日朦　空勞三族之心　若此下推遷　六道四生不知何

298 力不及八非　弥増輪廻之業　七處相障　野獣山禽猶栖舊趣

299 言哉毎惟此事衆縁假合念々無常准岸樹井藤不足以儔

300 危脆乾城水沫芒以譬甚不堅亦以朝夕是期無可長久而

301 歳月如流六十々年三同為已乃莫菊已侔浮雲任化也

302 於七重樹々風

303 彼

304 歴四十余年之息々波深於桜梯河之夜浪

305 措五时八教之徳々於高於沙羅林之曉嵐

二

306 病患救療言

307 蒋集入夢万銭ゝ價消泥　淫盡珎財

308 羊子　郎殿下勤

309 葛代絶術百薬ゝ方失験　勞求救療

310 尊旅有恙

311 纏綾風宿霧易侵就中　去年風水乖和

312 醫療難及

313 十全ゝ醫之験

314 霧露不静　心中造丈六不動

315 万方ゝ祈誓之効

316 法味濟通忽之還年薬

317 顧餘暗結目之續命之績

三

地獄受苦言葉　第三部

等活黒縄中

刀林劔葉屠身　銅柱鐵床焦膚　是皆

剮鉞七倫盗ゝ日　呑放逸秋更ゝ来

衆合叫喚中

二千年　四千歳　是同獄罪刑走之

心肝搗劔戦ゝ　骨髄砕刀山ゝ

皆是

欲色婬ゝ罪　長残飲酒ゝ懲

或焦熱大焦熱中

即熱鐵地上　以鐵棒析鉄架

或作或変

或以鐵串貫身分析返炙ゝ

是須臾足

猛炎熾盛也

或上置鐵様ゝ　炮炙也西國也

依先世破戒罪一万六千歳ニ同受此苦見半中劫也
阿鼻大城十一中劫受苦悩也此ヲ以前七大地獄并一切
十六別所地獄ニ苦患汇合ノ一分一千倍也
所以七重鐵城圍周従千劔交作　十八障隔楯无隟
七曾鐵網厚覆千万火飛乱落　四面刀林密周匝
是則非天人修テヲ構　只欺世偷盗ヲ工
非欲色誑権ヲ造　謗法謗仏ヲ構
四面門開有八十釜涌銅涌鐵沸上如泉流出城内罪人之
従頭至足肉崩腐壊皮肉焦爛流落五百億出各咄千万

火輪如雨乱下猛炎熾盛受苦罪人併五体散々成六根
以々權并形成散失
書夜獄卒責染肝悲先主罪業并甲悲
凡
晨昏猛火被罔進迷叫天和地何有益哉
三業六情皆苦器苦力并不受下
汝先世明父母師長
五体方分作而悪業之感處并不下
眼之識錯枝々枝棒三契之大地妄語中語舌之核出布
満心識大地以五百乗牛耕出苦痛不之種什哉
毒蛇大蛇纖出鼻壊鼻根受肝斜那須臾不之捷

353 屍未異淤泥蟲穿皮入完斷筋破骨取髓食尠堪付

354 中地獄晃香人向衣因刹那千萬命有二山障依之人同罪

355 因之也一日之一日戰割碎其方叶送同地獄一念若百千万分

356 不及一說何況一中劫受苦哉

357 焦熱大焦熱多百由旬炎中焦髓　因法緣鎮具

358 紅蓮大紅蓮嚴寒氷底寒肝叶　董胃德日頌

359 炎天忌刑寒之夜衣薄難堪

360 臥三熱大地晝夜猛火中焦

361 沉八寒底終劫寒深云薄肩

362 獨臥三熱地叫炎宝腐徹骨　三熱大地上多百由旬炎猛熾電

363 鎮沈八寒底凝之解氷凍腐浸肝　七寶鐵城中經千恒沙者遍來

364 藥叉羅刹瞋眼懸電口咲百千雷如一時鳴合呵責聲

365 徹肝入骨難堪牛頭馬頭麁氣色熾鐵鉗口挟開

366 口入涌銅流鐵或呑鐵丸苦忍哉如何

367 悪菩薩高末免世死　跪踈魔魔家宛非菩薩責

368 重罪因囚匠遅鐵床　追獄卒前贖邪見咎

369 鐵鳥鐵烏嘴眼啄髓骨　家子恐妻其时免益

370 銅山銅林破肉摧骨　惜財貪財彼世免助

371 地獄難堪咽煩歎哭　背涌銅涌鐵晝夜ぬ食

372 焼自汁活終孤附畏城

373 鐵丸不安或飢食子　悲哉ハ爲見时の礼

或以㓨鐵鑁縛罪人有従刀山大鑊逆推落所

或以㓨鐵釘朾三百六十骨節令大盤石隊推云

或込鐵瓮煎煮云有　鷲鷹鵄大鷹鵄冥々径夾中鎖鷹啄肉

或入大鑊同推云有　彼沉紅蓮大紅蓮峨々結氷衣凸常盛骨髄

四

孝養詞　兼芸集

今典女母界常習（運報恩之志／殊孝養之誠）落精進修利大恭心一向内

法苑書写善根広大法界周遍（報恩之志若乳筆下／謝徳之思深硯水）

386 硯水変成清浄法水、垂灑法界三途八難衆生受用甘露

387 紙変成仏、巡虚空界満月為容、並光給被照衆生忽頓示

388 諸仏各放光、言孝子の汝修広大善根、我等随依志来助

389 汝亡為霊独含咲、因仏祝附詳悦、彼瀬離抑孝養之致

390 黄花給香花供養、成不思議香雲花雲

391 還到宮抗穿光城蔽白

392 遠及極楽界兜率天衆伝筆

393 霜上抽筍饒孝養机、夜臥母懐多費乳味、寔梁上鷲育子養蛇

394 氷下渓鱗随冝調、書遊文膝久被顧、昨領之雀處栖徊充

395 鷲雀猶尓況於人倫哉

396 文恩高山、蘇迷盧頂之

397 母徳深海、滄溟之深之

398 息不知人既同犬馬
竹雞維竹馬拎程忘宗、棒角斗朴秤氣霊亂

399 徳不謝春猶木石
叩諷誦聲訪巨君道
床枝葉乃就師尤道

400 会力緇素遊松栢蔭
白骨父恩重之

401 至孝男女保龜鶴算

402 赤肉母徳也
郭巨致孝土中得金
程陽誠信咕水出天

403 孟宗泣竹霜中得筍
王祥重母氷上哭踊

404 賀伯脱衣遂流名様
宣士積雪備教明道

405 報恩之遠上散謝徳之死
夫以恩深四恩

406 徳大二親

407 断悪之爐中焼出薫之香

408 報之君旁田蓮開
以宿世縁受慈天之遺所

409 是以倩思之

410 恭之君心樹花出
以多生因成厳君之愛子

年花之初歸嫦娥之眉而致孝養之識
誰當
元正之首開欲顔而就鞠育之恩
定省元感風樹之嘆忽殘　白日離天而在我已昏
温清有遠逝水之嗟俄起　黄金満地而汝誰更照
普天下誰無別父之憂　分列如情　見他不驚
率土上皆有親之悲　迷戒口維　在己始知
九泉之路可遠一別人無再還　千行之涙唯埋幽途雨
五趣之衢可多一入之輩無更逢　九迴之膓空成冥欃烟
在世日已開孝養之採　縦令文若阿曼之賓秦落釜
況乎
冥目夕豈免不孝之謗　而使子遊花萼之亡道掛之下

423 424 425
而如
作三宝之境　歸四恩之助
致報恩之誠　竭謝徳之操

426
五
先妣
白言夫以孝者天之経也地之義也

427 428
孟宗養母年氷上抽筍
王植孝母之日霜下拾樔
蓋是
天地感孝之深
神明歎篤信之甚

429 430 431 432
一百八十石徒費阿孃之甘泉
三千六百日空織慈雲之懐抱
而
朝夕不動定省之孝
冬夏已見温清之慎

433
孝養之分未起
識恩百年安隠与来春而致孝

445 444 443 442 441 440 439 438 437 436 435 434

一歎喜ノ心常ニ深シ　一期長遠ナレトモ秋雨瀉順、
誰畐　風前燈滅　無常ノ燭忽ニ近ニ　嘈然　三界火宅ノ冑の薪、
水上月去　魔滅ノ氷俄濃　四生塩海ノ濤の波、
三途八難情識ノ中　先如何處ニカ生ヲ遊化セラン
六趣十界色想ノ内　慈愛誰家ニカ受苦受楽、
傳聞　八万由旬阿鼻ノ獄月應三昧充弘出　神通威力一念ノ時
十住佛刹極楽ノ回日以念ノ力如送　無善妙用刹那ニ生
從　雜三性ノ祀唯勸咒術　寧肯　八熱地獄中成清涼ノ風
雜穴吋ノ茶僅慰呪詛、　八正道樹ノ下の平ホ了涯、

六

存父孝

智恩　方祈髪膚受於父母不敢毀傷為孝礎也

夫以　建徳立名顕其親不敢遠逆為孝終也

故　江草進輦而至孝之花顕矣

况　人迦如来昔割肉而養父

諸兵苟輿而至脈之徳久傳

牟尼善逝已剥已肌進母

孝養徳遂成大覚之因

要施之　昔作善因士仁雅門

孝順功令成法本之王

今植徳本長礼於家

士知之賢有忠於四

并之利他或的親子

宿世之善有孝於親

陳噂之氣済或的夫婦

定省之余儒帰三尊　千枝同花似歡絶之執恩之志
温清之閑馳誠四衆　万條動風如助孝子謝徳之誠

七

存母孝

夫以
四恩之中父母尤重　報有菲内胡麦蓮
三親之内母徳甚深　恩者三途炎熾八難沫疊
姜詩人養母之庭出三隻鯉　然乃天地之感動卞野一时
曾参人孝母同降三足之烏　神明之杖助名流万代

467 受施互合掌白言我肉
468 海中有珠　君曰如意　能雨百珍妙通
469 天上有宮号の广居
470 十方我自看雖内此言未見其宮唯有阿弥慈蓋能世
471 我世能養我称自幼至長問顧外助云馆
472 人中如意之珠なり
473 家内广居之家なり
474 盡千春祈而寧得糠一夕之恩
性此德力而宮權之孝惟珠
475 積万斤金而光得参斤时之德
世多出粗而湿清之誠未篤
476 一生半傾而風樹之難知
477 傳聞
滅後之七寶不如眼前之一德
478 百年多盡而遊水疑未免
殯日之多功寧比存生之乎
479 和如招曰之阿弥陀尊之日蓋能自来
480 以頭敬順之誠

481 慈雲年々叶奉禱末代善、以彼父子々志
482 成世々桜苦々枝詑、
483 而世々ゟ示蔭涼ト

八

484 逝去父母
485 我生去父也　眷属之恩蔭遂還短
486 白言
487 生我去母也　霞護之徳演渝尚浅し
488 幼年無識而徒費日雨落水、去仲由養母之識遂去肩迷之誉
489 長日無福而空不庇梅檀蔭、去文挙孝親之模写閻提金之籍

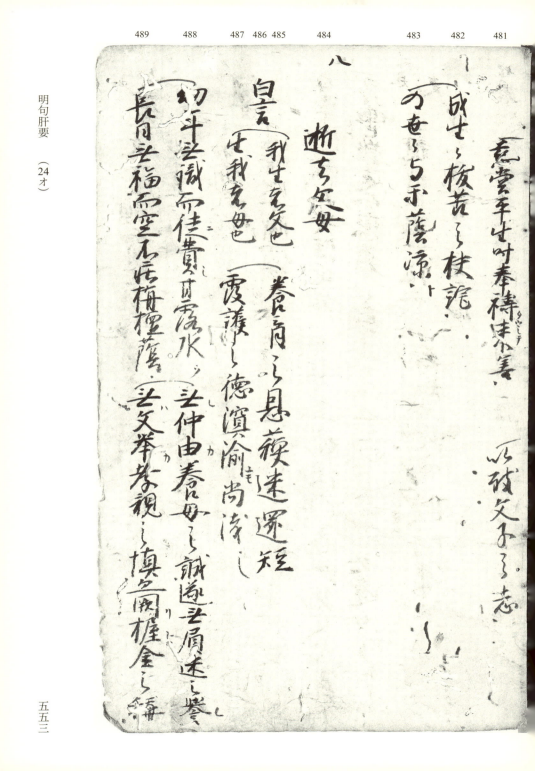

490 491 492
嘆思
文並顔而覓千春之花　随節残温清之孝
継子共眉将弄一カ秋之月　随日進定省之礼

493 494 495
付留
桑楡影傾而忽沈黄河之底　作天和地而遥及
風燈姿滅而俄帰冥壌之空　殞身殉命而有何益

496 497
日車速転而尖逕之年自長　一生徒傾遂無見交之期
月轡難返而恋慕之期多積　一期空尽無逢母之時

498 499 500
知恩
夫
成親成子遊此縁之残　苟知此理寧疎将来乎
成父成母是大善之感

501
報恩
積善業而成阿弥浄刹之路
百歳之援

不如累功徳而力阿壌恭之標、二期之終

所記

我求此善同生其因

逢祥宮之母、私恵之文

成引所之子、檀戒之伴

九

現在父母

夫以逢仁義之親、莫不宿昔宴縁之礼、私之子字遇去

之自恭不令賢子

昔殖同生之善、既成賢親、早行斧大此之

本造一家之徳、亡作孝之、遂至恭如是、故継

暴

513 祝児沢河毋女梵天
514 勧親見仏子昇蓮台
515 積劫所蔵非女賢子
516 累徳所植孝孫
517 家女之児女有女知之美潔
518 遊使
519 門庭之子孫有夭壮之雅楽
520 交友有信
521 従人有仁
523 幼年従送家恩之日
524 長歳未有報徳之時

讃後主
十善修功成福禄之基
五戒薫心為慈悲之源
内習空王之法
外教先王之道
下君有忠
下親有孝
爵禄積而栄花開矣
積善集而芳誉遠矣
522 令賢子ホ
父母之恩大於大地
家門之徳山海非高
阿耶在堂而年過耳順之寿
阿嬢在堆而齢及懸杖之秋

525 風流多思振息ミ只更待何時

526 楡影少馬謝德ミ朝之足哉

527 獣畜 夫

528 三清ミ爵三雅ミ盃只用一收ミ眉遂並千秋ミ榮

529 三宮ミ力ヽ四衆ミ助孔柿二世ミ降遠令三力ミ命

530 正冥補ミ究綱成於芳ヽ綱　崇併力而令恙天ミ力

531 示如

532 及思識ミ前の御前道　祈往壽而須惡ミ壽

533 借人衆而添恩家ミ福田

534 絶乗せ而俟益門繁楽

十

盂蘭盆　孝

掃安居ニテ遊而尋大目連ニテ舊跡
並師子孔ニテ屈梅盂
開自恣ニテ樞而排救倒懸ニテ前下
蘭盆典ノ三有界後ニ四備行ニ
知恩
夫以一切男子誰非我父　一切地水是我先身　無始以来時變無邊
一切女人皆是我母　一切風火莫非道跡　今日已後流浪離苦
天運如来就以一切衆生乃大恩海　生々常成父母
無上菩提以一切因縁乃大恩處　在々處々恒成我身

我皆報其恩令成佛是故
一切衆生是我父母
一切國土ハ我恩處
養恩ノ報如影随形　悲母青提雖堕餓鬼ノ道
昇沈ノ道似花在空　孝子目連於救倒懸ノ苦
顧恩四種
莫不皆成生死界ノ人衆處ノ徒三毒五濁
尋德七世
在世誰究十悪五逆雖親雖疏不如唯目連尊者遺迹
近ノ七世四恩救苦ノ日ト
救護恩處ノ舊ト
遠成一切三有与示ノ日
今者僕自惣僧徒空也似ノ閑　天降白露而失風潜廚而去
該盂蘭盆之大ノ道ノ十一　地開白蓮而水臥析花而且

559 秋月寒高而衣心月之玄雲

560 或禅定仙趣樹下而熱頭陀

561 秋風蔵涼而似火宅之有滅　補處菩下兜率而託母胎

562 自恣衆僧坐第草而得道　目連垂願而現報恩之筵

563 孝順人捧蘭盆而救親　尺尊馳通而受謝徳之供

564 早稞咕穂而先奉世尊　東陵之黄花柚龍歸而将来

565 晩豆之法角而退供大覚　西母之紅桃捧仙掌而奉上

566 牽牛織女興會之辰　十方衆僧得道之節

567 目連青提和合之日　一切衆生離苦之期

568 三世大覚誰不昇蓮臺

569 十方仏土咸可坐於法性

581 580 579 578 577 576 575 574 573 572 571 570

士
巨夫　孝

夫以
天地大者陰陽之化　百霊自之化城　孔目之常
人天聲者男女之向　萬物為之陶甄　雜復　邪通之仙
於因而出三界　因地之前猶遺貞婦之蹤　以婦女之才
忌家而居三従　而　不從之據乃流道妻之愛
以婦女之方榮丈夫之志　并有願下之夫婦　宜本之宏任者
以金石之契馳蘭菊之思　如来芸深芸恥雌雄　男女夫婦之中世
雙施之
五馬到門而過南来之君　門窂臨前成千年之契
三尋在之而得东迩之妙容　合巹堀下結萬哉之約

582 岑鴉相和而朝悲離友薦烏之昔栖　伉儷年深而家亡多子

583 塞雁失侶而夕歡兩鳥之同宿　配偶床積而門滋亡士

584 千春並顔而并布死之蜉蝣　朝露非堅而亡常之定怨晞

585 誠思　誰當

586 萬秋同襟而朧比地之死皆春鳥　夕槿不久而靡微之風儀

587 書居惟下而悲畔側之人　昔日之悲情入骨而久莫人

588 夜臥床上而嗟枕衾之伴　存亡之芳言於眼而猶泉

589 一宿不来之時尚前一通夜肝　玉顔同眼而亡無言

590 一時不見之日無積長秋愁嗟　悲情志易而家亡更還

591 天地之中誰無離別悲

592 然而女人深悲云去善友死日

593 人間之間皆有生死苦　然夫人相遇必有宿因和合

594 旨円心殖兼　恩愛之思せ々難忘

595 寧老卒壊

596 今一身依怙　想思之立ニ離随同し

597 存せ之日共契於水火　君子入獄之日賤妾何之瞻於春花

598 殖没之後寧定於浮沈　夫之在梳之夜早婦何思見於秋月

599 伴号大通之人心於冥路　妄作深比道　伴侶

600 法稱大悲之物慈於存亡

601 夫以

602 枕上暁渡窓簷恩雖苗　今衰中夜夢念陛下易被

603 帯雨之草暮悲欲之渡雖棲　暁鐘破夢之時窓暮之心更切

604 十二　已婦孝

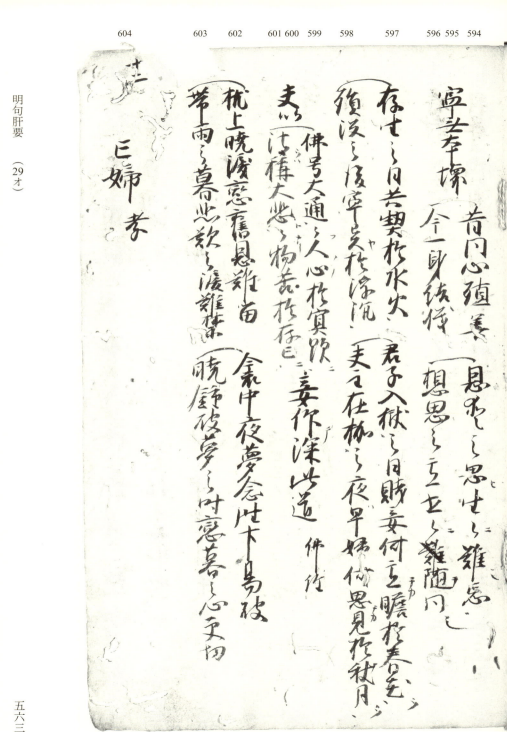

605 夫以
606 三界之中陰陽之道大矣　世始以来幾許經姻
607 白日之同雌雄之化互笑　今日已後不知幾廻
608 昔者
609 一角仙人尚顧於之而之容　廿之中常成夫婦
610 鹿足貴女自抗蓮芝香氣　去之外恒の雌雄
611 若修弁之大行
612 遂至菲之大果　妻信心施主
613 昔結芳縁而遇阿彌之佛房　本殖厚徳得襟鶯之桂会
614 新迎之前粗設三周之養　断金之契永結相期久
615 結義之後既現四徳之余　揮盟之約金石而誇固
616 春對萱花而飛舞容之美麗　同襟之客琴瑟而争和
617 我尋蘭菊而攀桃臉之佳宜　一枕之夕長係蘿而親密

618 誠思
619 千年ニ復花着付ニ参ル　誰苗
620 萬木ニ外流未宗ニ葉ル　風花不居而鵲鏡孤光ニ　水月之空而鸞鳥偶空
621 因思ニ弊忽乎高里ニ門ニ　去留雖定而誰匍月之境肝ニ矣
622 斎旅ニ好來障枯卯ニ備　存亡雖障而誰眼之温袖ニ涙
623 孤枝之支而匠耐稚児ニ夜哭　芳蘭ニ詞如在耳邑
624 行惟之亡而之息長子ニ朝啼　飛童ニ顔似在眼前ニ
625 九泉ニ人非夢之見　牽牛織女尚有七月期
626 三途ニ女隙眠寧逢　再顔一別而之再逢ニ吋
627 未識去鴈之有三春ニ数　三界中何處得再逢哉
628 寡人長吐而旅更着ニ卯　四生内誰家得更見乎

629 夫

630 世尊道師雖離世見ニ卿而能知人心

631 不與妙法雖遠深者ニ内而妙満物成

遍虚空之界而處出不之

迴大地勝而無境不及

632 神通変化火中現水

今作此功

633 月顔慈悲暗裏ニ明

以同彼ニ靈

佛經

十三

634 巨覓　孝

私案語

635 夫以

636 親子ニ縁非一世ニ結

恩恵之心権我力而降子

637 骨肉ニ因受多世ニ契

慈仁ニ思臣我命而顧孫

638 東郊火中而以有懐子ニ雉

作善非悪浮沈同處

639 西林炎裏因ニ有霞鶏ニ鳩

成凡成聖和合一道

640 昔者

641 慈母也代兒而没河自生天上　夷信不絶之　千劫積家生得賢子

642 仁父也救子而入火忽遊於天　万善集門長成極兒

643 朝極蒼頭而写千文之一字　宿善有感生於賢

644 夕執手而習十字之一點　孩子度相仍内無十

645 顔花開而取人心瞻惑　逮徳之名而顕父母於万代

646 誕恩

647 情義備而隣同而敬客　偃武楊文早爵禄於一朝

648 松荷代八龍之拳　父母在堂先起三荊之悲

649 何圖

650 遺剋登而驥之稱　親兄在門俄落四鳥之涙

651 何下覚殯而入古中　同氣連枝恙有骨肉之痛

652 何之早蔵而翫空上　会十又於昆沙有痛血之苦

楷児言盡於此傳聞仏言三界無安猶如火宅ロ云予我門

此一義落淺天下行ハ寒シ中帰佛教於我子ハ難ハ苦シ

内作至導於我子

古

臣女孝

夫以

（上同悲者親子之中也

人中隣者骨肉之間也

（此者聖人而未聞之

倚来賢若雖人背之

（有苦有示方心常

雉存雉巳孫杞不哭

夏信心施之

（積善之積也乃賢女ニ

累徳之餘慶也義婦ナラ

675 674 673 672 671 670 669 668 667 666 665 664 663

女儀女姿則七知以備　賢子一咲ハ履千金不直
婦徳婦功自然感矣　一言ハ下一万斛可傾
東隣而因未比我女　千年ハ同聴隆樹青飛蒼
誠思
西施比減光如我娘　万木ハ外見係未理ハ栄
斎戸定而安家　生死老定而白玉碎而入黄壚
比如上而禁門　何留　存亡有限而金鏡破而随泥土
父母流浪而擺跛上ハ波　情閑誰老袖上ハ浪
兄弟呑刃而涙遺ハ雪　見風共有眉下ハ雨
哀寂莫旅不知鳥寛ハ迷走　於戯　本向千尋我女ハ月容駒而不留
悼惟悲臥忽別同忍ハ朝　黄海万刃我娘ハ没女様而一半返

676 677 678
唯有一尊之佛照三千而救人子
呼金像之出通百億而助人說
夫弥陀種覺有大因於於五劫
地花開不来弁於於而洞浮刹

679 680
六八大願般筏於八功池　白毫三界之影像　兼設傳化於十方
四弘誓願帆檣於万徳岸　以因一娘之幽魂　今郷誓披長之類簟

681
十五
師長　恩
先師

682 683 684
夫出家之力師徳尤貴　父母是一世之恩
入道之後法恩備重　君先乃一世之榮　唯有授師傳教識力

685 686
救世於之福邇　般若一句價三千幻童之自鹿蒙指訓
現世上之寄静　實相中偈果登三點長大之亦深菓檢巾

687 雪山大士投身半偈之前、
688 況彼人等弃位成千古床、
689 香城薩埵捨寿於一句下、薬王焼身之位年立新、
690 無上大覚乃之現前、幼離家門而早入山林、
691 要信心佛子
692 無才無位因之證門、稚別卿回而速伴風雲、
693 所以着帯也、除巾鉢而布無置真出之迎、宿縁有慶幸逢好師、
694 而志見佛道也、非他才之冑無軽動之二上、宿因無朽已得明鏡、
695 洞心蓮而開宅、真俗二諦明如水月、於大覚之昔因剋崇法之誠、
696 瑩性金而増光、智空二厳明如日足之、習大士之本懐並設寺師之志、
697 一日三時不怠勤、
698 然復 制心一處無下不弁、剋無盡弘願
699 雨露万荷寧布得委 静神三昧何下不成 及無余之世界

700 住世大悲荘前師之遥現
701 盂蘭　世言不測先賢抽遁石之心
702 廻向之功徳　有志之合好文成断金之契
703 況於師壇之恩乎　投迦葉波之誠竭宗法之信
704 況於祈請之恩乎　起サメハリ之志践尊師之徳
705 十六　玉孝雑言
706 收眼涙而帰報恩之涯　慈悲喜捨の報恩克扶助
707 増胃火而排謝徳之倉　祢宜祝恵の謝徳之良縁
708 下名報恩三世大覚誰忘何地之勤　道心の檀鋪報恩之底遂
709 志号謝徳十方大士寧踈其満之道　浄信の規模謝徳之高庭

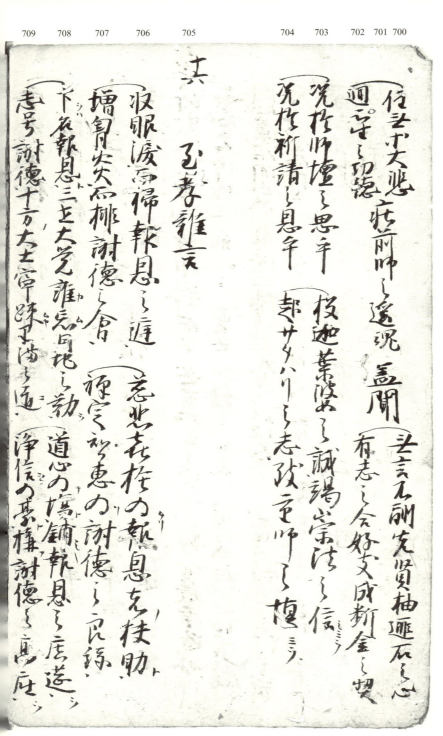

710 令排鄣息之大會、人焉遺迹以鄣息之心力先人、

711 以行謝德之大下、夫下頃微言以下親之道の然、

712 息德惟高山而斂竆皆上、南陵㨾蘭守而孝於三百篇之露、

713 於戯、

714 報酬猶滄水同於牛蹄之中、東海訪薬、仙算於億千齡之風、

715 顧極之德水則斟於海而不可量、唐太宗之鄣母后也、神兵集侍白乖之風、

716 彼

717 迴酬於恩源之計恒沙而不可盡、帝一人之訪先皇也、州丈雲貴金之露、

718 昔是日域の無…之德耀寄明、奴自紅顔之昔、

719 於戯、

720 今乖乖十符之笞覚萎卯巻、迭干白首之今、

721 恩斷…遇之較人、霊䰟之反緑水顧仰之志可觀、

722 邪彼罫…在已、病権之感貴乖衒環之只不構、

723 彼雖嵌崟猜知報酬　縦雖楚越之竹不忘仁山之一枝

724 兄於彝倫豈忘恩哉　縦雖歴雲泥之劫豈乃酬恵沢之細泥

725 幸宿縁不浅誠在天地

726 先暮齢而先離世可悲忍

727 実　以眷下親近遠迫高崇之臨　以忠報恩偏作事恐之仁

728 蓋顔雖薄値写法之全利以輝後

729 秀僕今付託如来之使命以慰情

眷口之胡息

730 弟子逢家不幸遇凶行年二十有先亡早世稽宗前大相

731 因懸此孤稀之身絶以猜子之犯誠自継係恩過明嬢初先

732 猶冠而昇龍管琴豈堪吹嘘之芳心

令喩君賢而佩鵲尓矣　異賓殊私之及枝葉也其恩周
倫在汲汲之原願矣　金章紫綬之満門頼光於彼徳宇
柿平士之居處一日之昔遊　亦祈名月臨之相如
柚懇篤之志驚馬十方之外界　而古名雲居之道場

十七　祈願
後士術況
夫
懸河之文鋒仰帆非離士死海之岸　而岩殖善根於眼前
折桂之手䠶兮遂嫖姚奉恭樹之名　遇于心實於功境
各貴賤上下被垂五願侍士一紙之
誇宿信通
依事習力

744 無辺春花既七宝ニ荘厳之樹　夫
745 猶思秋月讃四智円明之覚矣
746 降病延命之誅縦矢壽之上　菩薩之道何数令云
747 顧
748 兼来然之善逝　證明遺光於叢情
749 雖外難入之妙文　引導普現於極楽
750 公卿家　三名槐門之中雅根隊之累葉風　蘭仟難忘猶遺別於蘭林之月
751 大臣家　九品蓮其台之同宮知峯覚花台　荒廃広叫備望悦覚於去之風
752 出世常卿唯黄金床　早検若何極楽回
753 開薩以来昇霞雲
754 雖有の家遊青蓮池　連獣洞浮世浄剎古
755 並千香床
756 玳瑁床前雅失長秋一夕年之
757 見九品之台

758 夫依今日善根必
759 喜見城之中受人王之位、抑幽霊出世之妙之明
760 東西北州之内同在七宝財、
761 源底究大覚朗然希雲二種生死患累得出離解脱去早、
762 窮流来生死本所
763 究因極寛覚妙果

六

764 現世祈云
765 遠近親疎同開枝葉、合力緇素誇松柏蔭、
766 貴賤上下皆保巌寿、結縁男女勇嚴心楽、

767 凡思家門栄貴莫不験徳之蓋於、仰功徳上以奉

768 祈図家祈遐筭之庭也先献遐筭加馬仙齢之砌也長

769 譲仙齢其外平安之中味灑清味

770 或帰鎮守之袖祐棒幣献龍蹄 縦有妖氣之来除之任恵風

771 或尋雲騰之仁詞修諷誦於鳳剱 縦有昔霧之觸耕之在梵風

772 芳候鎮用浄土涯於本予充

773 恵莽亦上以充資回家

774 高位元勧用壽域於椿年

775 寶歴之運弥久 願諸佛

776 照見弟子一遍心

777 永燭之光鎮明 成就弟子悉地

778 六義次第微妙之謀也利益何数　依一善之力

779 六朝先代古之英也才術莫謨　清六歌之旨

780 家門繁昌係勧花於往載之風　猶素緒編之至

781 伽藍安隠期勝因於三会之暁　属浦随喜之華

782 蘿洞風中松栢之壽更固　雖知丘禱之惟久

783 菟裘雲底亀鶴之齢共鶩　猶感我願之不空

784 星霜屢轉涼燠五廻　現世万事向常開栄花

785 方今

786 敢劉之（法作也）切甫就宿昔所已盈　後生一期頓速之蓮臺

787 見聞随喜之者実蒙勝利　天衆地類忽施威光

788 遐邇尊卑倫普聞良因　護法聖衆称讃常来

789 悪夢物恠云者ミ災ヽ　失火盗賊防却遠方ニ
790 咒詛厭味失妨等ミ術　口舌諍難近邊全出
791 病患中夭早速遠離　悪霊邪氣伺短　一切悪下皆悉解脱
792 短命怖畏未此斷除　冤魅魍魎求隙　一切不祥皆悉消除
793 跋出畏大安ミ守護　方堅膳石　云叶之　七珍万宝円満遠ミ富
794 奉嘉祥快不ミ大悦　壽木亀鶴　高位増日　千秋万歳如麁榮ミ世
795 天地和合弥運千年運
796 日月吞明巻舊乃代期
797 竹廣裏常馥名不忘芝之蘭千枝
798 四隣和合　従類雲如
799 八方作徳　家實成進
800 善弥茂今歩枕蕀ミ道

臨千霊桃段年巨石浄水、殿内安隠去災火、盗賊難
殿門常安万人扶楽　往人甚楽一ゝ林ゝ松稲、
以息定延命の家下逢期龍飛春　家門配満七宝琳琅、
以福長福寿の方励諸族四宴秋　門前有車馬来賓路、
百年安穏ゝ来春而致孝　照逝石ゝ龍恩誠、
思
一期長遠ゝゝ秋而竭順ゝ　唯願如来　投恒河ゝ寿命、
十九
讃歎言　付ゝ数多　所　法会　寺機　三宝　供養
先讃云
此地ゝの体　開路前横遐縣遠遁貴ゝ跡来仕　風流ゝ家
林池旁妙珠樹瑰麗厳ゝ・妙勝幽奇　冠絶天下

池水流澄似瀉玉之介、　勝縁之深也
洞花芳樹似入赤栴檀林、　就此處修善
懇志之至也
東有峯巒之岩尖春花開錦介之苞
梵宇建覚矣
南有池水之瀲灩秋菊添今地之粧、　尊像安居
金繩界道而慕七重行樹之莚、
佛教玲瓏而異花荘竹
金花布地而摸八功徳水之池、
佛芳玲瓏而異耕苑竹林之砌、　四衆顯之成信聽法之頭
道場清潔似祇洹精舎之庭、　八万煌之安令帰仏之掌
妙 東法之譲雲山之東西　今發盖會
鳳闕稽嶺數日震旦之遍
極楽之宮殿偶荘之西向
月宮荒其似美法雲之向

826 千枝落錦にして曼荼て而争粧ふ

827 一條散金にして曼殊沙而争色ふ

828 有人讃仁和寺勢多院に

829 子午谷に乳角　卜隣於寛平主之仁祠

830 長安城に西頭　建寺於入道親王に勝境

破文

831 平等院先光并傍遊に地也

832 山水蓋奇

833 風流擅倍苔　加し

834 中宮識達密灌以助威儀

835 左遷相模精舎以境一房勝

二十

836 讃法會庄嚴言

837 玉殿玲瓏開之晴之臨　神旛飛空而開法之紅幢修矣

838 珠墀清潔掃晝光之砌　鳳蓋翔地而供佛之鶴輦運矣

839 鷲山叢響而梵唄之聲徹有頂　二月虹始而与竟旛而交影

840 奥池波瓔而波之馥於其間　三春鶯囀而与梵唄和韻

841 蛺蝶趁花将同夜翔花　光前心鏡而覺結業之漸解

842 蜂虫尋香殆似望衆花香　花同照明而知心蓮之非開也

843 霜鐘叢響而遍十方界外　芳菲沸景開直覺之殿

844 亞仙和居而驚一夕德因之出　照藕年飢糖滿字之遲ラ

845 須達布金而說法之庭自聞　緊ヨ奏樂五音鏗鏘トヽラメヽ

846 月盡破砌而借佛之慕足高　歡喜作舞八溜安姿

847 四衆圍繞不忘靈山之朝

848 八ア丨翼從有門奈苑之遲

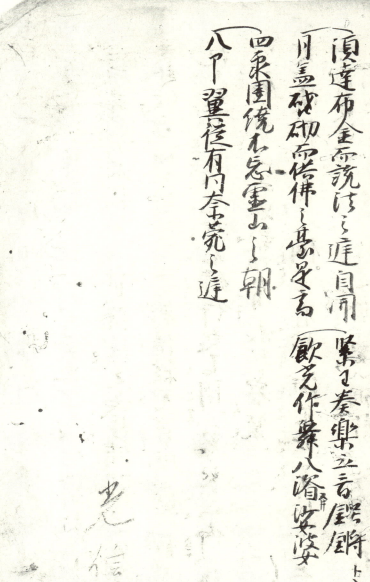

849 有髭刀切骨為由砭助ニ、　作窠ニハ頼猗稀麝角、
850 竟轉漸走作之沖深　就思ノ深処ニ帯詳読隷、
851 各趣ノ所好如石投水ニ　楚陳孜之為須錯礪ニ、　禹筆下付書
852 並赴彼悪、似水涜聝、　蜀錦橋穀宛冷濯江ニ、　綵筆ニ至ヲ計
853 記ニ文母有一般冠者不称行起不刑　昭容姿不御、酒不ニ愛、
854 哭ニ分別サス乃思歌切骨　不敢容状、
855 又一陣有香春不桐、里有嬪、街不歌、是以ち人共ニ愛、
856 不利秋跡
857 天上牽牛猶歎得住　後昭容姿以捌競ニ　哭借花花東蝶
858 水中飛鳥為欲此宿　起膠漆而同異　悝同穴花布鶴

864　863 862　　861　860 859

消一朝愁、費百年計。又 叶九族、救速三友。則 陳八珍之美肴、酌九醞之旨酒。
云 詔 乞饒得酒 析薤獲靡 斯招丸

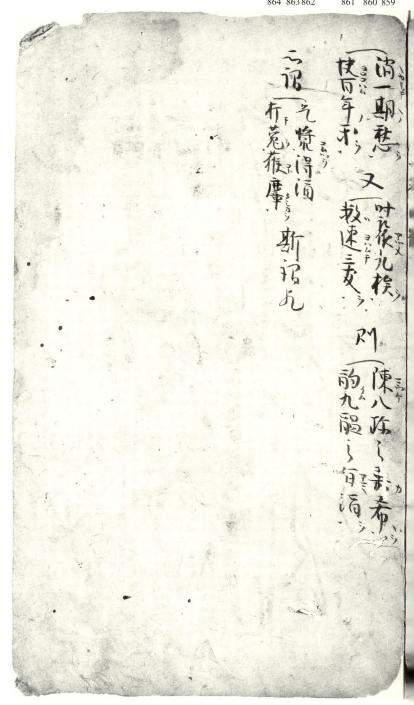

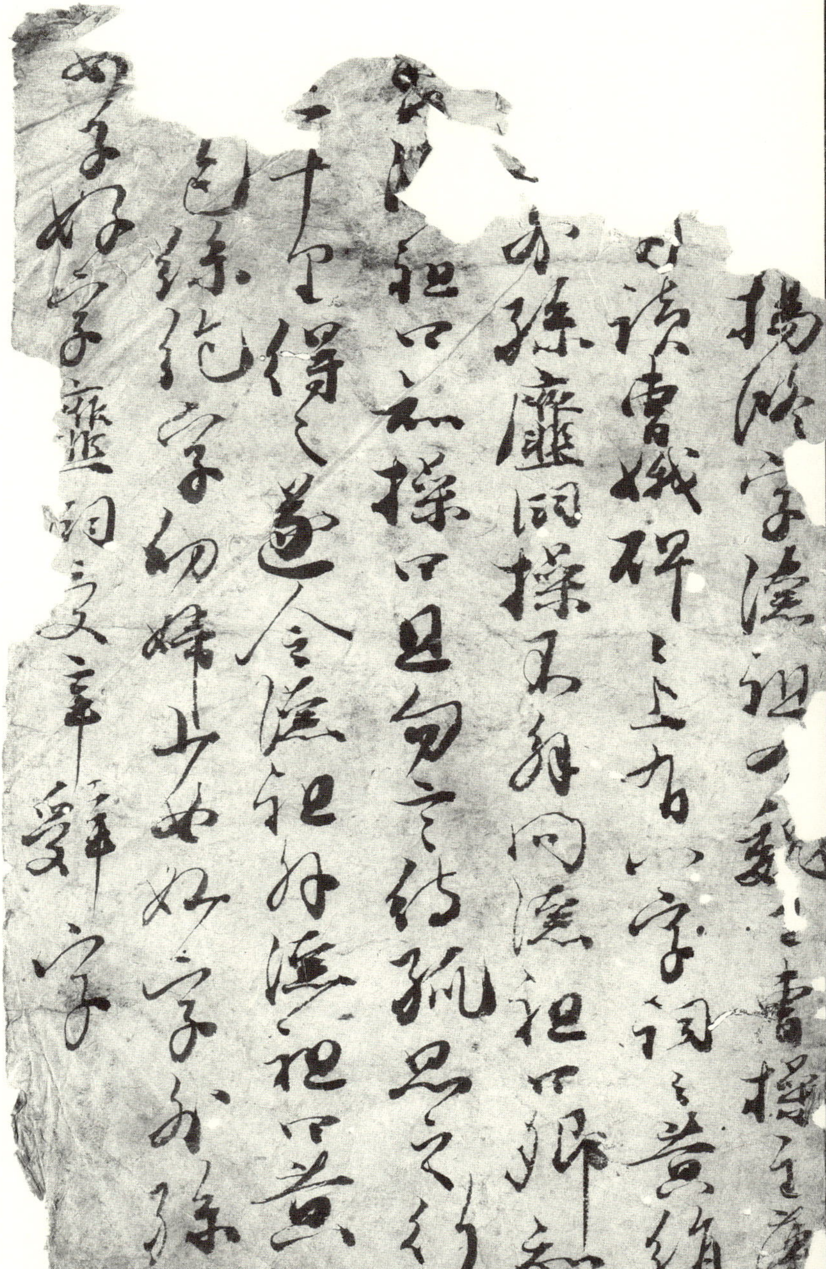

翻刻

全経大意

周易十巻 王弼魏代人注

正義十四巻孔穎達唐世人 釈文一巻陸徳明唐代人

正義第一云、易上下二篇文王所定

緯十巻鄭玄注後漢人 義十二巻張機撰

夫子作緯以釈其義也」（1オ）

周易雖文起周代而卦肇伏羲、々々既処名教之初、故易為七経之首。

正云、易者変化之惣名、改拠之殊称云々。

又云、設剛柔両象以二気也、布以三位象三才也、謂之為易、取変化之義也、既惣変化而独以易為名。」（1ウ）

不易者其位天在上地在下、君南面臣北面、父坐子伏、此其不易也。

又云、孔子曰、上古之時、人民无別、群物未殊、未有衣食器用之利、宓羲仰観象於天、俯観法於地、中観万物之宜、於是始作八卦、以通神明之徳、以類万物之情、故易者所以断天地理人倫明王道也。」（2オ）

繋辞云、河出図、洛出書、聖人則之、伏羲徳合上下、天応以鳥獣文章、地応以亀書、伏羲則而象之、乃作八卦、故孔安国馬融等並云、伏羲得河図而作易云々。

論云、夏曰連山、殷曰帰蔵、周曰周易。
連山者象山之出雲、帰蔵」（2ウ）者万物莫不帰蔵於其中、周易者言易道周普無所不備。
陸徳明云、周文王拘於牖里作卦辞、周公作爻辞、孔子作彖辞象辞。
釈文云、子夏又作伝、及秦焚書、周易独以卜筮得存。

尚書十三巻五十八篇　孔安国漢代人注
　正義廿巻孔穎達　述義廿巻劉炫」（3オ）
　釈文二巻陸徳明

古文尚書既起五帝之末理後三皇之経、故次於易。
本書序云、古者伏羲氏之王天下、始画八卦造書契、以代結縄之政、由是文籍生焉云々。
正義序云、夫書者人君辞誥也、典右史記言之策也云々。
尚書上也、言此上世以来之書」（3ウ）也、故曰尚書也。
此孔子所作、尚書序安国以孔子之序分附篇端、故已之惣述之謂之序云々。
易繫辞云、河出図、洛出書、聖人則之、是文字与天地並興焉。
蓋文字在三皇之前、未用之教世、至伏羲乃用、造書」（4オ）契以代結縄之政歟。
家語云、孔騰字子襄、畏秦法峻急、蔵尚書孝経論語於夫子旧堂壁中、以其上古之書、謂之尚書、鄭玄以為孔子撰書、尊而命之曰尚書。
釈文云、書之所興、蓋与文字倶起、孔子観書周室、」（4ウ）得虞夏商周四代之典、其善者上自虞下至秦、為百篇。

又云、済南伏生、已九十余、老不能行、於是詔大常使受焉、伏生年老、不能正言、言不可暁、使其女伝言。尚者上也、上所言、下為史書、故書者庶也、記庶物。」（5オ）

毛詩廿巻三百三篇
　注鄭玄　正義四十巻孔穎達
　述議三十巻劉炫　釈文三巻陸徳明
毛詩既起周文、又兼商頌、故在堯舜之後、次於尚書。
正序云、夫詩者論功頌徳之歌、止僻防邪之訓。
序云、詩者志之所之也、在心為志発言為詩。又」（5ウ）正得失、動天地、感鬼神、莫近於詩。
釈文云、孔子最先刪録、既取周詩、上兼商頌、凡三百一十一篇、以授子夏、々々遂作序云々。
遭秦焚書而得全者、以其人所諷誦、不専在竹帛故也。
又云、毛萇善詩、自云子夏」（6オ）所伝、作詁訓伝、是為毛之詩云々。
正云、此詩皆述文武之政、未心皆文武時作也、故文王大明之等、検其文皆成王時作。
正云、詩国風旧題也、毛字漢世加之。
六芸論云、河間王好学、其博士毛公善説詩献王、号之曰毛詩。
孔子世家云、関睢之乱以為」（6ウ）風始、鹿鳴為小雅始、文王為大稚始、清廟為頌始也。
鵄鴞章周公救乱也、成王未知周公之志、公乃為詩。
小弁章刺幽王也、太子之専作渭陽章、康公念母、送舅氏作也。

韓人所伝、謂之韓詩、所出自毛公、謂毛詩、斉人所伝謂之斉詩。」（7オ）

周礼十二巻十二篇

注鄭氏　疏五十巻唐賈公彦撰

釈文二巻陸徳明

周儀二礼、並周公所制、宜次文王、周為本、儀為末。

疏序云、周礼者謂周之官礼也、此礼之興、起於周代、故曰周礼、昔武王既没、成王幼少、周公」（7ウ）摂政、以致大平而制此礼。

周儀、先聖削戦国之世、秦正之時残別歟、景帝時河間献王。

疏云、遭秦焚学、師読復断云々。

冬官、職亡不能得、又五官之中、亦有残缺、学者不能通其義云々。

疏云、天官冢宰云々、象天者」（8オ）周天有三百六十余度、天官亦惣摂三百六十官、故曰象天也。

周礼有六官、毎官有属官六十、然三百六十也、又准天往度三百余度歟。

疏云、周礼儀礼、発源是一理、有始終、分為二部、並是周公摂政致泰平之書也、周礼為本、儀礼為末、本則難明、末便易暁。」（8ウ）

春秋演孔図云、王莽好経学、時劉歆又為知礼、始立周礼之章、自此始云々。

釈云、周公居摂而作六典之職、謂之周礼。

儀礼十四巻廿篇

注鄭玄　疏五十巻賈公彦

釈文一巻陸徳明

疏序云、礼之所起、始於上皇、」（9オ）興於大化、故礼運云、夫礼之初、始諸飲食也。

疏云、周礼言周不言儀、儀礼言儀不言周、既同是周公摂政六年所制、題号不同者、周礼言周、取別夏殷、故言周、儀礼不言周者、欲見兼有異代之法、故此篇有醮用酒燕、礼云、商祝夏祝」（9ウ）是殷、故不言周。

又云、周礼以儀礼為迹履、儀礼以周官為心体。

儀者是周官五礼之儀、以五礼為本、故无別心体。

曲礼謂為儀礼者、以其行三千、威儀皆可放効、故云儀礼也。

又云、儀礼者弁其行礼有儀、典礼者」（10オ）言其所行委曲、威儀者明有可受之理、名目雖殊其実皆一也。

儀礼之篇、先冠婚後喪祭、是従始至末之儀也。

又云、遭於暴秦燔滅典籍、漢興求録遺文之後、有古文今文、魯人高堂生為漢博士、十七篇皆以隷書為之、是為今文也、至武帝之末、魯恭王」（10ウ）壊孔子宅、得古文儀礼五十六篇、其字皆以篆書、是為古文也、古文十七篇、与高生所伝者同、而字有不同、其余三十九篇、絶無師説、秘在於館、鄭注儀礼之時、以今古二経並之。

陸徳明云、漢興有魯高堂生、伝士礼十七篇、即今之儀礼也云々。」（11オ）

礼記廿巻四十九篇

注鄭玄　正義七十巻孔穎達

疏百巻王侃梁国子助教　三礼義字三十巻崔霊恩撰

釈文四巻陸徳明　三礼大義三十巻梁武帝撰

正義序云、夫礼者経天義地、本之則太一之初、原始要終云々。

正云、夫礼者経天地理人倫、本其所起在天地未分之前、故」（11ウ）礼運云、夫礼者必本太一、是天地未分之前、已有礼也、礼者理也、物生則自然而有尊卑、若羊羔跪乳、鴻雁飛有行列、豈由教之者哉、是三才既判、尊卑自然而有。

又云、遂皇在伏羲前、始王天下也、是尊卑之礼、起於遂皇也。」（12オ）

六芸論云、遂皇之後、歴六紀九十一代、至伏羲、始作十二言之教、然則伏羲之時、易道既彰、則礼事弥著。

古史考云、有聖人、以大徳王造作鑽燧、出火教民熟食、人民大悦、号曰遂人、乃至伏羲、制嫁娶以為礼、作瑟琴以為楽、則嫁娶嘉礼始伏羲也。」（12ウ）

世紀云、神農始教天下種穀、故人号曰神農、則祭祀古（吉歟）礼、起於神農也。

又史記云、黄帝与蚩尤戦於涿鹿、則有軍礼也。

若然自伏羲以後、至黄帝、吉凶賓軍嘉五礼始具。

正云、其礼記之作、出自孔氏、至孔子没後、七十子之（13オ）徒共撰所聞、以為為此記、或録旧礼之儀、或録変礼之所由、或兼記体履、或雑叙得失、故編而録之、為以記也、其周礼、儀礼、礼記之書、自漢以後、各有伝授三礼。

大義序云、礼記蓋是仲尼門徒所撰記之、所以為此」（13ウ）記者、昔成王幼少、周公摂政、損益前王制作二礼、開立体儀、以訓天下。

正―云、王制篇者漢文皇帝令博士諸生作此王制、月令篇者呂不韋所治也、又周公旦所作也、中庸篇者是子思伋所作也、緇衣篇者公孫尼所撰也、其余」(14オ)衆篇皆如此例、但未能尽知所記之人也云々。又云、戴徳伝記八十五篇、則大戴礼是也、戴聖伝礼四十九篇、則此礼記是也。

春秋三十巻　魯十二公公羊解微云、取魯十二公則天亡数

※隠公　桓公　荘公
閔公　僖公　文公
宣公　成公　襄公
昭公　定公　哀公」(14ウ)

注杜預晋世人

正義三十六巻孔穎達　述議四十巻劉炫

釈文六巻陸徳明　釈例十五巻杜預撰

緯三十巻鄭玄注

(以下〈 〉の中、原本は※の個所に小字で書く)

〈公羊解微、亡魯哀公十一年、秦自衛反魯、十二年、告老遂作春秋、至十四年、経成。同云、案閟因叙云、昔孔子受端門之命、制春秋之義、使子夏等十四人求周史紀、得百廿国賓書、九月経三。〉

春秋既是孔子所作、理当後於周公、故次於礼、左丘明受経於仲尼、公羊高受受之於子夏、穀梁赤乃後代伝聞、三伝次第自顕。

本書序云、春秋者魯史記之」（15オ）名也、記事者以事繫日、以日繫月、以月繫時、以時繫年、所以紀遠近別同異也。
又云、孟子曰、楚謂之擣杌、晋謂之乗、而魯謂之春秋、其実一也。
故史之所記、必表年以首事、年有四時、故錯挙取春秋二字以為所記之名、言春以兼夏、言秋可以見冬、故挙二字以苞四時也。」（15ウ）
正云、左丘明為経作伝、故言受経於仲尼、未必面授親使之作伝也、丘明以為経者聖人所制、是不可刊削之書也。
芸文志云、左丘明魯史也、是言丘明為伝、以其姓左、故号為左氏伝也云々。
又序云、春秋何始於魯隠公、答曰、周平王東周之始王也、隠公譲国之」（16オ）賢君也。
釈文云、左丘明観書於大史氏、因魯史記而作春秋、上遵周公遺制、下取将来之法。
孔子世家云、子曰、君子病没世而名不称焉、吾道不行矣、吾何以見於後世哉、乃因史記作春秋云々。
左伝第一注云、仲尼脩春秋、皆承策為経、丘明之伝博采衆記也、」（16ウ）故始関凡例特顕之。
六芸論云、孔子既西狩獲麟、自号素王、為後世受命之君、制明王之法云々、魯人左丘明与七十二弟子倶受焉、已追論史記、以為之伝云々。
左伝三十云、麟者仁獣、聖王之嘉瑞也、時无明王出而遇獲、仲尼傷周道之不興、感嘉瑞之無応、絶筆於獲麟之一句、所感而作所」（17オ）明為終也。
春秋止獲麟、自此以下至十六年、皆魯史記之文也、弟子欲存孔子卒、故弁録以続孔子所脩之経也。
尚書考霊耀曰、言孔子作春秋、断十二公象十二帝也。
孔子思将来漢十二帝事作春秋也。

春秋緯云、左伝年穀二百四十二年、陳天意見於経万八千字。」(17ウ)
捜神記云、孔子作春秋、制孝経、既成、孔子斎戒向北辰星而拝、告備于天、々乃鬱々起白霧摩地、亦虹自上而下、化為黄王、長三尺、上有刻文、孔子跪受之読之。
公羊解微云、引春秋説云、十四年春、西狩獲麟、作春秋、九月書成、以其春作秋成、故曰春秋、云―非也云々。

公羊伝十二巻　魯十二公同前
注何休後漢人 厳彭祖注
解微十一巻　釈文一巻陸徳明」(18オ)

漢書芸文志云、公羊子斉人也、名曰高、子夏弟子、受経於子夏云々。
何休序云、吾志在春秋、行在孝経、此二学聖人之極致、治世之要務也。
公羊以為哀十四年、獲麟之後、得端門之命、乃作春秋、至九月而止筆。
問云、左氏出自丘明、便題曰左氏、公羊穀梁出自卜商、何故不題曰」(18ウ)卜氏乎、答曰、左氏伝者丘明親自執筆為之、以説経意、其後学者題曰左氏矣、公羊者子夏口授公羊高、々五世相授、至漢帝時、公羊寿共弟子胡毋生、乃著竹帛、胡毋生題与親友、故曰公羊、不曰卜氏云々。
解微云、秦始皇欲為天子、其子胡亥破先王之術、孔氏春秋口」(19オ)授相伝者独存而不絶、皇燔詩書不尽、胡亥亦燔之。」
説題辞云、伝我書者公羊高也、戴宏序云、子夏伝与公羊高、々伝与其子平、々伝与其子地、々伝与其子敢、々伝与其子寿、至漢景帝時、寿乃共弟子斉人胡毋子都乃箸竹帛、与董仲舒、皆見於図讖是也。

六芸論云、治公羊者胡毋生、董仲舒、董仲舒弟子盈公、々々弟子眭孟、々々弟子厳彭祖、安楽弟子泠豊、劉向、王亥。

穀梁伝十二巻　魯十二公同前

注范甯後漢人　疏十三巻唐四門博士揚勳撰」（19ウ）

釈文一巻陸徳明　緯三十巻鄭玄注

釈例十五巻杜氏

本書序云、成天下之事業、定天下之邪正、莫善於春秋云々。

又云、今撰諸子之言、各記其姓名、々曰春秋穀梁経伝集解。

漢書芸文志云、穀梁子魯人、名星、与秦孝公同時、子夏門人也。

後梁名赤、魯人也、受経於子夏」（20オ）作之伝。

論語十巻廿篇

注何晏集解

疏二部一部二巻劉炫　一部十巻王侃

釈文一巻陸徳明

皇侃疏云、論語者是孔子没後、七十弟子之徒共所撰録也、上以尊仰聖師、下則垂軌万代、既」（20ウ）方為世典、不可无名、然名書之法、必拠体以立称、猶如以孝為体者、則謂之孝経、以荘敬為体者、則謂之為礼、此書之体適会多途、皆夫子生平応機作教、或与時君抗厲、或共弟子抑揚、乍自顕以示物、或混迹斉、凡問同答異、言近意深、義既不定於一方、名故難求乎諸類、因題論語、両字以為」（21オ）此書之名。

一捨字制音、呼之為倫、一捨音依字而号曰論、一云、倫論二称、義無異也、一云、倫者次也、言此書義相生、首末有次也、一云、倫者理也、此書之中、蘊含万理也、一云、倫者綸也、言此書経綸今古也、一云、倫者掄也、言此書義旨周備、円転无窮、如車之輪也。」（21ウ）

依字為論者言、此書出自門徒之必先詳論、人之僉允乃記、々必已論、故曰論也。

倫論無異、故楚夏音殊、南北語異耳、南人呼倫事為論事、北土呼論事為倫事、音字不同而義趣猶一也、侃案三途之説、皆有道理、但南北語異、如似未深、師説不取。」（22オ）

蔡公為此書、為貞通之喩云、物有大而不普、小而兼通者、譬巨鏡百尋、所照必偏、明珠一寸、鑑苞六合、以蔡斯喩、故言、論語小而貞通有如明珠、諸典大而偏用譬若巨鏡、誠哉是言。

語者論難答述之謂也、直言曰言、論難為語。

語是孔子在時所説、而論是」（22ウ）孔子没後方論、々在語後、応曰語論、而今不曰語論而云論語、則欲見此語、非徒然之説、已備有円周之理、々在於事前、故以論居語先也。

此書亦遭焚燼、至漢時、合壁所得、乃口以伝授、遂有三本、一曰古論、二曰斉論、三曰魯論、既有三本、而篇章亦異、故劉向云、魯人所学、謂之」（23オ）魯論、斉人所学、謂之斉論、合壁所得、謂之古論。

古論及孔安国注、无其伝学者、斉論為瑯耶王卿所学、魯論為太子大傅夏侯勝及前将軍蕭望之少傅夏侯等所学也、鄭康成云、仲弓子夏等所所撰定也。

古論語者出自孔氏壁中、凡廿一」（23ウ）篇有両子張、篇次不与斉魯論同、孔安国為伝、後漢馬融亦注之、安昌侯張禹受魯論於夏侯建、亦従庸生王吉受斉論、択善而従、号曰張侯論。

学有三時事。

白虎通云、学覚也、悟也、言用先王之道、導人情性、使自覚悟也、時者凡学有三時、一是就人身中為時、二就年中為時、三就日中為時也、一就身中者、凡受学之道、択時為先、長則択格、幼則迷昏、故学記云、発然後禁、則択格而不勝、時過然後学、則懃苦而難成是也、二就年中為時者、」（24オ）夫学随時気則受業易入、故王制云、春夏学詩楽、秋冬学書礼是也、三就日中為時者、前身中年中二時所学、並日々循習不暫廃也。

孝経一巻 廿二章

注孔安国孔子十一世之孫 漢代博士　述議五巻劉炫

去惑一巻劉炫撰　釈文一巻陸徳明

私記二巻周弘正撰　句命決六巻宋均注

述云、孝経二字、此書惣自将弁其名義、故問而釈之、孝者事親名、経者為書之号、此是事親之書、」（24ウ）論孝之経、序探解其意者、人之高行、言為孝是行之高者、経常也、言此書可後代常行。

礼記祭統云、孝者畜也、畜者養也、原夫畜者養之別名、於養之間、非無等級、有敬而養之、君父是也、有愛而養之、民子是也、有利而養之、鳥獣是也、此三者雖愛利有異、其畜養則同、雖以」（25オ）畜養為名、非徒養口腹而已、必将力致誠順理合教、乃可謂之畜養耳。

援神契云、孝者就也、度也、誉也、究也、畜也、彼縁五等之孝、為之立名、天子以孝徳、覆燾天下、成就海内、故以就為名、諸侯専制一国、遵奉法度、故以度為名、卿大夫服行王法、名誉著聞、故以誉」（25ウ）為名、士自家仕国、究習義理、故以究為名、庶人身無職任、専事養親、故以畜為名云々。

述―云、河間王名徳、景帝子、武帝弟、古文称大孝経、焚書之後、河間人顔芝受而蔵之、建元初、河間王得而献之、漢魏以来、諸儒所伝十八章、即是河間所献者也。」（26オ）

又云、魯恭王名餘、亦武帝弟也、壊壁之歳、漢史不明、必在元朝之前、恭王未薨時也、武帝在位凡五十四年、則恭王壊壁在帝初矣。
又云、武帝建元之初、河間王始献孝経、文景之詔、已称其辞、以此知、漢初先有孝経、非由河間始得也云々。」(26ウ)
議云、孔子之先、殷之苗裔也、微子之後也云々、漢世、治経者、各自名家、以伝其業、故称孔氏伝。
五経要抄云、魯哀公十三年或十四年正月三日正月二日丙寅、孔子造孝経云々。
集類云、皇甫謐死時葬送之時、平生之物、皆無目随、唯斉孝経一巻、示不忘孝道。
述—云、孝経者孔子弟子」(27オ)曾参説孝道、因明天子庶人五等之孝事親之法云々。
編年故事云、王僧孺五歳読五経、問師曰、此書載何事、師曰、論忠孝、孺曰、願終身可読之。
述—云、古文孝経、世不行、今随俗用鄭注十八章。
南史列伝云、徐紛性孝悌、父陵常疾、紛焼香泣涕跪誦孝経、日」(27ウ)夜不息、三日陵疾愈、親戚皆謂、紛孝感所致。

老子経二巻　上道経　下徳経
　注皇輔嗣漢武帝時河上公
　疏六巻周弘正唐玄宗皇帝御製
　老子述義十巻唐賈公大隠撰
本経序云、老子居周久、平王時、見周衰、乃遂去至関、々令」(28オ)尹喜望見東方有朱人、変化無常、乃謁請、老子知喜入道、於是留与之言、喜曰、子将隠矣、強為我著書、於是老子著上下二篇八十一章五千余言、故号曰老子経。

又云、生有老徴人、皆見其老、不見其少、謂之嬰児、年已八十也、欲謂之老父、又且新生、故」(28ウ)謂之老子云々。

所以分為二篇者取象天地也、先道後徳以経云、道之尊徳之貴尊故為上。

述―云、儀鳳元年五月勅、老子之学、為諸教之先、又二年三月勅、行河上之注、為衆注之首云々。

集類云、斉書、張融卒時、左」(29オ)手執孝経老子経、右手執小品法華。

河上公葛洪序云、河上公者居河上蹠履為業、孝文皇帝好老子、其州牧二千石、有不誦老子経者、皆不得居官。

陸徳明云、老子者姓李、名重耳、字伯陽、陳国苦県厲郷人也、為周柱下史云々。」(29ウ)

漢文帝竇皇后好黄孝言、有河上公者、居河之浜、結草為菴、以老子教授、文帝徴之云々、於是作老子章句四篇、以授文章云々。

集注文選云、東方朔者是太白星精也、伏羲時、為勾荒、黄帝時、上台風后、尭時、為務成子、周時、為老耼、在越、為范蠡、至宣帝時、棄即避乱世、後見会」(30オ)稽、売薬於五湖、高祖時、為蕭何、武帝時、為東方朔、文帝時、河上公、斉時為陶朱公。

賈大隠老子述議説老子云、玄妙玉女夢流星入口、因而有胎、逍遥李樹之下、割左腋而生老子云々。

周定王三年九月十四日夜子時生。

厳子荘子今為厳子也、有所避改荘為厳也、漢子避明帝諱皆為厳子、荘厳同音也。

荘子三十三巻

注郭象　晋代人

疏十二巻張機　釈文三巻陸徳明」（30ウ）

史記云、荘子者蒙人也、名周、姓荘、嘗為蒙漆国吏、与梁恵王斉宣王同時、無不闚然、其要本帰於老子之言、故其著書十余万言、大抵車偶言也。

高才伝云、荘周者宋蒙県人也云々、有涓子者、寿三百歳、著天地人経四十篇、後釣於河沢、得鯉魚腹中神符、隠於宕山、能致風雨、」（31オ）魯告伯陽以九仙法、蓋仙人也、而周師之、周為人宏通博達、倜儻有高才、善属書著内外文五十二篇凡十万言、雖窮賢該広、然其大抵訾毀儒墨、譏短仁義、貴自然、尚無為云々。

文選云、姫公之籍、孔父之書、与日月倶懸、与鬼神争奥、老荘之作、管孟之流、以立意為宗、不以」（31ウ）能文為本云々。

又云、孔子曰、老子荘周者我師也、自居賤職、老荘之志、管孟之流、以立心為本、以好文不為本。

全経大意

正円之」（32オ）

永仁四年丙申卯月十四日酉剋終書写了」（32ウ）

（後藤昭雄）

文集抄 上

文集抄上上

賦

漢高帝斬白蛇賦廿一　雞距筆賦廿一

雑詩上

賀雨詩一　孔戡詩一

□□一　夢仙詩一」（1オ）

□□一　李都尉古剣詩一

□友詩一　慈烏夜啼詩一

贈元稹詩一　秦中吟二

答四皓廟詩二　傚陶潜体十六首幷序五

感時五　秋居書懐五

養拙五　秋山五」（1ウ）

帰田三首六　隠几六

閑居六　首夏病間六

渭上偶　聞哭者六

詠慵六」（2オ）

賦

1416 漢高帝白蛇賦 以漢高皇帝親斬長蛇依次為韻、廿一

高皇帝、将欲戡時難、撥世乱、乃耀聖武、奮英断、提神剣於手中、斬霊蛇於沢畔。何精誠之潜発、信天地之幽賛。卒能滅強楚、降暴秦、創王業於炎漢。」（3オ）于時、瓜割区宇、蜂起英豪、以堅甲利兵相視、以壮図鋭気相高。皆欲定四海之洶々、救万姓之嗷々。帝既心窺咸陽、気王芒碭、率卒晨往、縦徒夜已。有大蛇兮、出山穴、亘路旁。凝白虹之精彩、被白龍之文章。鱗甲皚以」（3ウ）雪色、晴眸絶其電光。聳其身、形蜿々而莫犯、挙其首、勢矯々而靡亢、勇夫聞之而挫鋭、壮士覩之而摧剛。於是、行者告于高皇。々帝乃奮布衣、挺

干将、攘臂直進、瞋目高驤、一呼而猛気咆㗟、再叱而雄姿抑揚。観其将」（4オ）斬未斬之際、蛇方欲縦毒螫、肆猛噬、我則審其計、度其勢、口譟雷霆、手操鋒鋭、凛龍顔而色作、振虎威而声厲。何天之啓、神之契、挙刃一揮、溘然而斃。不知我者、謂我斬白蛇、知我者、謂我斬白帝。於是、灑雨血、摧霜鱗、塗野草、濺」（4ウ）路塵。嗟乎、神化将窮、不能保其命、首尾雖在、不能衛其身。盛矣哉、聖人之草昧経綸、応乎天、順乎人、制勍敵、心示以乃武乃文、静災沴、不可以不躬不親。故夫、龍泉黯々、秋水湛々、苟非斯剣、蛇不可斬。天威煌々、神武洸々。苟非我王、蛇不」（5オ）可当。是知、人在威、不在衆、我王也万夫之防、器在利、不在大、斯剣也三尺之長。于以讋万物、于以駭八方。暦数既終、聞素霊之夜哭、嗜欲将至、知赤帝之道昌。繇是、気

呑豪桀、威震幽遐、素車降而三秦帰
徳、朱旗建而六合為家。彼討鯨鯢、截犀」（5ウ）
兕、未若提青蛇而斬白蛇。

1418 雞距筆賦 以中山兎毫作之尤妙為韻、任不次用、廿一

足之健兮有雞足、毛之勁兮有兎毛。
就之中、奮発者利距、在毛之内、秀出
者長毫。合為乎筆、正得其要、象彼
足距、曲尽其妙。円而直、始造意於蒙恬、」（6オ）
利而銛、終騁能於逸少。斯則創因智
士、伝在良工、抜毫為鋒、截竹為筒。視
端、若武安君之頭鋭小、窺其管、如玄元
氏之心空。豈不以中山之明視勁而迅、
汝陰之翰音勇而雄。一毛不成、採衆毫
於三穴之内、四者可棄、取鋭武於五徳」（6ウ）
之中。双美是合、両朕而同。故不得兎
毫、無以成起草之用、不名雞距、無以
表入木之功。及夫親手沢、随指顧、秉
以律、動有度、染松煙之黒、灑鵝毛之

素、莫不画為屋鐵、点成垂露。若用之文戦、則摧敵而先鳴、若用之草聖、則擅場」(7オ)而独歩。察所以、稽其故、雖云任物以用長、亦在仮名而善喩。向使但随物棄、不与人遇、則距蓄縮於晨雞、毫摧残於寒兎。又安得取名於彼、移用在茲。映赤筦、状紺趾乍挙、対紅牋、疑錦臆初披。輟翰停毫、既象乎翹足就栖之夕、揮」(7ウ)

(以下欠)

(前欠。1賀雨詩)

或者天降沴　無乃儆予躬　上思答天戒
下思致時邕　莫如率其身　慈和与倹恭
乃命罷進献　乃命賑饑窮　宥死除五刑
巳責寛三農　宮女出宣徽　厩馬減飛龍
庶政靡不挙　皆出自宸衷　奔騰道路入
傴僂田野翁　懽呼相告報　感泣涕霑胸」(8オ)
順人々心悦　先天々意従　詔下纔七日
和気生沖瀜　凝為油々雲　散作習々風

昼夜三日雨　凄々復濛々　万心春瀰々
百穀青芃々　人変愁為喜　歳易倹為豊
乃知王者心　憂楽与衆同　皇天与后土
所感無不通　冠珮何鏘々　将相及王公」(8ウ)
蹈舞呼万歳　列賀明庭中　小臣誠愚陋
職忝金鑾宮　稽首再三拝　一言献天聴
君以明為聖　臣以直為忠　敢賀有其始
亦願有其終

3　孔戡詩一

洛陽誰不死　戡死聞長安　我是知戡者」(9オ)
聞之涕泫然　戡佐山車軍　非義不可干
払衣向西来　其道直如弦　従事得如此
人々以為難　人言明々代　合置在朝端
或望居諫司　有事戡必言　或望居憲府
有邪戡必弾　惜哉両不諧　没歯為閑官
竟不得一日　謇々立君前　形骸随衆人」(9ウ)
斂葬北邙原　平生剛腸内　直気帰無間
賢者為民生　生死懸在天　謂天不愛人

胡為生其賢　謂天果愛民　胡為奪其年
茫々元化中　誰執如此権

4　凶宅詩

長安多大宅　列在街西東　往々朱門内」(10オ)
房廊相対空　梟鳴松桂枝　狐蔵蘭菊叢
蒼苔黄葉地　日暮多旋風　前主為将相
得罪竄巴庸　後主為公卿　寝病歿其中
連延四五主　殃禍継相鍾　自従十年来
不利主人翁　風雨壊檐隙　蛇鼠穿墻墉
人疑不敢買　日毀土木功　差々俗人心」(10ウ)
甚矣其愚家　但懼災将至　不思禍所従
我今題此詩　欲寤迷者胸　凡為大官人
年禄多高崇　権重持難久　位極勢易窮
驕者物之盈　老者数之終　四者如寇盗
日夜来相攻　仮使居吉土　孰能保其躬
因小以明大　借家可諭邦　周秦宅峭函」(11オ)
其宅非不同　一興八百年　一死望夷宮
寄言家与国　人凶非宅凶

5 夢仙詩一

人有夢仙者　夢身昇上清　坐乗一白鶴
前引双虹旌　羽衣忽飄々　王鸞俄錚々
半空直下視　人世塵冥々　漸失郷国処」（11ウ）
纔分山水形　東海一片白　列岳五点青
須臾群仙来　相引朝玉京　安期羨門輩
列侍如公卿　仰謁玉皇帝　稽首前致誠
帝言汝仙才　奴力勿自軽　却後十五年
期汝不死庭　再拝受斯言　既寤喜且驚
秘之不敢泄　誓志居巌扃　恩愛捨骨肉」（12オ）
飲食断羶腥　朝食雲母散　夜吸沆瀣精
空山三十載　日望輜軿迎　前期過已久
鸞鶴無来声　歯髪日衰白　耳目減聡明
一朝同物化　身与糞壌幷　神仙信有之
俗力非可営　苟無金骨相　不列丹台名
徒伝避穀法　徒授焼丹経　祇自取勤苦」（12ウ）
百年終不成　悲哉夢仙人　一夢誤一生

6 視刈麦詩一時為盩厔県尉

田家少閑月　五月人倍忙　夜来南風起
小麦覆壠黄　婦姑荷箪食　童稚攜壺漿
相従餉田去　丁壮在南岡　足蒸暑土気
背灼炎天光　力尽不知熱　但惜夏日長」（13オ）
復有貧婦人　抱子在其傍　右手秉遺穂
左臂懸弊筐　聴其相顧言　聞者為悲傷
家田輸税尽　拾此充飢腸　今我何功徳
曽不事農桑　吏禄二千石　歳晏有余糧
念茲私自愧　尽日不能忘

10　李都尉古剣詩二」（13ウ）

古剣寒黯々　鋳来幾千秋　白光納日月
紫気排斗牛　有客借一観　受之不敢求
湛然玉匣中　秋水澄不流　至宝有本性
精剛無与儔　可使寸々折　不能繞指柔
願快直士心　持断佞臣頭　不願報小寃
夜半刺私讎　勧君慎所用　無作神兵羞」（14オ）

52　諭友詩一

昨夜霜一降　殺君庭中槐　乾葉不待黄

牽々飛下来　憐君感節物　晨起歩前階
臨風蹋葉立　半日顔不開　西望長安城
歌鐘十二街　何人不歓楽　君独心悠哉
白日頭上走　朱顔鏡中頽　平生青雲心」（14ウ）
銷化成死灰　我今贈一言　勝飲酒千盃
其言雖甚鄙　可破悒々懐　朱門有董賢
陋巷有顔回　窮通各問命　不繋才不才
推此自豁々　不心待安排

40　慈烏夜啼詩一

慈烏失其母　亞々吐哀音　書夜不飛去」（15オ）
経年守故林　夜々夜半鳴　聞者為沾衿
声中如告訴　未尽反哺心　百鳥豈無母
爾独哀怨深　応是母慈重　使爾悲不任
昔有呉起者　母歿喪不臨　嗟哉斯人徒
其心不如禽　慈烏復慈烏　鳥中之曽参

15　贈元稹詩二」（15ウ）

自我従宦遊　七年在長安　所得唯元君
乃和定交難　豈無山上苗　径寸無歳寒

豈無要津水　咫尺有波瀾　之子異於是
久要誓不諼　無波古井水　有節秋竹竿
一為同心友　三及芳歳闌　花下鞍馬遊
雪中盃酒歓　衡門相逢迎　不具帯与冠」（16オ）
春風日高睡　秋月夜深看　不為同登科
不為同署官　所合在方寸　心源無意端

秦中吟十首幷序二

貞元々和之際、予有長安中。聞見之間、
有足悲歎者。因直歌其事、命為秦中吟。」（16ウ）

75 天下無正声　悦耳即為娯　人間無正色
悦目即為姝　顔色非相遠　貧富則有殊
貧為時所棄　富為時所趨　紅楼富家女
金縷繡羅襦　見人不斂手　嬌痴二八初
母兄未開口　已嫁不須臾　緑窓貧家女
寂寞二十余　荊釵不直銭　衣上無真珠」（17オ）
幾廻人欲娉　臨日又踟躕　主人会良媒
置酒満玉壺　四座且勿飲　聴我歌両途
富家女易嫁　々早軽其夫　貧家女難嫁

嫁晩孝於姑　聞君欲娶婦　々々意何如
76 厚地植桑麻　所用済生民　々々理布帛
所求活一身　々外充征賦　上以奉君親」（17ウ）
国家定両税　本意在憂人　厥初防其淫
明勅内外臣　税外加一等　皆以枉法論
奈何歳月久　貪吏得因循　浚我以求寵
斂索無冬春　織絹未成疋　繅糸未盈斤
里胥迫我納　不許暫逡巡　歳暮天地閉
陰風生破村　夜深煙火尽　霰雪白紛々」（18オ）
幼者形不蔽　老者体無温　悲歎与寒気
併入鼻中辛　昨日輸残税　因窺官庫門
繒帛如山積　糸綿似雲屯　号為羨余物
随月献至尊　奪我身上煖　買爾眼前恩
進入瓊林庫　歳久化為塵
77 誰家起甲第　朱門大道辺　豊屋中櫛比」（18ウ）
高牆外迴環　累々六七堂　檐宇相連延
一堂費百万　鬱々起青煙　洞房温且清
寒暑不能干　高亭虚且迥　坐臥見南山

繞廊紫藤架　夾砌紅薬欄　攀枝摘桜桃
帯花移牡丹　主人此中坐　十載為大官
廚有臭敗肉　庫有貫朽銭　誰能将我語」（19オ）
問爾骨肉間　豈無窮賤者　忍不救飢寒
如何奉一身　直欲保千年　不見馬家宅
今作鳳城園

78
陋巷飢寒士　出門甚栖々　雖云志気在
豈免顔色低　平生同門友　通籍在金閨
曩者膠漆契　爾来雲雨睽　正逢下朝帰」（19ウ）
軒騎五門西　是時天久陰　三日雨凄々
蹇驢避路立　肥馬当風嘶　迴頭忘相識
占道上沙堤　昔年洛陽社　貧賤相提携
今日長安道　対面隔雲泥　近日多如此
非君独惨悽　死生不変者　唯聞任与黎

79
七十而致仕　礼法有明文　何乃貪栄者」（20オ）
斯言如不聞　可憐八九十　歯堕双眸昏
朝露貪名利　夕陽憂子孫　挂冠顧翠緌
懸車惜朱輪　金璋腰不勝　傴僂入君門

誰不愛富貴　誰不恋君恩　年高須請老
名遂合退身　少時共嗤誚　晩歳多因循
賢哉漢二疎　彼独是何人　寂莫東門路」（20ウ）
無人継去塵

80
勳徳既下衰　文章亦陵夷　但見山中石
立作路旁碑　銘勳悉太公　叙徳皆仲尼
復以多為貴　千言直万貲　為文彼何人
想見下筆時　但欲愚者悦　不思賢者嗤
豈独賢者嗤　仍伝後代疑　古石蒼苔字」（21オ）
安知是愧詞　我聞望江県　麴令撫惸嫠
在官有仁政　名不聞京師　身歿欲帰葬
百姓遮路岐　攀轅不得去　留葬此江湄
至今道其名　男女涕皆垂　無人立碑碣
唯有邑人知

81
意気驕満路　鞍馬光照塵　借問何為者」（21ウ）
人称是内臣　朱紱皆大夫　紫綬或将軍
誇赴軍中宴　走馬去如雲　罇罍溢九醞
水陸羅八珍　菓擘洞庭橘　鱠切天池鱗

食飽色自若　酒酣気益振　是歳江南旱
衢州人食人
82 清歌且罷唱　紅袂亦停舞　趙叟抱五絃」（22オ）
宛転当胸撫　大声粗若散　颯々風和雨
小声細欲絶　切々鬼神語　又如鵲報喜
転作援啼苦　十指無定音　顛倒宮徴羽
坐客聞此声　形神若無主　行客聞此声
駐足不能拳　嗟々俗人耳　好今不好古
所以此窓琴　日々生塵土」（22ウ）
83 秦中歳云暮　大雪満皇州　雪中退朝者
朱紫尽公侯　貴有風雪興　富無飢寒夏
所営唯第宅　所務在追遊　朱輪車馬客
紅燭歌舞楼　歓酣役密座　酔煖脱重裘
秋官為主人　廷尉居上頭　日中一為楽
夜半不能休　豈知閿郷獄　中有凍死囚」（23オ）
84 帝城春欲暮　諠々車馬度　共道牡丹時
相随買花去　貴賤無常価　酬直看花数
灼々百朶紅　戔々五色素　上張幄幕庇

旁織巴籬護　水灑復泥封　移来色如故
家々習為俗　人々迷不悟　有一田舎翁
偶来買花処　低頭独長歎　此歎無人諭」（23ウ）
一叢深色花　十戸中人賦

105　答四皓廟詩二

天下有道見　無道巻懐之　此乃聖人語
五聞諸仲尼　矯々四先生　同稟希世資
随時有顕晦　秉道無磷緇　秦皇肆暴虐
二世遘乱離　先生相随去　商嶺採紫芝」（24オ）
君看秦獄中　戮辱者李斯　劉項争天下
謀臣競悦随　先生如鸑鶴　高入冥々飛
君看斉鼎中　焦爛者酈其　子房得沛公
自謂相遇遅　八難掉舌枢　三略役心機
辛苦十数年　昼夜形神疲　竟雑覇者道
徒称帝者師　子房爾則能　此非吾所宜」（24ウ）
漢高之季年　嬖寵鍾所私　家嫡欲廃奪
骨肉相憂疑　豈無子房口　々舌無所施
亦有陳平心　々計将何為　皓々四先生

高冠映髟眉　従容下南山　顧眄入東闈
前瞻恵太子　左右生羽儀　却顧戚夫人
楚舞無光輝　心不尽一計　口不吐一詞」（25オ）
暗定天下本　遂安劉氏危　子房吾則能
此非爾所知　先生道既光　太子礼其卑
安車留不駐　功成棄如遺　如彼旱天雲
一雨百穀滋　沢則在天下　雲復帰希夷
勿高巣与由　勿尚呂与伊　巣由往不反
伊呂来不帰　豈如四先生　出処両逶迤」（25ウ）
何必長隠跡　何必長済時　由来聖人道
無朕不可窺　巻之不盈握　舒之亘八陲
先生道甚明　夫子猶或非　願子弁其惑
為予吟此詩

傚陶潜体十六首并序　五

212 予退居渭上、杜門不出。時属多雨、無以」（26オ）自娯。会家醞新熟。雨中独飲、往々酣酔、終日不醒。嬾放之心、弥覚自得。於此而有以志於彼者。因詠陶淵明詩、適与意会。

遂傚其体、成十六首。酔中狂言、醒輒自哂。
然知我者無隠矣。

213 不動者厚地　不息者高天　無窮者日月」（26ウ）
長在者山川　松栢与亀鶴　其寿皆千年
嗟々群物中　而人独不然　朝見在朝市
暮已帰下泉　形質及寿命　危脆若浮煙
堯舜与周孔　古来称聖賢　借問今何在
一去亦不還　我無不死薬　万々随化遷
所未定知者　修短遅速門　幸及身健日」（27オ）
当歌一樽前　何必待人勧　念此自為歓

214 翳々踰月陰　沈々連日雨　開簾望天色
黄雲暗如土　行潦毀我墻　疾風壊我宇
蓬莠生庭院　泥塗失場圃　村深絶賓客
窓暗無儔侶　尽日不下牀　跳鼃時入戸
出門無所往　入窓還独処　不以酒自娯」（27ウ）
塊然与誰語

215 朝飲両盃酒　冥心合元化　兀然無所思
日高尚閑臥　暮読一巻書　合意如嘉話

欣然有所遇　夜深猶独坐　又得琴上趣
安絃有余暇　復多詩中狂　下筆不能罷
唯兹三四事　持用度昼夜　所以陰雨中」（28オ）
経旬不出舎　始悟独往人　心安時易過
216 東家採桑婦　雨来苦愁悲　蔟蚕北堂前
雨冷不成糸　西家荷鋤叟　雨来亦怨咨
種豆南山下　雨多落為箕　而我独何幸
醞酒本無期　及此多雨日　正遇新熟時
開瓶瀉罇中　王液黄金脂　持翫已可悦」（28ウ）
歡嘗有余滋　一酌発好容　再酌開愁眉
連延四五酌　酣暢入四支　忽然遺物我
誰復分是非　是時連夕雨　酩酊無所知
人心苦顛倒　反為憂者嗤
217 朝亦独酔歌　暮亦独酔睡　未尽一壷酒
已成三独酔　勿嫌飲太少　且喜歓易致」（29オ）
一盃復両盃　多不過三四　便得心中適
尽忘身外事　更復強一盃　陶然遺万累
一飲一石者　徒以多為貴　及其酩酊時

与我亦無異　笑謝多飲人　酒銭徒自費
218 天秋無片雲　地静無纖塵　団々新晴月
林外生白輪　憶昨陰霖天　連々三四旬」（29ウ）
頼逢家醞熟　不覚過朝昏　私言雨霽後
可以罷余樽　及対新月色　不酔亦愁人
床頭残半榼　欲尽味弥淳　携置南簷下
挙酌自殷勤　清光入杯杓　白露生衣巾
乃知陰与晴　安可無此君　我有楽府詩
成来人未聞　今霄酔有興　狂詠驚四隣」（30オ）
独賞猶復爾　況有好交親
219 仲秋三五夜　明月在前軒　臨觴忽不飲
憶我平生歓　我有同心人　邈々崔与銭
我有忘形友　迢々李与元　或飛青雲上
或落江湖間　与我不相見　于今四五年
我無縮地術　君非馭風仙　安得明月下」（30ウ）
四人来語言　良夜信難得　佳期杳無縁
明月又不駐　漸下西南天　豈無他時会
惜比清景前

220 家醞飲已尽　村中無酒貰　坐愁今夜醒
其奈秋懐何　有客忽叩門　言語一何佳
云是南村叟　挈榼来相過　且喜樽不燥」（31オ）
安問小与多　重陽雖已過　籬菊有残花
歓来苦昼短　不覚夕照斜　老人勿遽起
且待新月華　客去有余趣　竟夕独酣歌
221 原生衣百結　顔子食一箪　驩然楽其志
有以忘飢寒　今我何人哉　徳不及先賢
衣食幸相属　胡為不自安　況茲清渭曲」（31ウ）
居処幽且閑　楡柳百余樹　茅茨十数間
寒負簷下日　熱濯澗底泉　日出猶未起
日入已復眠　西風満村巷　清涼八月天
但有雞犬声　不聞車馬喧　時頒一樽酒
坐望東南山　稚姪初学歩　牽衣戯我前
即此可自楽　庶幾顔与原」（32オ）
222 湛々墫中酒　有功不自伐　不伐人不知
吾今代其説　良将臨大敵　前駆十万卒
一箪投河飲　赴死心如一　壮士磨匕首

勇憤気咆勃　一酣忘報讎　四体如無骨
東海殺李婦　天旱踰年月　一酌酹其魂
通霄雨不歇　咸陽秦獄気　冤痛結為物」（32ウ）
千歳不肯散　一沃又銷失　況茲児女恨
及彼幽憂疾　快飲無不銷　如霜得春日
方知麴蘖霊　万物無与疋

223 煙雲隔玄圃　風波限瀛洲　我豈不欲往
天海路阻脩　神仙但聞説　霊薬不可求
長生無得者　挙世如蜉蝣　逝者不重迴」（33オ）
存者難久留　踟躕未死間　何苦懐百憂
念此忽内熱　坐看成白頭　挙盃還独飲
顧影自献酬　心与口相約　未酔勿言休
今朝不尽酔　知有明朝否　不見郭門外
累々墳与丘　月明愁殺人　黄蒿風颼々
死者若有知　悔不秉燭遊」（33ウ）

224 五聞尋陽郡　昔有陶徴君　愛酒不受名
憂醒不憂貧　嘗為彭沢令　在官纔八旬
愀然忽不楽　挂印着公門　口吟帰去来

頭戴漉酒巾　人吏留不得　直入故山雲
帰来五柳下　還以酒養真　人間栄与利
擺落如泥塵　先生去已久　紙墨有遺文」（34オ）
篇々勧我飲　此外無所云　我従老大来
窃慕其為人　其他不可及　但傚酔昏々
225 楚王疑忠臣　江南放屈平　晋朝軽高士
林下棄劉伶　一人常独酔　一人常独醒
醒者多苦志　酔者多歓情　歓情信独善
苦志竟何成　兀傲甕門臥　撫悴沢畔行」（34ウ）
彼憂而此楽　道理甚分明　願君且飲酒
勿思身後名　226 有一燕趙士　言貌甚奇懐
日々酒家去　脱衣典数杯　問君何落祏
云僕生草莱　地寒命且薄　徒抱王佐才
豈無済時策　君門乏良媒　三献寝不報
遅々空手迴　亦有同門生　先升青雲梯」（35オ）
貴賤交道絶　朱門叩不開　帰郷種咊嗏
三歳旱為災　入山焼黄白　一旦化為灰
蹉跎五十余　生世苦不諧　処々去不得

却帰酒中来 227南巷有貴人 高蓋駟馬車
我問何所苦 四十垂白鬢 答云君不知
位重多憂虞 北里有寒士 甕牖縄為枢」（35ウ）
出扶落藜杖 入臥蝸牛廬 散賤無憂患
心安体亦舒 東隣有富翁 蔵貨徧五都
東京収粟帛 西市鬻金珠 朝営暮計算
昼夜不安居 西舎有貧者 疋婦配疋夫
布裙行賃舂 短褐坐傭書 以此求口食
一飽欣有余 貴賤与貧富 高下雖有殊」（36オ）
憂楽与利害 彼此不相踰 是以達人観
万化同一途 但未知生死 勝負両何如
遅疑未知間 且以酒為娯
228済水澄且潔 河水渾而黄 交流列四瀆
清濁不相傷 大公戦牧野 伯夷餓首陽
同時号賢聖 進退不相妨 謂天不愛民」（36ウ）
胡為生稲粱 謂天果愛民 胡為生豺狼
謂神福善人 孔聖竟栖遑 謂神禍淫人
暴秦終覇王 顔回与原憲 何辜早夭亡

蝮蛇与鴆鳥　何徳寿延長　物理不可側
神道亦難量　挙頭仰問天　天色但蒼々
唯当多種黍　日酔手中觴」（37オ）

177
感時五

朝見日上天　暮見日入地　不覚明鏡中
忽年三十四　勿言身未老　冉々行将至
白髪雖未生　朱顔已先悴　人生詎幾許
在世倏如寄　雖有七十期　十人無一二
今我猶未悟　往々下適意　胡為方寸間」（37ウ）
不貯浩然気　貧賤非不悪　道在何足避
富貴非不愛　時来当自致　所以達人心
外物不能累　唯当飲美酒　終日陶々酔
斯言勝金玉　佩服無失墜

198
秋居書懐五

門前少賓客　階下多松竹　秋景下西牆」（38オ）
涼風入東屋　有琴慵不弄　有書閑不読
尽日方寸中　澹然無所欲　何須広居処
不用多積蓄　大室可容身　斗儲可充腹

況無理道術　坐受官家禄　不種一株桑
不鋤一壠穀　終朝飽飯食　卒歳豊衣服
持此知愧心　自然易為足」（38ウ）

200 養拙五

鐵柔不為剣　木曲不為轅　今我不如此
愚蒙不及門　甘心謝名利　滅跡帰丘園
坐臥茅茨中　但対琴与罇　身去韁鎖累
耳辞朝市諠　超遥無所為　時窺五千言
無憂楽性場　寡欲清心源　始知不才者」（39オ）
可以深道根

206 秋山五

久病曠心賞　今朝一登山　山秋雲物冷
称我清羸顔　白石臥可枕　青蘿行可攀
意中如有得　尽日不欲還　人生無幾何
如寄天地門　心有千載憂　身無一日閑」（39ウ）
何時解塵網　此地来掩関

244 帰田三首六

人生何所欲　所欲唯両端　中人愛富貴

高士慕神仙　神仙須有籍　富貴亦在天
莫恋長安道　莫尋方丈山　西京塵浩々
東海浪漫々　金門不可入　琪樹何由攀」(40オ)
不如帰山下　如法種春田
245 種田計已決　決竟復何如　売馬買黄犢
徒歩帰田廬　迎春治来耜　候雨闢菑畬
策杖田頭立　躬親課僕夫　吾聞老農言
為稼慎在初　所施不鹵莽　具報必有余
上求奉王税　下望備家儲　安得放慵惰」(40ウ)
拱手而曳裾　学農未為鄙　親友勿笑予
更待明年後　自擬執犂鋤
246 三十為近臣　腰間鳴珮玉　四十為野夫
田中学鋤穀　何言十年内　変化如此速
此理固是常　窮通相倚伏　為魚有深水
為鳥有高木　何必守一方　窘然自牽束」(41オ)
化五足為馬　五因以行陸　化五手為弾
吾因以求肉　形骸為異物　委順心猶足
幸得且帰農　安知不為福　況吾行欲老

瞥若風前燭　孰能俄頃間　将心繫栄辱

232 隠几六

身適忘四支　心適忘是非　既適又忘適」（41ウ）
不知五是誰　百骸如槁木　兀然無所知
方寸如死灰　寂然無所思　今日復何日
身心忽両遺　行年三十九　歳暮日斜時
四十心不動　吾今其庶幾

234 閑居六

空腹一盃粥　飢食有余味　南簷半床日」（42オ）
暖臥因成睡　綿袍擁両膝　竹几支双臂
従旦直至昏　身心一無事　心足即為富
身閑仍当貴　富貴在此中　何必居高位
君看裴相国　金紫光照地　心苦頭尽白
纔年四十四　乃知高蓋車　乗者多憂畏

238 首夏病間六」（42ウ）

我生来幾時　万有四千日　自省於其間
非憂即有疾　老去慮漸息　年来病初愈
忽喜身与心　泰然両無苦　況茲孟夏月

清和好時節　微風吹裌衣　不寒復不熱
移楊樹陰下　竟日何所為　或飲一甌茗
或吟両句詩　内無憂患迫　外無職役羈」（43オ）
此日不自適　何時是適時

231 渭上偶釣六

渭水如鏡色　中有鯉与魴　偶持一茎竹
懸釣至其傍　微風吹釣糸　嫋々十尺長
誰知対魚坐　心在無何郷　昔有白頭人
亦釣此渭陽　釣人不釣魚　七十得文王」（43ウ）
況我垂釣意　人魚又兼忘　無機両不得
但弄秋水光　興尽釣亦罷　帰来飲我觴

254 聞哭者六

昨日南隣哭　哭声一何苦　云是妻哭夫
夫年二十五　今朝北里哭　哭声又何切
云是母哭児　児年十七八　四隣尚如此」（44オ）
天下多夭折　乃知浮世人　少得垂白髪
予今過四十　念彼聊自悦　従此明鏡中
不思頭似雪

260

詠慵六

有官慵不選　有田慵不農　屋穿慵不葺
衣裂慵不縫　有酒慵不酌　無異罇長空」（44ウ）
有琴慵不弾　亦与無絃同　家人告飯尽
欲炊慵宿春　親朋寄書至　欲読慵開封
嘗聞嵇叔夜　一生在慵中　弾琴復鍛鐵
比我未為慵

文集鈔上上」（45オ）

以証本校合了
建治元年五月九日於小坂亭書之
桑門願海在判
建治二年九月日　於白川之遍写了」（45ウ）

書入れ

3オ3 戯 切小斫也、張堪反、又口含反、勝也／禍摺本
3ウ3 洶 許容反、水騰湧貌
3ウ6 畾
4ウ4 有摺本／口洽反、至也
5オ3 勍 渠京反、強也
8オ2 邕 広韻云、四方有水曰—、於容反
8オ4 宮也
8ウ3 細雨貌
10オ1 武方反、洛北山名
12ウ1 北方夜半気
13オ4 姑 古胡反、夫母又父姉妹
13ウ2 筐 去王反、飯器筥也
14ウ5 —痛也
15オ2 悒 安及反、心□不舒也
15ウ2 哺 音捕、食在口也
16ウ3 如淳曰時山東人謂関中為秦中
17オ4 襦 人朱反、説文姫衣也又云短衣裳之類

18オ3 左伝浚我以坐乎注曰浚取也言取也言取我財以自坐也又深也

18オ5 —長也

19ウ5 金闉者馬門也見文選第廿一

20オ5 任公叔黎逢

20ウ2 音蕤纓也

21ウ1 惸 渠営反、無兄弟／嫠 力之反、寡婢也／音梨、无夫之女也／渠営反、謂无兄弟也

21ウ5 麹令名云信陵

22オ2 於問反、醸也

22オ4 辰一本

22オ5 衛一本

23オ6 県在弘農

24オ4 居沼反、正也勇也

25オ4 莫江反、雑白毛貌

29オ6 三獨 文選陶淵明詩曰一觴雖独進杯尽壺自傾鈔曰独進謂不与俗人門劉良曰独酌独進杯也

31オ6 苦蓋方盛酒器也

32ウ4 薄交反、虎声也

32ウ5 酹 釈氏云沃酒於地以祭呪願求祐也

33ウ5 所求反、風声也

34オ1　吾
34オ3　在小反、変望也
34オ4　盧谷反、瀝也
35オ4　史記曰家貧落魄無衣食案薩峋云落魄不得志東宮今案晋灼曰落魄託薄同義揚雄解嘲曰何為官之落祐臣善曰祐落不諧偶也鈔曰猶落魂音決祐他洛反
36ウ4　済　子礼反、集云出常山／河　寒歌反、出昆崙山／江　古双反、出峨山／淮　乎乖反、出桐柏山
40ウ3　不耕田三歳曰新畬／側持反、不耕田也
40ウ5　地不生物

（後藤昭雄）

楽府注少々

楽府注少々」（表紙）
楽府者白楽天異伝云、香山寺ニシテ建テ五間ノ経蔵ヲ構ヘテ三
階ノ棚ヲ安内外典ヲ。在小乗経ノ上従軸放光ヲ。後夜自夢ラク、
天人来云、楽天ノ所造皆叶仏意ニ。此鏡者心至菩提。
文集七十巻、楽天一期之所作也。大原ト云ハ今ハ汾陰（フンイン）。々々ハ汾水ト云河ヨリ
陽ヲハ北ト云、陰ヲハ云南ト也。件ノ河ハ南ノ山ヨリ北ヘ流タル故也。稽聖賦ノ注ニ見タリ。
白ハ姓、居易ハ名、字楽天。諷ハ讃也。謗也。諭告也。痞也。君一越調中土宮也。臣為平調秋西金商也
民双調東木春角也。物盤渉北水冬羽也。事黄鐘南夏火徴也。左拾遺日本侍従是也左輔ノ諌遺シタル
事ヲ拾テ諌ルカ故也　七徳者、左伝云孔子作、夫武ハ禁シ暴ヲ戢（ヲサメ）兵ヲ保チ大ヲ定功ヲ安
民ヲ和衆ヲ豊スル財ヲ者也。魏徴虞世南等者二人倶ニ大臣也。
殷武帝即位三年不言。无賢臣故也。夢見傅説（エツヲ）。張瑾哀聞辰日」（1オ）
張公瑾ハ西府之都護也。日本按察使也。件人死時辰ノ日也。聞之哭也。
付幡有四。一仏法幡。有十手四足。二鬼形幡。火炎ノ中ニ有鬼形。三人形

幡。身首手足皆如人形一。以之軍ノ幡ニ用之一。四風流幡。為和二方角ノ風一ヲ、
海路ニテ用ル物也。高宗皇帝死後、其ノ継母則天皇后即帝位一ニ
改メテ代一ヲ称ス大周一ト。其故ハ則天ハ後周ノ武帝ノ末孫也。則天崩シテ中宗即位、
起ス唐祚一ヲ。中宗尊テ玄奘一ヲ贈ル遍覚三蔵ノ諡一ヲ。胡塵云玄宗
天宝十三年ニ安西ノ軍責ム唐都一ヲ、請不定行毗沙門法一ヲ。然間、金鼠数万
入安西ノ軍ノ中一。夏之事、天竺二ハ南浮中心也。五月ニ日ノ正ク照ス時、午時台ノ
下ニ无陰一、辺国有陰一。准彼一ニ唐土ニモ天子ノ国ヲ云中夏一ト。坐部ハ上郎
楽也。立部ハ雑楽ニシテ下郎楽也。雅楽ハ始テ習楽スル也。緑衣監使ハ
六位也。昔呂尚者玄宗皇帝ノ時人也。胡旋女ヲハ康居国人。」（1ウ）
帝愛二スルコトヲ舞女一ヲ聞テ奉ル。近習トハ君ニ近付ヲ云也。能胡旋トハ
戎人本ヨリ乱ル世一ヲ之本トスル。謝ハ申也。金閨障楽所ニ曳ケル
縵ノ名也。石積山ト云山ニ鶏光王アリ。其色金色ナリ。東州ノ日光ノ
指ヲ見テ鳴ク。日々ニ衆多ノ鬼神ヲ取テ為食一ト也。鸞鏡范秦詩ノ
注云、罽賓ノ王得鸞一ヲ歴三年一ヲ不鳴一。王云、此声美ナリ。爭カ可令鳴一。仍臣奏云、
此鳥得友必鳴ク。以鏡一ヲ置ニ前一ニ仍鳴ク。金翠ト者赤粉。云金一ト此レヘニ也。
従二牛女一。秦国ニ青草湖ト云水海アリト。天女下衣ヲ猟師取テ埋地、三年ヲ
経テ子告母一ニ。仍衣ヲ取テ上二ル天一ニ。又三年シテツナヲ下テ子ヲ迎フ。子ニ付テ
猟師モ上ル。又犬モ上ル。下地ニテ七月七日ニ相ソメタレハトテ此日斗会也。

参商ト者星ノ名ナリ。参ハ兄、商ハ弟ナリ。同時上天スルニ、兄ノ云ク、弟ハシハシマツヘシ。見テ来テ語ラン。経トモ年一ヲ兄不来間タ、弟待カネテ」（2オ）自上ル故、中ノ怨言ニ解之一ヲ。為レ伐二昆明国一、漢武帝堀ル二昆明池一ヲ。兆ハ十億也。伝箭トハ戎習ハ作金ノ矢一ヲ使ニ持セテ駆ルヲ軍兵一ヲ云也。捉（トラフトハ）往一ヲ者生類ヲ狩取ヲ云也。无烟塵トハ軍災ナキ也。猖狂ハ狼藉也。屯（アツム）。養トハ寇（アタ）者不築城一ヲハ取其ノ国ノ物一ヲ不進国王一ニ、此ヲ云養寇ヲ也。強兵者軍将与戎人一合力シテ乱国一ヲ損民一ヲ也。褒贈（ホメヲクル）。頬ノ皮ヲ剝（ハキ）啞ノ薬ヲクレテ鬼ノ形ニ作、額ニ灯械ヲ打ツ。名テ為灯台鬼一ト故、一年カ内死ス。五絃ハ鄭声ナリ。寥々トハ静也。錚ハ金ノヒヽク貌也。平生ト者尋常也。正始ハ吉事始也。朱絃トハ第三絃也。疎トハ第三ノ絃越テ踊ヲ云也。瑟トハ絃ヲ廿五也。」（2ウ）

蛮子朝ス。蜀国ヲ過時、蜀ノ将軍云、吾ヲ引道セヨ。仍同参スル時、玉座ニ召ス。蜀将驕テ望大臣位一ヲ。依之誹之。延英殿ハ国王ノ居也。驃国ハ南蛮之西南ノ角ニ有リ。与天竺一隣レリ。眩（カヽ）ヤカシ。転（メクル）。閤門ハ内裏也。慣悽ハイタミイタム也。愷悌ヤスシト云事也。代宗ノ時、蓬子将軍ノ子李如暹為将軍一ト代西蕃一ヲ、軍破レテ蕃降スル也。存邺（シュツ）。」（3オ）

下分
周幽王厲王政不半ニシテ皆伐殺シヌ。碣ハ碑ト同者也。段氏顔氏ハ
徳宗ノ時、大尉ハ倶ニ忠烈也。確ハ不動也。朱泚（セイ）ハ隴西帥也。
奮撃ハ降伏義也。封疆之臣ハ固境一ヲ将軍也。跳梁ハホトハシル也。
八疋、驊騮騄駬、今四疋可尋之。或云、騅騎騃駒也。
此八疋ニ車ヲ懸テ行シ也。七廟ハ先祖六代ニ加我身一ヲ。
徳宗時、杜陵ト云所一叟有。殖二タリ一頃ノ田一ヲ。旱シテ不実。
越渓ハ国名也。寒女ハ下主女也。照陽ハ宮ノ名也。虜ハエヒス也。
戎人陰山道ヨリ馬ヲヰテ来、道遠馬死スル事十ニ六七、仍少シ。故
縑五十疋ニ馬一疋ヲ易。為足一縑二シテ数一ヲ如藕糸仍織故不叶」（3ウ）
物ノ用一ニ。故廻鶻（コツ）可汗（カン）等ノ国之戎人訴之一ヲ。仍下宣旨一ヲ、御府ノ金帛ヲ
出テ宛ツ馬ノ直一ニ。紇邏敦肥トハ戎地ハアツクコヱタリト云也。江淮トハ
江州淮州也。黠虜ハシリソケラレタル戎ト云也。飛龍トハ吉馬也。
時勢粧（イマヤウスカタ／ソノカミノスカタ）。嗤カホワロシ。本態ハ本戒也。斜紅トハ夕陽（ユフヒ）之名也。
赭面（アカキヲモテ／イタツラヲモテ）。憲宗元和年中ニ戎人ノ形ヲ成テ四方置テ令用心一。
其故ハ天下泰平ノ故ニ人ウチトケテ無用心者若戎人俄ニ
起可有恐故也。周世ニ辛有ト云者伊川ト云所ニ戎ノスカタヲシテ居シカ如シ。
嬖、召ニ美人一ヲ云フ嬖一ト。方士トハ得仙術者也。合霊薬ハ反魂香也。

九花帳ハ九色之帳也。悄々ハ静貌。秦陵トハ楊貴妃ノ衣裳ヲ葬スル所也。」（4オ）
縹眇ハハルカナリ。妍ウルハシキ形トヨム。嬖惑(トカマトハス)。幽閉ハトラヘコムト読也。監送トハ使也。
緑蕪トハ苔也。宣徽(クキ)トハ天上名也。憲宗御時、西口ノ大商客賜官府一ヲ
商フレ塩ヲ。楊州ノ小女成彼女。蒼頭ハ徒者(イタツラモノ)也。黄橙(タチハナ)。濃粧ハ飯ヲ盛也。
倚柂楼ハ船ノトモ也。桑弘羊ハ漢ノ代人也。賜官符一ヲ商酒一ヲ間、余リニ
徳カケテ偏頗ヲ為先一故、被打殺畢。高宗時、李義府ト云者アリ。居テ三公ノ位
為人一ノ多シテ讒説一被配流一。徳宗時、馬暢家ヲ召テ為鳳凰闕一ト。
唐ノ大宗ノ時ノ魏徴死ヌ。其家ヲ他人伝テケルヲ、憲宗ノ時、召其家一ヲ賜
魏徴之五代孫一ニ。贖アカウ(ツクノフ)。儉ツヽヤカナリ(ヘレルナリ)。蘋蘩者カシハニ入供物一ヲ
祭故ニ云二蘋蘩一ト也。高堂者父母ノ居タル所也。消息(アリサマ)。聘(ヘイ)ヨフ(ムカフ)。」（4ウ）
滻水ハ関内ニ有二ル八水一其一也。左右台起居者可尋之。弾正(タンシヤウ)ナリト云ヘリ。
黄金闕ハ崑崙山ニアリ。是以仙宮名二タリ王宮一ニ。紫ノ毛ノ生タル兎ノ毛ヲ以テ
作筆奉ルヲ云紫毫筆一ト。除ヲハ庭トモ端トモ読也。
隋楊帝楊ヲ一千三百里ニ殖テ遊戯スル間、不行政事一ヲ諸侯悉ク背ク。
其時太宗起軍一ヲ謀反ヲ伐テ以我父為天子。太宗居東一故諷隋ノ政。
秦始皇死テ葬ル驪山一ニ。三重築(ツイテ)墓ヲ、中ニ无量ノ珍宝ヲ納メヲク。作日月
珠一ヲ立之、以水銀一作江海一ヲ。項王墓ヲウカテ其ノ珍宝ヲ運取ル。泉中ハ
墓也。漢ノ文葬ハ纔ニ三尺築ケリ。不置宝故、人不損之一。法苑珠林、

経タル千歳ヲ狐ハ成ス妖媚自在。武王剣タフレテ壺ヲ切ル。寄テ見ニ、」（5オ）
蛇在壺中ニ散々ニ切レタリ。或王有剣、削ル鐘ヲ如木。採詩官者
周ノ成王康王時ニハ此官ヲヲク。秦二世諱ハ亥也。諍（サウ）臣ハ甚良ヲ
先トスル也。堯舜置諫皷ヲ。又周ノ成王康王諫鼓ノ政ヲ致セリ。
壅蔽トハウツモレカクレタルヲ云也。」（5ウ）

（後藤昭雄）

円珍和尚伝

円珍和尚伝　　　　　　　　　　　幹林学善清行撰

天台宗延暦寺第五座主入唐伝法阿闍梨少僧都法眼和尚位円珍、俗姓和気公、讃岐国那珂郡金倉郷人也。父宅成、頗殖資産、兼有行能。為郷里所帰服。母佐伯氏、故僧正空海阿闍梨之姪也。嘗夢朝日初出、光耀赫奕。須臾飛来如流星。入其口中、無懐妊、遂誕和尚。々々岐嶷機警、」（1オ）幻有成人之量。両目重童子、又頂骨隆起、形如肉髻。遠而視之、似有尖頭。実是霊骸特崎也。年始八歳、語其父云、内典之中、可有因果経。羨也令我誦習。其父驚異、即求而与之。和尚得之、朝夕読誦、未嘗休廃。郷里莫不歎異。年十歳、読毛詩論語漢書文選。一所閲読、即以誦挙。年十

四、辞家入京。随叔父僧仁徳、初登叡山。仁徳語云、」（1ウ）
児器庄邃、誠非凡流。吾是短綆之量、難測其深
浅焉。須請業碩学、期彼大成。即託前入唐尋教
沙門第一座主義真。々々嘉其才量、尽心善誘、
授之於法花金光明大毘盧遮那等大乗経及自
宗章疏。十九奉年分試。時試業師及証師等、見
秀抜、深加精覈。而和尚随問解釈、如響応声。於
是、勅使深加嘉異、処之甲科。其年受戒為僧、依」（2オ）
例蟄山。于時天長十年四月十五日也。其後経歴
一記、堪忍艱険。或度旬飢頓、或入冬単寒、全護戒
律、精練修学。名誉稍闐、遂塡天下。時深草天皇、
屢降綸旨、深加慰問、兼給資粮。寵遇尊重、多
超時輩。初承和五年冬月、和尚昼坐禅於石龕之
内、忽有金人、現形云、汝当図画我形、慇懃帰仰。
和尚問云、此化来之人、方以為誰。金人答云、我是金」（2ウ）
色不動明王也。我愛念法器故、常擁護汝身。汝須
早究三蜜之微奥、為衆生之舟航。爰熟見其形、魁
偉奇妙、威光熾盛。手投刀剣、足踏虚空。於是、和尚頂

礼、意存之。即令画工図画其像。々今猶有之。僧年十有余。寺中衆僧大小帰伏、受業者居多。当時名儒有識、通好結契者、稍傾京洛。尤与図書頭惟良真道有忘言之契。毎至対語、終日竟夜、清言無倦。相」(3オ)倶論難内外之疑義、質正籍之謬誤。誓云、緇素雖異、契為兄弟、生々世々之中、無欠交執之志。和尚一記之間、究閲経論、中其疑滞、無人撃蒙。率然馳心、思遊西唐。承和十三年七月、満山大衆、推和尚為学頭。十四年勅擢為定心院十禅師。此歳正月、為大極殿吉祥会聴衆、弁論泉涌、究微入妙。道俗聞之者、莫不歎服。又於御前、与僧都明詮論決大義。明詮者法相」(3ウ)宗之碩徳也。深加歎異。名誉俄播、喧聒朝野。嘉祥二年春、主上有別勅、擢為内供十禅師。勅云、大法師円珍、精進戒律、持念真言、苦節年深、勤行匪懈。宜為内供奉持禅師。時和尚夏﨟十七。三年春夢、山王明神言、公早可遂入唐求法之志。勿致留連。和尚答云、近来入唐請益闍梨仁公、究学三密、帰着本山。今何遑汲々於航海之意乎。神重勧云、如公語」(4オ)

者、世人多剃髪為僧。公何以昔者汲々於剃髪之志焉。明年春夢、明神重語云、沙門宜為求法忘其身命。況今公利渉之謀、有万全之冥助乎。努力々々勿疑盧。和尚夢中許諾、乃録意旨、抗表以聞。文徳天皇感其懇志、便蒙許可。仁寿元年四月十五日、和尚辞京向大宰府、遂入唐之志也。三年八月九日、儻値大唐商人鉛良暉船進発。過海時、東風急迅、舟行如飛。」（4ウ）十三日申時、北風俄起、十四日辰時、漂着流梂国。流梂者所謂海中啖人之国也。時四方無風、不知所趣。遙見数十人持戈徘徊岸上。時鉛良暉悲哭謂和尚曰、等当為流梂所啖也。為之如何。和尚乃合掌閉目念願不動明王。須臾前年所現金色人、露立舳上。時舟中数十人皆見之。俄而巽風忽発、飛帆指乾維。十五日午時着大唐嶺南道福州連江県界。即唐大中七年」（5オ）矣。時刺史林師準、深加安存。仮住此州開元寺、優給資糲、如有旧故。和尚在寺、儻遇中天竺摩掲陀国大那蘭陀寺三蔵般若怛羅、受学梵字悉曇章、兼授金剛界大悲胎蔵大日仏印七倶知曼素室利印法梵夾経等。又至国清寺、遇僧清観元璋両上人、安置同房、視如兄弟。時本国留学僧円載、従越州来、於国清寺相接喜慰。大中八年」（5ウ）二月、上天台山禅林寺、礼拝定光禅師菩提之樹。又拝智者大師留身之墳。禅林寺者智者伝法之地。寺東北有石象道場。此智者大師感得普賢乗白象降来摩頂之処。古来相伝、普賢白象化為大石象。々々南有石窟、有大師坐禅倚子。西辺有盤石、形似呉鼓。世云、智者説法槌之集衆。智者滅後、他人槌之無声。和尚試以小石撃之、響動山谷、諸」（6オ）莫不歎駭。天台山上方高峯号曰華頂。此則智者安居、降伏天魔感得神通之地焉。其招手石上、見在定光禅師之迹。和尚自華頂還、至国清寺坐夏。又出天台山向越州、於開元寺、遇天台智者大師第九代伝法弟子沙門良諝、講授宗旨。大中九年二月、転至蘇州、縁病寄宿衙前十将徐公直宅。直尽力看病。直中夜見金人立和尚枕上、深異之。四月上」（6ウ）旬、与僧円載倶起向上都。五月六日、到東都洛陽。廿

一日、達長安城。六月三日、拝見唐中天竺大那蘭陀寺
三蔵善無畏阿闍梨第五代伝法弟子左街青龍寺
伝法和尚法全阿闍梨、受両部大法。十一月四日、排批
香花、供養賢聖。受三昧耶戒。其夜授両部大教阿
闍梨位。其後又至街東大興善寺不空三蔵和尚院、
礼拝三蔵骨塔、幷見三蔵第三代伝法弟子三蔵沙」（7オ）
門恵輪阿闍梨、受両部大曼荼羅秘旨、兼授新訳
持念経法。廿七日、和尚与僧円載拝辞大師、出長安城。
十二月十七日、至東都広化寺、礼拝無畏三蔵舎利之
塔。又詣大聖善寺善無畏三蔵旧院。礼拝真容。大
中十年正月、与円載等至龍門西山崗、礼拝三蔵金
剛智阿闍梨墳塔。五月晦、迴到越州開元寺、相看
良諝闍梨。々々授与天台法花宗法文秘要四十五巻。此」（7ウ）
皆本朝未伝者也。従此拝別、向天台山。六月四日、達国清
寺、初祖師最澄、貞元年中於禅林寺造院、備後来学
法僧侶。而会昌年中、僧従遭難、此院頽毀。和尚更於
国清寺止観院、起止観堂、備長講之設。以遂祖師本願、
請僧清観為主持人。六月辞州上尚人李延孝船、過

海、貞観元年六月十七日、至日本国肥前国松浦郡。于時天安三年也。於是、大宰府上奏和尚帰着」（8オ）之由。忠仁公太悦、使人労迎。和尚乃閲録新所求得天台本宗諸宗法文、稍過一千巻。下勅云、如聞、真言止観両教之宗、同号醍醐、倶称深秘。必須資師授受、父子相伝。苟無機縁、難遇難悟。法師在於本朝、苦学此道、遊歴漢家、更通要妙。堪可弘宣奥理、以為国守城塹。宜下知所司、許其渲説、増光恵炬。初和尚在唐、造国清寺止観堂、合寺歓喜、題曰天台国清寺」（8ウ）日本国大徳僧院。令郷貢進士沈推述作記。其辞曰、唐大中七年九月十日、有日本国大徳僧法号円珍。俗姓殷氏。自扶桑而来、抵于巨唐福建、旋適五台、復止天台国清、伝西域金人之教。我師幼能抜俗、製度出家、以恵鏡意珠、内明外朗。作昏夜之燭、為苦海之舟、誓願維持三乗妙理。以彼方尚闕此土可求、俄払麻衣飛玉錫。遊歴此寺、数換星相。此地会昌廃」（9オ）圻、大中重興、仏殿初営、僧房未置。白衣居士経行而暁泊浮雲、青眼沙門坐定而夜棲盤石。師乃瞑心起念。

言発響従。爰得郢人、伐幽林之樫柏。丁々之響、朝発南
山、落々之材暮盈北塢。妙運斤斧、長短得規、巧引
墨縄、曲直咸唯。巧不踰月、其如化成。翬飛而彩曜菴
園、勝概而光揚鷲嶺。以下年九月七日建成矣。師即
住持此院、苦節修行、以无為心、得無得法、遂挈瓶錫、」（9ウ）
告別東帰。即十二年六月八日矣。有趙郡李処士
芳名達。爰来告遇。与師有旧。東望雲水、空増浩
然。仰覩斯宇、其功莫大。乃命余実録其事。唯慙
不久。感通二年五月十日記。和尚入唐、頻遇天竺諸三
蔵、習学悉曇幷梵夾経諸瑜伽、其言語音詞一与彼方
語同、無有分別。由是、先後所遇三蔵嘉其易授、兼
亦歎異之。和尚貞観初帰朝、大政大臣美濃公深相尊」（10オ）
重、資稟供養、日夕不絶。
貞観五年、於近江国滋賀郡園城寺、以両部大法、授宗
叡阿闍梨。六年秋、奉勅、於仁寿殿、結大悲胎蔵灌頂
壇。皇帝入壇定尊位。美濃公以下郡臣入壇者三十余
人。其後重有勅、命和尚講大毘盧遮経一部。皇帝聴
之忘倦。当時有識預聞之者廿余人。時皇帝道心俄発、

初有厭世之志。後年腰屣、此其濫觴也。十年六月、有」（10ウ）勅住座主。時年五十五、夏臈三十六。元慶初、依例講百座仁王般若経。別有勅、命和尚為御前講師。是日宏弁清溢、金声玉潤。関座公卿、莫不歎服。七年、別勅叙法眼和尚位。其勅命云、公声高印手、価重連眉、作禅師之棟梁、兼法水之舟檝。朕自従降誕之時、至于成立之日、頼公潜衛、猶得保存。欲酬之心、監寐尤切。因此授法眼和尚位、聊叙朕懃懇之懐。庶増徳望於山楹、」（11オ）発光花於澗戸。仁和元年、皇帝践祚。又依例講仁王経。和尚亦為仁寿殿講主。皇帝悦其雄弁、深加慰謝。二年秋、皇帝不予、危篤甚劇。薫修走弊、遂无得験。大政大臣越前公、令人屈和尚侍帝病。和尚奉命下山、侍仁寿殿。一宿之中、沈患俄平、和適如常。天皇深以感服、勅云、朕深欲酬公恩。公有何希望焉。和尚答云、貧道菩提之外、亦無所求。但叡山地主明」（11ウ）神、以弘道之寄、深託於貧道。昔者踰滄溟而求法、亦是山神之志也。伏望、加年分度者二人、報山神之恩。天皇嘉納、即給年分度者二人。寛平二年冬、寺僧大小相率上表曰、芳、真理難聞。焉嘗醍醐之味。禅徒之志、懇切在茲。座主法眼和尚位円珍、得道樹英、瀉仏瓶水、精進覚路、脂不退之輪、率励法軍、撾無畏之鼓。況復□畳浪而」（12オ）問道、及狐岫而伝業。持如来之心印、授菩薩之髻珠、領灌頂檀二十有年、化木叉衆千万余人。既而寒嶠年深、草菴老至。六時修行、一念迴向、莫不致冥護於金輪、献潜衛於絳闕。伏惟、階下政鑑法鏡、化照世灯。転大日而助堯曦、流甘露而添聖沢、遂令優命溢於澗戸、寵光映於松扉。為国為道、帝念深矣。然而法眼之名、稍似散位。座主之号、唯」（12ウ）施一山。若不惣法務之要領、握道統之紀綱、則増慢徒、何以降伏。某等唱山神而疑誠、聚涓心而同盧、推挙闍梨、望為僧正。伏願、卑聴巻纊、恵眼褰流、天光曲降、照大衆之中襟、雲渙忽施、灌満山之渇企、不任精誠之至。拝表以聞。時大政大臣越前公只加推薦、即為少僧都。和尚語諸僧云、今推奨非極素壊。但上懼違聖主之恩施、下憚乖大衆之」（13オ）

篤志。故旬月間、暫叨此号。須大衆早奉賀表。然後、貧道抗辞退而已。三年之夏、寺家大衆百余人、詣闕奉賀表書、延暦寺沙門某等謹言。去十二月廿六日恩勅、授座主法眼和尚位円珍以少僧都之職。僧徒歓呼、駿奔相告、山神之驚喜、廟塔由是震動。円公生而為摩尼宝、発而為優雲華。智瑩円鏡、随像分暉。器蘊鴻鐘、待」(13ウ)叩成響。雖復形外之神、独遊金縄之境、然而心中之眼、常観玉階之塵。伏惟、皇帝陛下、徳冷四埵、化同千葉。非唯蒼生沐其皇沢、亦令緇徒潤其天波。既而護彼正法、崇此台宗、擢一山之闍梨、為四衆之都領、発恩綸於綺閣、耀寵栄於巌扃。喜気紛郁、新添台嶺之霞、徳馨薫蒸、潜満霊山之窟。ム等宿植福業、生属明寺、見未曾有之善、載不可量之恩。円珠増」(14オ)光、弥照一乗之轍、法薬陪味、永愈群生之痾。欣感交幷、百於恒品、不任抃儛之至。拝表以聞。其秋和尚将抗表辞職。而坐禅小暇、法務多端。経秋入冬、未遂宿慮、臨終之日、遺恨更深。先是、和尚俄語弟子曰、我今

年将終。汝曹宜記之。其葬送之法、須以木造棚安棺
其上、積薪於棚下、以火燃之。不得焼之於地之上。何
者、我身誠濁穢、常観諸尊、蔵之心殿。薫染猶在。何」（14ウ）
可自軽。又云、我所伝三部大法、宜亦求其人而伝之。
其年五月、即経奏聞蒙官牒、書伝授猷憲康済
両大法師、以為三部阿闍梨。為不断仏種也。時門人
夢、大山崩倒、惑夢堂寺丈六仏起座他去。至冬十
月廿八日、和尚忽自唱門人云、十方聖衆雲集我房。
汝等早応掃灑房舎、排枇香花。如此口唱、叉手左
右相楫再三也。先是、和尚令写唐大湿槃経疏十五巻、将」（15オ）
流通於寺家、書写之後、手親讎校、正其謬誤。廿九日臨終
之期、猶亦執持此疏、乃謂門人云、如来以恵為命、此丘以法
為身。若法能相伝、何礙生死分段之形。誠雖遷化、声
聞之寿、猶為長存。其日食時斉供如常。日没後、手
結定印、令眼安座、念仏懇至、陪於尋常。至暁更起、
開匣取三衣、手捧頂戴、取水嗽口、右臥枕三衣入
滅。終無病痛。後二日、将火斂、僧徒跪請替三衣枕、和尚」（15ウ）
乃挙頭令取之。是時寺中大小、聞天楽満虚空。乃葬

叡山南峯東埵。送終之制、皆如遺旨。時和尚春秋七
十八、夏臘五十九、居座主職廿四年焉。初和尚在唐
温州、与内道場供奉徳円座主相善。和尚帰朝之
後、貞観九年、送書通慇懃。乃贈繡文極楽浄土一
制〈長二丈四尺 広一丈五尺〉及織絵霊山浄土一鋪〈長一丈五尺 広一丈〉及紺瑠璃壺容
仏舎利。又務州人詹景々全、帰依和尚、深契檀越。」（16オ）
和尚帰朝之後、景全図画付法師、大師上自釈迦々
葉、下至唐恵能之像二楨子〈各広四丈〉、同亦送来之、又天台
宗之法文幷諸経論未伝本朝者、和尚入唐求写賷
来者其数甚多。其後元慶五年、唐務州人季達、依
和尚之囑、付張家商船、送来本朝一切経闕本一百二十
余巻。元慶六年、和尚又差小師三恵入唐、重令捜写
闕経一百四十余巻。先後和尚所写伝経論章疏目録、」（16ウ）
文多不載。先是、故大政大臣越前公、有大願、書写一切経、常
恨諸経多闕、至是大悦、即写補之。和尚遊天台国清寺
之日、寺耆徳清観元璋、深有惰好。元璋常誡和尚云、
和尚入里止宿、殊可用心。和尚頂有霊骸。此凶邪之人、
常所窺求。和尚問云、取之何用。答云、無頼之輩、将求

邪利、見人有霊骸者、蜜謀殺戮。持其髑髏、以為蔵
往知来之用、売卜衒名之資。台州刺史端公、見和尚」(17オ)
如旧交。亦以此霊骸、深為固身之誡。和尚答云、若有宿
業、防護何益。若无宿業者、凶人某奈我何。又越州
良諝和尚者、天台宗之智徳也。才学幽微、無不究。和尚
遇之請益。良諝深以器重、知遇篤蜜、披心指示、如
瀉瓶水。初和尚発自江南、至于両京。所歴諸州耆
徳宿名僧及詞客才子欽愛褒美談不容口。先後
所呈之詩、稍及一十巻。文多不載。和尚帰朝之後、清」(17ウ)
観元璋及諸嘗傾蓋相遇者、追慕弥年毎有便李、
音問無絶。貞観中、清観贈和尚詩云、叡山新月冷、台
嶠古風清。当時詩伯菅相公、視此一句、太為絶例。初元
慶中、和尚住本山。忽流涙悲哽云、大唐天台山国清寺
元璋大徳、昨日入滅。無幾亦悲泣云、清観大徳亦入滅。頻
喪法兄、不堪毒慟。其後一年、又哭泣甚悲云、我大唐
請益之師良諝大和尚、奄忽遷化。貧道須修追福、致」(18オ)
門弟之志。乃捨調布五十端於延暦寺講堂、修諷誦。当
聞之者未有信。然其後元慶七年、唐商人栢志貞着

大宰府、天台国清寺諸僧幷越州良諝和尚遺弟子等書信並付志貞送和尚。具録元璋清観両公幷良諝和尚遷化之日。与和尚先語曾無睽違。亦嘗語諸僧云、嗟乎、留学和尚円載帰朝之間、漂没於滄海之中。悲哉。不帰骸於父母之国、空終身於鮫魚之郷。命也、如」(18ウ)何。再三感咽涕泗連如。其後、入唐沙門智聰帰朝、説云、智聰初随留学和尚円載、乗商人李延李船過海、俄遭悪風、舳艫破散。円載和尚及延孝等、一時弱死。破舟之間、有一小板、智聰儻得乗着之。須臾東風迅烈、浮査西飛、一夜之中、漂着大唐温州之岸。其後亦乗他船、来帰朝。於是、計円載和尚没溺之日、正是和尚悲泣之時也。天下莫不歎異。貞観末、惣持院十四禅師済詮」(19オ)将入唐求法、幷供養五台山文殊師利菩薩。主上及諸公卿、多捨黄金、以為供養文殊之資。済詮辞山之日、拝別和尚。便問大風俗、兼将習漢語。和尚黙然一無所対。済詮深有恨色。起座之後、和尚門人云、此師雖有才弁、未暁空観。入唐之謀、似衒名高。若心殿不払掃、何得三尊之加持。若不至、何踰万里之険浪。其後

済詮果不着唐山岸、又不知所至。和尚先識機鑑、皆」（19ウ）
此類也。弟子或問云、和尚洞視万里之外、如在戸庭之中。
察知将来之事、如置目睫之間。豈神通力之所致乎、
得宿命智之所覚乎。和尚大咲云、我自少年、帰依金剛
薩埵、以為本尊。故現在未来善悪業報、或夢中示之、或
念定間現形告語而已。議者服其実語不矯餝也。和尚従
自入山之時、至于臨終之日、渉猟経典、誦憶義理、或昧旦
隠几、俄忘斉湌、或終夜対灯、遂无仮寐。年及八十、耳目」（20オ）
聡明、精神明悟、歯牙無蠹、気力不衰。食啖之間、曾
不別鹿渋与甘美也。論者皆以為得六根清浄之験也。
和尚捴披覧一切大小経論章疏三遍、講演自宗大乗
経幷章疏不可勝数。受大法登阿闍梨、幷受一尊
儀軌者、一百余人。手剃鬢髪授戒為弟子僧者、五百
余人。登壇受戒為菩薩僧者、三千余人焉。初伝教大師、
斬木刈草、建延暦寺、遂入大唐、伝天台真言両宗。」（20ウ）
其後相承闡揚両宗、光大門戸者、慈覚大師与和尚
而已。和尚晩年特愛遇尚書左小丞藤佐世起居郎
善清行、綢繆恩好、如有宿世之契焉。故可著述和尚之遺

美者、両人尚仁也。而寛平三年春、藤大夫謫奥州刺史、
清行亦左遷備州長吏。居任之間、和尚滅度。九年秋、奥
州蒙恩徴為右尚書。促駕帰洛、殞於中途。清行
其秋解入京、亦転幹林学士。今年和尚之遺弟子相」（21オ）
共録和尚平生行事、令余撰定其伝。此亦和尚之遺
志也。余対此聖跡、宛如再逢。握筆流涙。一字滴、願我頼
今日之実録、結他生之冥期。延喜二年冬十月廿日、
翰林学士善清行記之。

円珍和尚伝　」（21ウ）

寛喜二年歳次庚寅極月十一日未剋許、於洛陽
勘解由少路万里少路舎那院測宿所終功了。
雖悪筆无極、聊欲奉以少僧都身　大師之間、
不顧後代嘲哢、遅筆馳畢。書本者
樿円幻少時、以師匠種智坊律師御房御
本書写。然而従自此見苦之間、重清書。
散々本之間、今悪筆相具。後見穴賢」（22オ）

可直。願依今日書写力、生々〻（奉大師）結契。志
所之、蓋以如此。仍所書写如件。十五歳時。

書本云、
保延六年十月廿九日書之云々。
養和二年（壬寅）正月十八日於蓮華王院僧房置云。」（22ウ）

（後藤昭雄）

明句肝要

生死無常一 付之 不浄一 苦二 無常三 五衰四 無常雑句五 療病患二 地獄三 孝四 先妣五 存父六 存母七
逝去二親八 現在二親九 蘭盆十 亡父十一 亡婦十二 亡児十三 亡女十四 先師十五
孝雑言十六 祈十七 現祈十八 讃言十九 付之所法会寺院三宝供養 法会荘厳廿 」（表紙）

一 明句肝要

第一生死無常 付此 不浄 苦 無常

（春ノ朝見ハ花ヲ終レ日思ヒ刀林剣葉ノ密(キビ)シカラムコトヲ、
（秋ノ夜挑テハ燈ヲ竟レ夜悲フ銅燃猛火ノ盛コトヲ、
（峯ノ嵐ノ物心細ニモ唯思遣リ叫喚地獄之悲一コトヲ
（暁鐘響ノ幽ヲ聞ニモ又思准テ獄卒呵責之(ノ)猛ラムコトヲ、

弥ヨ観生死ノ無常ヲ倍(マスマス) 楽ヘキ菩提ノ常楽ヲ也、心静ニ思時ハ此身許可厭
物ヤハ有ル、三百六十ノ麁ナル骨五百乱タル筋ヲ本体トシテ仮染メニ構ヘ握(アタ)ニ造身 」（1オ）
也、譬如ナリ白薄様ニ裹不浄ヲ浄キ水瓶ニ入カ臭穢ヲ二十気ノ脈(チノミチ)ハ細ク徹リ

八万ノ毛孔ハ乱テ覆ツ□五蔵葉々トシテ相覆ヒ六府靡々トシテ向リ下ニ、九百ノ臠
九十九重(1)皮各覆リ其上一
三百六十ノ骨ノ籠ニハ　九百ノ煗ル臠ノ泥ヲ塗テ如朽壊ル舎宅一ノ也、
九十九重ノ皮ノ網ニハ　八万毛孔乱テ隙ラニシテ也如仮リニ葺野草一也、
五根七竅ニハ不浄盈満シ　赤白交色十八周転宛如毒蛇蟠
六情九内ハ濃血流溢セリ
従頂至趺従髄至膚八万尸虫九億細虫唼食身体　」（1ウ）
旦暮食噉髄脳如是諸虫命終之時互相食噉苦
痛難堪生大悲悩自身他身一切臭穢自性殯爛誰人
愛重此身何人可憍慢此身哉
縦以綾羅纏身　悪業所感之麁ル膚
縦以金玉飾身　無益　父母所生之赤白ノ身レハ　疵付キ皮破(2)レハ濃
血臭爛トシテ不可近寄哉　縦以海岸栴檀ノ香　芳キ直常ヲ娑婆ニ
日々洗之一時々濯之一生死有漏之膚父母所生之身ハ更不可
為浄一者ヤ、縦以瞻蔔芬陀梨花油一書夜服之一三時飲之一　」（2オ）
分段質碍之身中不浄流溢之腹間レハ安ツ可成香哉
乃至傾四海水一百千大劫ニ清(3)トモ劫ハ尽キ水ハ渇トモ僅□五尺身ノ内ニ所ノ
畜一不浄ハ一分モ不可尽浄一哉、誰有智者カ更生愛着一依之一

智者観テ内外ノ不浄ヲ厭之切也、　愚者外ニ観好色敢不
視内不浄也、或着テ結ト業実由此也、況命終之時捐捨レハ家ノ
間ニ色変シ資破ルハ九想数観之時
（鵰鷲鵄梟（シケウ）ハ攎掣ト食噉シ　　不浄潰（ツ）ヱ爛テ
（野干狐狗ハ皐吠（ヘ）ト声喧スシ　　蟲蛆雑ハリ出ツ　　」（2ウ）
臭処可悪スルコト過タリ於死タル狗ニ乃至成白骨已ハ支節分散
手足髑髏各在異処ニ風吹キ雨灌キ霜封年積ヌレハ朽砕テ与
塵土倶ニ和シテ遺体塵許モ不見成乎、　已上不浄相了

（4）苦相　往生要集

此身従初生時常受苦悩而レハ宝積経中説取意若男若
女適メテ生堕クトキ地或以手捧或衣モテ承接或冷熱ノ風ノ触ニ受大
苦悩如ナリ生剝（イケハキ）ノ牛触カ於墻壁ニ、云　長大之後亦多苦悩同経　」（3オ）
中云有二種苦所謂眼耳鼻舌咽喉牙歯胸腹手足
有諸病生四百四病逼切其身ヲ名為内苦、復有外苦所謂
或禁牢獄或劓（サカ）レ耳鼻ヲ或刖（キラ）レ手足或鞭撻ラレ或ハ為蚊
虻蜂等毒虫所唼食或飢饉疾疫或刀兵弓箭寒熱
風雨等種々諸苦凡三業六情一々无不云コト苦六趣四生皆悉

受苦器也

地獄銅柱鉄床苦　畜生互相喰害憂　人間四苦八苦
餓鬼飢(饉)□噉子悲　修羅闘諍合戦ノ妬ミ　天上五(衰)□退没　」(3ウ)

凡三界六道何処非苦自界他方皆是受苦依処也(身)□病来時

百味飾饍之極タル美嘗ニ舌二ニ亡シ味一ヲ　糸竹管絃之曲モ聞ニ成シ妬ヲ、
綾羅錦繍之粧衣触身一無シ喜ヒ　栴檀沈水之匂馥(カケ)ハ弥冷シ

四大違変ノ朝ニハ無容顔端正之人一モ　彼李夫人漢ノ美シ
五体背例ノ夕ニハ無長髪美麗之形一モ　幡安仁カ抜朝一ニ

一度伏シカハ病莚二ニ百媚忽反シ花釵早ク萎ミキ是則病苦也

東方朔カ祈(イワ)ヒシ桃花一ヲ名流シテ後代一姿ヲ留(ト丶)メ古一ニ
西王母カ棲ニセシ盤石一ヲ形ヲ交ヘテ煙霞二ニ屍ヲ残セリ巌ニ、　是則死苦也　」(4オ)

東都ノ妙姫(キ)南国麗人千年之契(チキリ)　成徒松柏之栄空ク成ヌ
王照君カ去リ雁山之雲二ニ楊貴妃終リシ馬嵬之堤一ニ録色忽変シ玉荘
早隠シカハ無由

墨子カ見糸一ヲ悲有為転変一ヲ
楊朱カ住岐(チマタ)二ニ歎生死ノ別離一ヲ　是等則(5)愛別離苦也

左道言右内史朝ニ蒙恩一暮ニ賜キ死一ヲ
高祖カ陣ノ前ニハ骸成岳一

大宗カ楯下ニハ血湛タリ江ヲ　皆是会怨呑敵致死之輩也
斑足大王取一千ノ小王ヲ　迦留陀夷ノ過去ニ殺タリシ羊ヲ故ニ世□失命ヲ　」（4ウ）
瑠璃太子殺百千釈衆ヲ　駒那羅往昔懐鹿眼ヲ生□ニ失眼ヲ
遇コト此等怨増会ノ苦ニ非凡夫ノミニ羅漢聖人至(6)(7)猶有此愁尺尊為
魔王所悩為達多被侵給此則怨増会苦類也
朝踏霜勤奉公　徒　赴鳳闕之月ヲ　不帯賢官ヲモ
暮載星顧私門　荷トモ鸞台星ヲ　不蒙重職ヲモ　之輩
幾千万乎或求財宝ヲ或望トモ高位ヲ得此甚難シ
飛行皇帝是人間之望トモ　七宝任心者是一人也
博陸丞相是万人怨病トモ　摂録四海是独也　」（5オ）
彼　多求王索シ財不得之ヲ憂如箭ノ在カ身ニ　喜見城ノ楽ハ望深トモ
阿修羅ノ欲スル酒ヲ不能之ヲ愁如火着膚　高台閣ノ粧(ホヒ)ハ欣ヒ切ナレトモ
不修十善ヲ者望亦絶　高祖択武将ヲ　不足文武者不預賞者也
不起四心ヲ者欣又失ヌ　照王求賢才ヲ
凡豪尊望高位下賤求衣食不得之歎衆苦之中最
也諸欲若不遂悩懐如前中者此謂也無益一旦生界
結永劫罪廻生死常遇此等苦況此身仮宿也何求財位自招苦果耶(8)
朝生夕死豈異蜉蝣之生滅乎　五蘊ノ函ノ内ニ畜ナヒ四大毒蛇ヲ　」（5ウ）

〔昨盛モノ今ハ衰フ寧異草露ノ秋光乎　〔六情門ノ前翫六賊刀剣一ヲ
〔四相遷流ノ風扇テ六根ノ芭蕉忽ニ破ル、　〔自空一不トモ下一頭ニハ載キ三冬雪一ヲ
〔生老病死ノ歩運テ旃陀羅ノ牛短ム命ヲ、　〔自海一不上一面ニハ畳ム四海ノ浪ヲ、
〔籬ノ内黄金ノ菊随変色一　〔体ヲ類シ花一皇后采女不要一
〔苑間瑠璃ノ露向光一失形、　〔命喩露一帝皇国位モ不ヤ肖一
老苦
〔去不来者若盛齢、
〔来不去者老衰体ナリ　実思静案此身許仮無墓
愚厄者有加々礼者世親論云碩文寿煙及与識三宝　」（6オ）
捨身時所捨身仰僧如木無思覚ト云メルハ眼閉寿尽イツキカシ
身如朽木伏路頭也
〔屍ハ荒タル墓ノ間ニ曝レ　〔雲髪スシハ北芒ノ蓬ノ下乱レ
〔魂ハ猛炎ノ中ニ悲フ　〔玉粧リ東岱蓁ノ間ニ纏ル　見之一聞之一菩提ハ日々遠
離染着夜々増進哀（アハレ）無由罷カナ難値一々聖教指南ニ難受一
々浮木生一改破戒無慚一ヲ止瀬堕懈怠一ヲ昼夜行仏道一旦暮
不ハ楽西方一ヲ譬如入レル宝山一人空手一還カ、何又異荷麻不取金一者一乎、
此度払頭燃一怖炎石一ヲ不勤行一遂ニ永劫ニ有悔一乎、是則五盛陰苦大体也　」（6ウ）
老苦者云責一期有トモ限一生界ノ間無シテ病一安隠シテ若盛ニテタモ□（有）ハ而ニモ
〔仲尼墨翟（テキ）之賢　〔面畳鶏皺　〔賢還成リ愚ニ　〔李将軍射石之芸

彼
項羽高祖之武モ　頭戴霜雪　武改搆許也　或甘飛衛趁箭之曲モ
若盛間也
尋衣通姫之跡一ヲ　向ハ月夜一通悪雲一ヲ　花顔一度萎
欣赤人黒主之風一ヲ　トハ花樹一終日厭風一ヲ　楊柳数傾レハ
雲林院春花無興　独臥テ寝床（ネトコロ）一ニ流恋古一ヲ之涙一　南莚ニ欣日一ヲ
遍照寺秋ノ月モ冷マシ　徒ニ坐蓬屋一懐リ恨今一ヲ之悲ヲ、　北戸厭寒一ヲ
行住坐臥多煩一
造次顚市ニ多苦一
思古一観今一以老一ヲ比若一思湛焦胸一ヲ悲来成　」（7オ）
泉石如捨生涯楽無為矣是老苦大体也　此句可有上
強シ力モ弱成ヌ　美カシ緑ノ簪モ自成霜鬢一ト　不助人不起　目不見物無興
武カシ心モ衰ヌ　開シ笑一容（ハセ）ハ終ニ畳波ノ文ヲ、　自非杖不行　耳不聞一事不感

無常相

凡案世間ノ事一ヲ縦不浄身トモ無ハ苦一タニモ而モ可有ヌ、縦有内外苦一自一度生（9）
永無死事一タモ又苦而（ワヒテモ）可有ヌ
日景没西一ニ　夕分ノ命ハ既去リ　世間仮ナル事思ハ廻眸一程也
月光登レハ東ニ、　今日分ノ算ハ亦従ヌ　身体危事不申臂一ヲ間也、　」（7ウ）
無賢愚貴賤モ　無常ハ不叶心一ニ
無老少高下モ　旦暮ハ難レハ量一　見テカハ何物一ヲ可ヤ成常ノ思ヲ

錦帳之中⑩養金容為何　五欲之楽ミ豈非夢ノ内ノ春遊一ニ乎
珠簾之内交簪無益　貪愛之戯寧非浮雲空キ色一ニ乎
楽栄唯於出入息不絶之間閻王使不来之程也
閉眼之剋ハ恩愛ノ眷属モ不来リ代一　運報恩之志
絶息之時ハ積蔵一財宝モ不助救一者ヤ　今世常習　者只
　致孝養之誠
置幽山林之間一　交一聚之煙一ニ上リ
送遙曠野之中一ニ　埋黄壌之土一去ルヲ　為最後訪一一別ヨリ再会一永隔　」（8オ）
者乎生死輪廻之境許恨メシウ口惜所ヤハ有ル一息不還之夕逆ムコトハ
頭一無ハ□疑、　悲哉何朝何夕獄卒前走立閻王宮何事ヲカ訴トスラム凡
有モ才無才一高貴下賤モ生者必滅之処レハ何有賢人有職乎
彼　楊貴妃抜三千寵　曹子建八斗才　陶朱カ金玉財
　幡安仁愛衆人客　百里奚一朝賢　鄭白衣食ノ富
只　眼眴ロク間　無墓々々モ　観五蘊ノ無常一ヲ　疾ク離レ去ム三界一許リノ要事ヤハ有ル
　息不絶程ソ　厭生死ノ過患一
縦履綾羅一芥金玉如何　其体実畢竟空　」（8ウ）
縦居賢官一ニ帯モ重職一無益一　其性皆不可得ヨ
耽美麗妖艶ノ気色一ニ迷ヤ心一是何断シテ入夜叉羅刹ノ掌一ニ覆ツキ炎一ヲ焦ス
　膚一ヲ儲ト聞ハ太心細ヤ

貪テ濃ル語ヒ艶ナル言ハ多情一ルニ結ヤ契ヲ如何只蒙テ馬頭牛頭呵一ヲ屠リ肝一ヲ破
骨ヲ構ト思哀也ナリ
昨日ハ麗ウルワシカシ　雲鬢カミスヂハ今日ハ空類暗夜煙一　終リニ沈ナハ鉄湯底一ニ
朝ハ鮮シ花ノ容ハセハ夕徒ニ成白骨ノ塵リ一ト　実ニ堕ハ黄泉底　何シテカ再可受人
身一何テカ又値遇ヘ妙法一ニ此度堕泥梨一仏果永隔乎無数広劫中間
三宝名字難シ
屍ハ徒交黄壌ノ土一空成白骨ノ塵一ト　多年ノ友無来リ訪一モ
魂独沈猛火一ニ鎮ニ焦セトモ血肉ノ身一ヲ　至孝ノ子无代モ苦一ニ　」（9オ）
鸞鳳ノ鏡双ル影芭蕉ノ形不破一程　綾羅錦繍ハ此生粧リ冥途(11)(境)□無益
鴛鴦ノ帳ニ同スル心一ヲ朝露ノ命ノ不消一間ナリ　賢官重職ハ在生栄ナリ閻王宮ニハ為何
凡如此等苦唯非諸凡下ノミニ有此怖畏一登仙得通者ノモ亦復如是一非
空非海等云々当知諸余ノ苦患ハ或有免者モ無常一事ハ終無避処一
須如説修行テ欣求ス常楽ノ果一ヲ如止観云一無常殺鬼ハ不択豪賢一ヲ危フク
脆モロクシテ不堅一難シ可恃怙一云何安然トシテ規望ム百歳一ヲ四方馳求テ貯積シ聚斂シムセムヤヲサム
々々未足一泫カウ然トシテ長ク往レハ所有産貨ハ徒ニ為ヌ他ノ有ト、冥々シテ独遊ク誰カ訪是
非ヲ若覚無常過キ於暴水猛風掣電リモ山海空市無逃避　」（9ウ）
所一如是一観已心大怖畏眠コト不安席一ヲ食コト不甘クセ哺ロヲ如救カ頭燃一ヲ以求
出要ヲ又云譬如野干失テハ耳尾牙一ヲ詐□リ眠テ望ムニ脱一レムコトヲ忽ニ聞レハ断コトヲ頭一ヲ心大ニ驚
怖カ、遭テハ生老病一ニ尚不為忽一リト　死事弗ス奢一ユルナラ、那得不怖一々心起時ニハ如此一実

可厭離ス、云々
一篋偏ニ苦シ非可キニ耽荒
四山合来シ無所避遁
而非常謂常非楽謂楽而

我等
頭ニハ戴霜雪一ヲ
心染リ俗塵一ヲ
遂辞シテ白日ノ下ヲ、
独入黄泉底
之時雖
叫天
扣地
更有何益乎

努力々々莫入宝山空手還一疾生厭離心一速随ヘ出要路二矣

五濁八苦ノ煙漫々トシテ覆(三)□界有漏ノ火宅一ニ
毒虫鬼魅ノ恐ハ森々トシテ(湛)□五蘊無常堂舎一ニ
利鈍煩悩禽獣ハ隠顕テ任嬉戯ヲ
梁柱壚壁ノ仮リノ身競テ風一早ク破ル
」（10オ）

塵点曠劫ノ間受折刺磨擣苦
展転更生程廻レリ三界苦輪里一ニ
凡
岸樹、風燭、浪船、落花、
生者必滅、会者定離

電光朝露芭蕉泡沫
盛者必衰実者必虚
乃至
如幻如化如影如像
如夢如響如城如月
普天率土ノ上誰ノ
人カ方免此理乎就中天上ハ且置テ不論、人間ノ有様ハ太哀也

欲界疎動ノ境界ハ同風前之燈一
転変不定果報ハ似草葉之露一
冥命孤独夜殿裏
動転迷乱ノ床ノ間ニ

成恩愛別離之悲
壊テ再会長隔之苦一ヲ
千行涙夜々枕下成泉
九廻腹時々肝中倍炎
」（10ウ）

十善帝王ノ仁モ実類磨滅無常之塵一ニ
千且沈旦棲カハ終成荒撥蓬戸之地一ニ
昨日語シ人今日ニ成レハ
路頭ノ聚ニ隠影一ヲ

朝見者夕暮成白日ノ光有爆骨一者モ
徒死徒生骸如毘富羅山一峙　娑婆世界思旅宿也少テモ不可憑一
朝歎夕悲涙如四大海水一湛
老少不定ノ処レハ老人弥仮（アタ）ナリ岸額離根草如ナレハヨ
彼　東方朔カ伝シ道術一ヲ早東岱九遷之煙蔵形
西方母棲盤石一ヲ空ク北荒万道之露留テキ命一ヲ
楊貴妃之於馬槐□ノ下ニ失カハ影大王見之幾照楊舎ノ秋月湿（ヒタ）ス[12]袖一ヲ
王照君之雁山ノ雲ニ□カハ形一人何許カ見之一繕耀殿ノ春ノ苑ニ潤　袂（ト）一ヲ　」（11オ）
我モ人モ露ノ命ノ懸レル間ハ鎮好煙霞花鳥之詞林一ヲ常飛テ虚誕花飾之
言葉一ヲ永忘実相真如之理一空栽フ輪廻生死之罪根一ヲ

天人五衰無常

六波羅蜜経云一頭上花鬘忽萎二天衣塵垢所着三腋下汗
出四両目数眴五不楽本居是相現時天女眷属皆悉遠離棄
之如草偃林間一ニ悲泣テ歎テ曰ク此諸ノ天女ハ我常ニ隣愍ツ一旦棄我一如
草一ノ我今無依一無怙一誰救我一者、善見宮城ハ於今一将絶、帝尺宝
座朝謁ニ無由一殊勝殿中ハ永断ツ瞻望一ヲ尺天宝象何ノ日ニカ同乗ム衆
車苑中無クナヌ復能見一麁渋苑内介（ヨロコヒノカフト）冑　長辞ツ、　雑林苑中宴　」（11ウ）
会無シ日歓喜苑中遊止無期一劫波樹ノ下ニ白玉耎石更無坐スル時、

曼陀枳尼ノ殊勝池水沐浴ニ無由、四種甘露卒（ニハカ）ニ難得食、五妙音楽頓絶聴聞、悲哉此身独嬰（カヽ）レリ此苦一ニ願ハ垂テ慈愍一救テ我カ寿命一ヲ更延少日不亦楽乎勿令堕彼馬頭山ノ沃焦海一ニ雖作是言無敢救者　当知是苦甚於地獄

無常雑句

設雖長寿業一終不免無常、設雖感富貴報一必有別離期、非唯凡下ニ有ノミニ此怖畏一登仙得通者モ亦復如是 」（12オ）

過春復来　萌草木根　去年復改　曝ヘル骨不音

身ハ草上ノ露　朝有テ夕无　命風前炬　暫存終銷

土ノ床蓬ノ莚ハ　我身置処　霜枕柏（カシハ）ノ衾ハ　誰人カ免哉

身命難持　譬如蜉蝣　世間不定　猶如芭蕉⑬

鏡ノ中年老テ　近三途ノ別ニ　頭上ニ霜降　隣八獄閫（キミ）一ニ

並枕（マクラ）ヲ之友　皆飛風ノ前一　箱ノ底綾羅　悉封ラル露ノ下一ニ

紅梅之貌（チ）ハ　老死⑭ニ無益、　白雪之膚ハ　衰咸テ不肖一ナラ

紫塊之殿　悉遊愛多　白屋之簷（キ）ハ　咤（エミ）笑甚凉マシ

夫妻之談ハ　須臾軽キ契リ　祖子之昵ハ　刹那短キ親ナリ 」（12ウ）

千秋之貯ヘハ　為四隣ノ財一ト　万歳之栄　槗（クツレヌ）　三冬霜一ニ

白髪巡テ頭一ニ　懸杖一ニ痛ム腰一ヲ　黒キ皺畳テ顔一ニ　抑ヘテ床一ヲ悩ム寐（ネヤ）一ニ

縦送トモ多年一　盍ソ慰ム揚(イタミ)ノ心一ヲ　寧過トモ数月一ヲ　焉カ馭(ヲサ)メム悲ノ涕一ヲ

悠々生死　往反シテ不断一　眇々タル世間　縦横ニシテ難推カリ

柏ノ弓ニ挽(ハケ)テ矢一ヲ野ノ間ニ駈鹿(カリ)一ヲ　山獣野禽(トリ)誰人非ヤ親ニ　池藻(ウキクサ)　淵菱(ヒシ)

嫋メル枝ニ結テ網一ヲ海ノ側ニ捜(サク)ル鱗一ヲ　川魚江ノ甲(ツモノ)　何者疎哉　嶺ノ蕨谷(ヒ)葛則己骸骨ナリ

愚属ノ拙キ行ハ恒ニ弁親疎一ヲ　入涅槃之日栴檀先枯　煩悩菩提氷水

凡夫ノ賤キ心ハ鎮ニ定上下一ヲ　而(コソ)ハ有メレ　入滅之時樹神随死　実知　生死涅槃如響声

憂陀奈河水如血　鳥将テハ死鳴声哀ナリ　已上名僧伝

毘富羅山木似骨　人将死其語美シ」（13オ）

天人楽ハ同ク石泉ニ　波姦ケハ蓮不寂　无常四モニ逼ム心肝易ク動

龍神ノ栄ハ伴(ヒト)シ岸沙一ニ　篋傾ハ鏡不直　遷化遮キル眼一ニ有侍易傾

花散トモ枝ハ尚留ル　命ハ逝トモ形ハ残リ　少人馴竹馬　四大日々衰

波運トモ塩ハ不尽キ　姿ハ失トモ魂存　老者驚蝿虫　東西　難キヲヤ弁

嶺ノ雲ハ舒テ復巻トモ　去ニシ年ハ復改トモ　涙ハ連千行ノ玉一ヲ　前車ハ誡後車ヲ、

谷ノ水ハ流不還ラ　逝ニシ人ハ不来(ナシ)コト　腹ハ立九廻ノ剣一ヲ　沈舟ハ謹浮船一ヲ

見テ失ッ人一ヲ悲後タル身一ヲ　雲係山易絶　命ノ任ル天一ニ人世無常ナリ　歳ノ箭ハ積人身(ワカ)一ニ

思テ別人一ヲ愁ヘシ存命ヲ、　露宿葉難居　身ノ居ル地一ニ泡沫易消　月弓張レリ吾形一ニ

徘徊ト風　体ハ緬(ナマメク)ニ蔓(ハルカ カク)レヌ煙ノ上一ニ　□朴シテ鴛鴦ノ枕一ヲ紅ノ涙流レ落ツ　蛾ノ眉交リテ塵(マロ)一ニ旋ヒテ於深キ谷ニ、

瞻眺(セムタウ)ト崇(カシツク)　顔ハ睃(カスカ)ニ埋レヌ糞(ツチ)ノ下一ニ　怙テ鮐鮊ノ衾一ヲ黄思更絶ヌ　蟬ノ髪(ケ)ハ雇(サソ)ハレテ風一ニ掛(カヽ)ル於峻(サカ)シキ岸一ニ」（13ウ）

雲ノ膚屏(ロロ)テ河枕九折道ニ　拾飛花ヲ而落無常涙一(15)
虹ノ繡迸(ハシ)テ地散ス七盤路ニ　採テ落葉ヲ而砕遷変肝ヲ
瞻蘭菊ニ而慨蜜契之俄卒、已上　顔上無花而排四事之供ヲ
挙松柏而悔孤貞之長違　胸ノ中ニ有火ニ而仰三尊之田ニ
人之在世ニ春秋難留ニ　況我　頭上之霜半侵　病　倩思紅顔空ク哀ヲ
命之任天ニ老少不定ニ　心中之水漸潔　猶知今容之可願ニ
齢漸ク過強仕ヲ　自去歳之冬天霧難晴
身動レハ患尩羸(シャク)ヲ　及今茲(コトシノ)憂月ニ辛苦弥劇(イソカシ)
嗟哉悲哉(亡子)　置テ哀邁之慈父付属テカ誰人ニ而長ク往　常ニ憶キ弟子」(14オ)
抛恩愛之好逑(キウ)　指点(トモカラ)テカ何処ヲ而遥離
西晻之景已傾有吾子必後事豈図ヤ吾子北芒之駕
忽促テ令トハ弟子シテ還営ニ終制　生死無常前後不定者歟
百千万行之落涙弥深シテ　内致孝敬問温清ヲ於九禁
四十九日之忌辰全ク満リ　外祝宝算ニ期春秋於百年
而自従　忽変南面之代　雖知仙蹕之不ヲ帰ニ
遂赴西方之界　以還　猶歎ク再会之長隔ヲ
蛍火熾ニシテ而増ス婦女之契心ヲ　尺迦如来寧忘一角仙人之昔事(夫妻)
蟋蟀鳴而助施主之哀声ヲ　能仁薄伽何頼三万采女之本志

（亡子）殞命何処往日草創之道場也　（后死）爰去（某月）
送終誰人暮年死巓之親父也　凶霧忽侵 」（14ウ）
永出椒房之故宮（16）
遥趣蒿里之冥路（17）
徳音絶号不聞㆒風払空階之落葉　蘭陵之該幻智対旧鏡而
誡不見昔影
芳儀去号有涙㆒露泣荒籠之寒花　沁水多芳心開故衾而偸
尋余香
（亡子）台上（正月）漲々衆人皆誇陽春之楽　後一子号慦生有涯之命不能欲死
泉下冥々孤妾独泣厚夜之離　先二子号永逝無常之理難堪相悲
依何罪報　仰愬于昊天々猶似不仁　恨神妬鬼神徒以無情
逢此哀迷　伏叩厚地々亦如不載　憑仏念法仏法空以無助
五内之愁　願令如我傷離憂切之輩皆往生
万方不慰　願令如我哭子歎之者皆得度脱 」（15オ）
慈顔無見纔聞往事於旧僕之談　願翻其変暮之歎
憂腹難休只慙宿因前生之業　忽為彼往生之因
願令母氏之別恨焉訪亡息之等覚　時過而恨遺者不報恩之情
願依亡息之証果矣結母氏之良縁　身浅而願深者欲謝徳之志

或歎或思　林苑無葉自表生死無常　哀声遠響而応驚世尊之父
可謝可報　枝条有菓知菩提有果　憂詞遍陳而盍愕正法之母
夫指山指地骸骨信多　輪王之位七宝不久　樹欲静而風不停
指海指江髄脳非喩　天上之楽五衰早来　子欲養而親不待
志雖春肝胆　空労痴愛之心　業果推遷　六趣四生不知何所」(15ウ)
力不及水菽　弥増輪廻之業　生処相隔　野獣山禽雖弁旧親
玄奘毎惟ニ此身一衆縁仮合リ念々無常ナリ准岸樹井藤一不足以儔タクラフル
危一脆シ乾城水沫ヨリ無以譬其不堅所以朝夕是期無望長久一而
歳月如テ琉一六十之年立風焉トフ已至矣身已伴浮雲任往生
於七重樹之風
恋四十余年之恩之涙深於抜提河之夜浪
彼惜(18)ヲシキカナ　五時八教之徳之声高於沙羅林之暁嵐」(16オ)

二

病患救療言

蒋集入夢一万銭之価カ消ス魂ヲ　弟子　泣ナクく尽テ珍財ヲ一　即殿下動
葛代絶ツ術一百薬之方失フ験一　旁求救療
纏緩風宿霧易侵就中　尊体有恙　去年風水乖和
医療難反

霧露不静（十全之医少ク験ー（19）
万方之祈リ遅ソシ効ー　心中造丈六不動
法味済カニ通シテ忽為還年ノ薬ート
願糸暗結フ自為続命之縷トスチート」（16ウ）

三　地獄受苦言葉　兼三趣

等活黒縄中（刀林剣葉屠身
銅柱鉄床焦膚　是皆（酬殺生偸盗之因
答放逸邪見之業
衆合叫喚中（二千年　（20）間獄卒前走立（心肝ヲ壊フリ剣戟ーニ
四千才　骨髄ヲ砕刀山ーニ
皆是（殺盗婬之罪
妄語飲酒之愆也　或焦熱大焦熱中（臥熱鉄地ノ上
以鉄棒ー折築
或仰或覆
従頭至足　猛炎熾盛也（或以鉄串ー貫身分ーヲ打返シツ炙之ー
或上置テ鉄楼ーニ焰火四面ニ盛也」（17オ）
依先世破戒罪一万六千才之間受此苦見或半中劫也
阿鼻大城中一中劫受苦無間也比之以前七大地獄幷一切
十六別所地獄之苦患取合為一分一千倍也云々
（七重鉄城固ク周リテ億千ノ剣ヲ交ヘ仰タリ　（十八ノ隔強ク構ヘテ无ク隟ーマ

所以（七曾鉄網厚覆テ千万火聚乱レ落ツ
　　（四面ノ刀林蜜シク周テ盛ナリ

是則（非天人修羅之構カマヘ一ニ　只（殺生偸盗之工ミ
　　（非欲色龍揵之造一ニ　　　　（謗法謗僧之構タルナリ

四面ノ門ノ間ニハ有八十釜一涌銅涌鉄沸キ上テ如泉流一出レハ城ノ内ノ罪人悉
従頭一至足一肉崩クツレ膚壊テ皮肉焦爛シテ流落ス｜五百億虫各吐千万　」（17ウ）
火聚ヲ如雨乱レ下レハ猛炎弥盛ニシテ受苦ノ罪人併五体散々ト成リ六根
段々ト摧ケテ無形一モ成テ散失ヌ

凡（昼夜ニハ獄卒(21)呵責ノミ染テ肝一悲トモ先世ノ罪業ヲ無甲斐一モ
　（晨昏ニハ猛火被閉一焦レ迷フ叫天一扣トモ地一何有益カ哉ヤ

（三業六情皆苦器レハ苦トシテ身ニ無不受一云事、　汝先世晲ニラミ父母ヲ眦マシハリケル師長ヲ
（五体身分乍而一悪業所感処トシテ無安事一

眼リト云テ以鉄鉆カナハシ一　抜之一投捨ツ三熱之大地一ニ妄語シ中語セシ舌リト云ヲ抜出布キ
満テ、熱鉄ノ大地一ニ以五百乗牛一耕其舌一苦ヒ実不可称計哉
毒虫大蛇穢ク生マ臭クサキ壊鼻根一ヲ覆ス肝ヲ一刹那須臾モ不可堪一　」（18オ）
屍糞游泥蟲虫ヲ窄皮一入肉一断筋一破骨一取髄一食モ難堪一付
中一地獄臭香人間若聞テハ刹那ニ可喪命ヲ有二山障依之人間不
聞之也一日ニ以一百戦一割砕其身一比無間地獄一念苦一百千万分
不及一ト説ケリ何況一中劫受苦一哉

焦熱大焦熱多百由旬炎中焦髄　聞法ノ縁ハ鎮ニ具シ
紅蓮大紅蓮厳寒ノ氷底寒（ヒヤ）サム肝ヲ時（キ）　薫習ノ徳自顕レナム
炎天忘扇寒夜衣薄難堪　臥三熱大地昼夜猛火ノ中焦レ迷
沈八寒底ニ経劫ニ寒シ凍ラム薄キ膚ニ
独臥テ三熱地ニ叫ヘハ炎ノミ穿テ膚ヲ徹リ骨ニ　三熱ノ大地上多百由旬炎ノ猛ク熾暁キ
鎮沈八寒ノ底ニ悲ハ亦剣ノ氷ノミ壊テ膚ニ染ム肝ニ　七重鉄城ノ中ニ億千恒沙ノ苦ヒ逼メ来晩ヘ」（18ウ）
薬叉羅刹ノ瞋レル形眼ニ懸ケ雷ヲ口ヨリ吐炎ヲ百千ノ雷ノ如一時ニ鳴合カ呵責ノ声
徹肝ニ入骨ニ難堪、牛頭馬頭麁（アラ）キ気色熱鉄ノ鉗（カナハシ）　火輪ノ鋏（ハサミ）ヲモテ開
口ニ入涌銅ヲ流鉄泉ニ呑鉄丸ヲ苦忍哉如何
悪業壁高シテ未免生死ヲ　跪琰魔庁蒙罪業責
重罪扃（クルヽキ）固シテ叵シ避レ鉄扉（トヒラ）　追レテ獄卒ノ前ニ贖（アカ）フ邪見咎ヲ
鉄鳶（トヒ）鉄烏唆（クシ）リ眼ヲ啄（ツイ）ハム脳ヲ　哀子ニ悲妻ニ其時无益モ
剣ノ山剣ノ林破身ヲ摧ク骨ヲ　惜財ニ貪貯ヲ彼生无助ケ
地獄ノ難コト堪ニ咽煙ニ欽炎ヲ　始自等活終至阿鼻城　皆涌銅涌鉄ヲ昼夜為食ト
餓鬼不コト安ニ或テ飢ニ食子ヲ　悉炎火輪ヲ長時為衣ニ」（19オ）
或以熱鉄ノ綱ニ縛罪人ヲ有従刀山ニ火聚ニ逆ニ推シ落所ニ□（モ）
或以熱鉄ノ釘ヲ打テ三百六十骨ヲ有合テ大盤石ヲ墜（ヘ）シ摧ク所モ
或込（コ）メテ鉄瓮ニ煎所モ有リ　籠テ焦熱大焦熱冥々猛炎中ニモ鎮焦身肉ヲ

或入火輪ノ臼ニ摧ク所モ有メリ　彼沈紅蓮大紅蓮峨々結ヘル氷底ニ常屠骨髄ヲ

四

孝養詞　兼無常集

今此娑婆世界常習運報恩之志致孝養之誠　発精進猛利大菩提心一日内

法花書写善根広大法界周尽報恩之志苦シテ取筆謝徳之思深テ結水ヲ　（19ウ）

硯水ハ変テ成テ清浄ノ法水尽ク灑クニ法界三途八難ノ衆生受潤免レ苦

経文ハ成テ仏登虚空界ニ満月尊容並光給被照衆生忽預楽

諸仏各放光言ク孝子為汝修広大善根我等諸仏依志ニ来□リト

汝言尊霊ハ独含咲ヲ聞仏説何許悦涙難抑孝養之致(22)

苦ト喜給ム香花供養成テ不思議香雲花雲遥至実報寂光城散匂遠及極楽兜率台伝気

霜ノ上ニ抽笋饍孝養机ニ夜ハ臥テ母□懐ニ多ク費ス乳味ヲ宅梁之燕省テ子呑蛇

氷下漁鱗盛随宜ノ調ミツキニ昼□遊テ父膝久被摩頂咋ヘル餌ヲ之雀覆テ栖廼死ヌ

燕雀スラ猶爾リ況於人倫哉父恩高シ山ヨリモ蘇迷還テ短シ母徳深シ海ヨリモ滄溟更浅シ　（20オ）

恩ヲ不知人ハ既ニ同犬馬ニ籬ニ維ツナイテ竹馬ヲ捨祖ヲ忘家、捧テ誦□(経)ノ礼ヲ粧リ尊霊ノ影ヲ

徳不謝一者(モノ)ハ猶シ等木石一ニ　床ニ投テ桑ノ弓一ヲ就師求道一　叩諷誦ノ磬ヲ訪(ト)フ亡者ノ道一ヲ(23)

合力緇素ハ遊松柏蔭一ニ　白骨父恩　郭臣致カハ孝一土ノ中ニ得金一ヲ

至孝ノ男女ハ保ム鼇鶴ノ算一ヲ　赤肉母徳也　依之　蘇陽誠ヲ信カハ吐水一生天一ニ

孟宗泣竹一霜中得笋一　王祥重母氷上魚踊リキ

賀伯脱衣一遥ニ流(ツタ)ヘタリ名採一ヲ　宣士積雪一譜(ツケ)リ教明道一ヲ

報恩之莚上ニ散謝徳之花一ヲ　恩深四恩

断悪之炉中焼生善之(ノ)香一ヲ　夫以　徳大二親

報之者身田蓮開　以宿世縁一ヲ受慈天之遺体一ヲ

答之者心樹花生　是以倩思フニ之一ヲ　以多生ノ因一成レリ厳君之愛子(ト)□―（20ウ）

年花之初ニハ舒娥之眉一ヲ而致孝養之誠一

元正之首ニハ開テ歓顔一ヲ而郊鞠育之恩　誰図リシ

定省无シテ感一風樹之囂(サハ)カシキコト忽致タリ　白日灑ケレトモ天一而在我一已昏(クラ)シ

温清有違一逝水之嗟俄起ムト云コトヲ　黄金満地一而為誰更照ム

普天ノ下誰カ無別父一之憂一　分烈シ五情一ヲ　見他不驚

率土ノ上ハ皆有親之悲一　迷或ス四維一ヲ　在己始知

九泉之路可遠一別人無再還一　千行之涙ハ唯増シ幽途雨一ヲ

五趣之衢可多一入之輩無ハヨ更逢　九廻之腹寧成ムヤ冥攘灯一ト

在生日已闕孝養之操一ヲ　縦令テム父苦阿鼻之炎奈落釜

況乎 冥目ノ夕豈免ヤ不孝之譴メ一ヲ 而使子シテ遊ハ花蔵之上道樹之下一ニ 」(21オ)

不如 仰三宝之境一ヲ 致報恩之誠一ヲ
　　 憑四衆之助一ヲ 竭ムニハ謝徳之操一ヲ

五

先妣 白言夫(以)□孝者天之経也地之義也

孟宗養母之年(24)氷上抽笋ヲ、蓋是 天地ハ感至孝之深一ヲ
王槿孝母之日霜下拾菓一 　　神明ハ報篤信之甚一

一百八十石徒ニ費シ阿嚷之甘泉 而トモ 朝夕ニ不効ムクヒ(25)定省之孝一
三千六百日空穢シキ慈堂之懐抱一ヲ 　　冬夏ニ已恩カケタリ温清之慎一シミ

孝養之分未起 誠思 百年安隠テ与来春而致孝一 」(21ウ)
歎嗟之心常ニ深シ 　　一期長遠去去秋一而竭順一

誰図 風前燈滅 無常之燭忽ニ迎ヘ 喟然 三界火宅ニハ以胸一為薪一
　　 川上月走 魔滅之水俄灑トハ 　　四生塩海以涙一為波、

三途八難ハ情識之中 先妣何処ニカ往生遊化ラム
六趣十界色想之内 慈堂誰家ニカ受苦一受ム楽ラク一ヲ

伝聞 八万由旬阿鼻之獄月愛三昧光能照 神通願力一念引導シ
　　 十億仏刹極楽之国日光三昧之力(26)妙送 不共妙用刹那往生

雖三牲之祀一リト唯勧鬼神 八熱地獄中成清涼之風

縦
雖四時之祭リト僅慰ム魄魂一
寧肯ヘムセムヤ
八正道樹之下為ヲ平等之庭一ト
」（22オ）

六　存父孝

夫以（知恩）
身体髪膚受於父母不敢毀傷者孝肇也
建徳立名一然顕其親不敢違逆者孝終也

故
江革トイフシモノハ進輦而至孝之名始テ顕矣
播岳ト云人ハ荷輿（コシ）ヲ一而至順之徳久伝タヘ

況
尺迦如来昔割身肉而養父一
牟尼善逝已ニ剝已肢進母一

孝養ノ徳遂ニ成大覚之因一ト
孝順功今成法界之王一ト

爰施主
昔作善因一生仁義門一ニ
今植徳本長礼智家一

生智之賢有忠於国
宿世之善有孝於親

菩薩之利他或為親子一
薩埵之兼済或為夫婦
」（22ウ）

定省之余属ケ憑ヲ三尊一ヲ
温清之閑馳（イトナミ）誠ヲ四衆一ニ

千枝開花似歓ニ施主報恩之忠一ヲ
万條動テ風一ニ如助ルニ孝子謝徳之誠

七　存母孝

夫以
四恩之中父母尤重
二親之内母徳甚深

報者菩提ノ月朗ニ涅槃蓮
忘者三途ノ炎熾ニシテ八難沫畳ム

姜詩ト云シ人ハ養母之庭生三隻鯉一
天地之所感動事ハ顕ル一時ニ

曽参（ソウシム）ト云シ人孝母一日降三足ノ烏、此乃神明所扶助名ハ流万代一」（23オ）

爰施主合掌白言我聞
海中有珠□名曰如意
天上有宝号為摩尼　然両万珍妙遍
十方我自昔一雖聞此言一未見其実一唯有阿耶慈堂一然生
我一生然養我体一自幼一至長一内顧ミ外助、所謂
人中如意之珠ナリ
家内摩尼之宝ナリ

尽テ千春ノ花ヲ而寧得粧一夕之恩ヲ
積テ万斤ノ金ヲ而豈得ヤ答ト斤時之徳ヲ
性少徳力一而定雀之孝惟疎ナリ
生多公私一而温清之誠未篤（アツカ）ラ

一生半傾テ而風樹ノ意難知リ
百才多尽テ而逝水ノ疑未免一
伝聞
滅後之七善不如眼前之一徳
殞日之多功寧比存生□（少）善

報恩
不如
阿耶在堂之日薫修シ白業一
慈堂平生時奉禱（タウ）シテ来善一
以顕シ教順之誠一」（23ウ）
以致父子之志一
成生々抜苦之扶詫一
為世々与楽蔭涼ト

八

逝去父母
我生者父也
養育之恩蘇迷還短

白言

生我者母也　覆護之徳溟渝ユモ尚浅シ

幼年無識而徒ニ費シ甘露水ヲ　無シ仲由カ養母之誠一遂無負迷之誉レ

長日無福而空不荘栴檀蔭　無ハ文挙カ孝親之慎一亦闕リ握ト□金之称一

」（24オ）

誠思

父母並テ顔一而見千春之花一

親子ハ共ニシテ眉一ヲ将弄万秋之月一ヲ

随節ニ致温清之孝ヲ

随日一ニ進ラムト定省之礼一ヲ

何図

桑楡サウユ影傾而忽沈黄河之底一ニ

風灯姿滅テ而俄ニ飛ヘシトハ冥壌之空一

仰天一扣トモ地一無所逮及

殞ホシ身一殉ホロホス命亦有何益カ

日車速ニ転テ而哭泣之年自ラ長ウシ　一生徒ニ傾トモ遂ニ無見父一之期一

月轡レン難返一而恋暮之期多積リ　一期空ク尽モ亦無逢母一之時一

夫（知恩）

成親一成子一非少縁所致

成父一成母一是大善所感

苟モ知此理一寧疎セム将来ヲ乎

不如（報恩）

積善業而成阿耶浄刹之路一ト

累テ功徳ヲ而為ニハ阿嬢菩提之梯一ト

百才之後

一期之終

」（24ウ）

我乗此善同生其国（願望）

逢テ禅定之母智恵之父ニ

成行願之子檀戎之伴一ト

九　現在父母

夫以逢トハ仁義之親一莫不宿昔善縁一生礼智之子悉是過去

之因業今賢子
昔殖同生之善一既成賢親一ト　互行テ菩薩ノ大悲一ヲ
本造一家之徳ヲ亦作孝子一ト　遂至菩提ノ妙果一ニ　故能　」（25オ）
（思□）抱児一没河一母生シ梵天一ニ　（讃施主）十善修身一成福禄之基一
勧テ親一見仏一々子ハ亦昇蓮台一　五戒薫心一為慈悲之源一ト
積劫所感一能生賢子一ヲ　内習空王之法
累徳所招一産メリ孝孫一ヲ　外教先王之道
遂使　家生之児女ヲシテ有シメ生知之英傑（エイケツ）一　事君有忠
門産之子孫ヲシテ有メム天性之雅操（サウ）一　事親有孝
交ニ友有信　爵禄積而栄花開矣　（知恩）今賢子等　父母之恩ハ大於大地
治人有仁一　称誉集而美声遠矣　家門之徳ハ山海非喩
幼年ニハ徒ニ送蒙恩之日一ヲ　阿耶在堂而年過耳順之春一ヲ
長歳ニハ未有報徳之時　阿嬢在帷ニ而齢及ヘリ懸杖之秋一ニ　」（25ウ）
風花多思報恩之日更待ム何時一ヲカ
楡影少憑一ニ謝徳之朝亦是幾ソ
（厭娑婆）夫　三清之爵（ク）、三雅之盃（ツキ）ハ只開一段之眉一ヲ遂無シ千秋之栄一
三宝之力、四衆之助能払テ三世之障一ヲ遠全ス三身之命一ヲ
止テ魚捕之究網一ヲ成仏教羅網　崇テ仏身一ヲ而全シ慈天之身一ヲ

不如　改テ思猟之弓箭一為ニハ仏樹之箭道一ト　祈法寿而増慈堂之寿一ヲ
供尺衆而添ヘ恩家之福田一ヲ
施衆生一而続ニハ益門栄楽一ヲ　」（26オ）

十

盂蘭瓫　孝

掃テ安居之庭一ヲ而尋大目連之旧跡一　並師子吼之座講盂
開自恣之枢一而排（マウ）ク救倒懸之前事一
蘭瓫典為三有界一修四摂行一ヲ

（知恩）夫以　一切男子誰非我父　一切地水是我先身　無始以来転変無尽
一切女人皆是我母　一切風火莫非遺体　今日已後流浪難量
尺迦如来ハ能以一切衆生一為大恩者一　生々世々常成父母　㉗
無上薄伽ハ亦以一切国土一為□（大）恩処一　在々処々恒成我身　」（26ウ）
我皆報其恩今成仏是故　一切衆生是我恩者
一切国土亦我恩処
善悪之報如影ノ随カ形ニ　愚母青提雖堕餓鬼之道
昇沈之道似リ花在ルニ実一　孝子目連能救倒懸之苦
顧（リ）ミ恩四種一ニ　莫不皆咸生死界之人煩悩処之徒三毒五濁
尋ニ徳七世一ニ

在世誰免十悪五逆雖親難知不如准目連尊者遺迹設

救護恩処之旧事「近為七世四恩抜苦之因ト（報恩）

遠成一切三有与楽之因」

「今者候テ自恣僧従空出仮之閑(イトマ)ヲ　天降白露而炎風潜(カク)シテ威ヲ而去ル

設盂蘭瓫生大得道之事ヲ　地ニ開白蓮而水郎折花而来ル」（27オ）

「禅定亜仙起テ樹下ヨリ而報キ頭陀

或「補処菩薩下兜率ヨリ而詫母胎(タイ)ニ

「秋月寥(シツカ)ニ高シ而表心月之無ヲ雲リ

秋風微涼ニシテ而似タリ火宅之有ルニ滅コト

「自恣ノ衆僧ハ坐茅(ハウ)草ニ而□(得)道ス　「目連ハ乗願而現シ報恩之庭ニ

孝順ノ人捧蘭瓫而救親　尺尊ハ馳通而受ケ謝徳之供ヲ

「早稞(ワセイネ)吐テ穂而先奉世尊ニ　「東陵之黄ル花ハ抽(ヌ)イテ龍蹄(テイ)ヨリ而将テ来ル

晩豆結角而追供大覚ニ　西母之紅桃ハ捧テ仙掌ニ而奉上

「牽牛職女盟(ハン)会之辰　「十方衆僧得道之節

目連青提和合之日　一切衆生離苦之期

「三世大覚誰不昇蓮台

十方大士咸可坐於法性」（27ウ）

十一　亡夫　孝

「天地大者陰陽之化　「百霊(夫妻)因之化城也　「飛行之常

夫以
人天ノ馨ハシキ者男女之間ナリ　万物為之陶甄(タウケン)ス
捨国而出三界
忘家而居ト三然ニ
而
因地之前ハ猶(ノコ)遺シ負シ婦ヲ之毀(ソシリ)ヲ　(28)
果位之後ハ乃流リ導ク妾ヲ之誉(ホマレ)ヲ
雖復
神通之仙
以婦女之身ヲ栄ニス丈夫之志ヲ
以金石之契リ馳蘭菊之思ヲ□
菩薩有願互為夫婦
如来無染共現ス雌雄
実不可思議者
男女夫婦之中也

爰施主
五馬到テ門ニ而遇南来之君子ニ
三星在戸而得東迎之好客
同牢盤ノ前ニハ成千年之契リヲ
合卺(セキ)坏下ニハ結テ万才之約ヲ　」(28オ)
琴瑟相和セシ而朝ニハ愛シ双燕之共ルコトヲ栖ニ
絲蘿(シラ)互ニ結シ而夕ニハ歓両鳥之同トヲ宿ヲ
伉儷(カウレイ)年深シテ而家生多子ヲ
配偶(ハイコウ)序積テ而門ニ滋ケシ産生

誠思
千春並顔而弄(モテアソ)ヒ南苑之蛺蝶(ケウテウ)
万秋同テ襟(コロモノクヒ)ヲ而瞻(マホ)ラム北地之鴛鴦
誰図シ
朝露非シテ堅而無常之光忽晞(カハ)キ
夕灯不久而磨滅之風俄ニ扇トヲ

昼ハ居テ帷下トニ而悲フ畔(ハン)側ニ無トヲ人
夜ハ臥テ床ノ上ニ而嗟ク枕衾(キム)ニ無ヲ伴
一宿不来之時ハ尚前リキ一通夜ノ肝ヲ
一時不見之日ハ亦積リキ長愁嗟ヲ
昔日之愛ノ情シヒ入胸而為炎ト
存生之芳カリシ意ハ於眼而致泉ヲ
玉ノ顔(カホ)閉眼而口ニ無再言
愛ノ情志身而家無更還

天地之中誰無離別ノ悲
人間之間皆有生死ノ苦、
而
而女人深ハ悲実在善友死日ニ
然夫人相遇必有宿因和合ニ　」(28ウ)
昔同心殖善
恩愛之思ヒ生々ニ難シ忘

寧無本懐（今一身結儀 想思之意世々ニ(29)随テ同シ）

（存生之日共契於水火一 君子入獄一之日賤妾何意テカ瞻於春花一ヲ）

（殞没之後寧異ヤ於浮沈 夫主在枷一之夜ハ卑婦何思テカ見於秋月一ヲ）

夫以（仏号大通一々フ人ノ心ノ於冥顕一ニ 法ヲハ称大悲一ト々ナリ拘苦於存亡一ニ） 妾仰テ深此道 仏経

（枕上暁涙恋旧恩難留 衾中夜夢念往事易破）

（帯雨之暮悲歎之涙難禁 暁鐘破夢之時恋暮之心更切）

十二 亡婦 孝 」（29オ）

夫以（三界之中陰陽之道大矣 無始以来幾許結シ好(30)一ヲ 縁歟）

（四生之間雌雄之化至矣 今日已後不知輪廻一ヲ）

昔者（一角仙人尚負キ耶之愛容一ヲ 生々中常成夫婦）

（鹿足賢者ハ自耽リキ蓮花之(31)香気一ヲ 世々外恒為雌雄）

（共修菩薩之大行一ヲ 昔結芳縁而遇阿舫之椒房）

（遂至菩提之大果 本殖テ厚徳一得タリ襟燕之桂舎一ヲ） 爰信心施主

（新迎之前ハ粗致三周之誉(ホマリ)一ヲ 断金之契与松柏一而期シ久一トヲ）

（結義之後ハ飽マテ現ハス四徳之義一ヲ 揮(クンハン)盟(メイ)之約与金石一而論シキ固一ムコトヲ）

（春ハ対テ萱抱一而愛舞容之美麗一トヲ 同シ襟一ヲ之与琴瑟一而争ヒ和一ヲ）

「我尋蘭菊一而憐フ桃瞼(ケン)之佳宜ヲ
一シ枕一之夕与糸蘿而競ヒキ蜜一トヲ
」（29ウ）

誠思
千年之後飛(シ)着代之誉レヲ
万才之外ハ流承宗之栄一ヲ

誰図
風花不居而鵲鏡孤リ飛ヒ
水月無定而鸞台独空トヲ

同心之契忽乖高里之門一ニ　去留雖異一而誰胸ニカ無焼肝之炎
斉体之好永隔リ松郷之衢一ヲ　存亡雖隔一而誰眼無湿ス袖之涙

孤枝無友而叵ク耐(サヽ)ヘ稚児之夜哭　芳蘭之詞如在耳ノ辺
片帷無主而無息長子之朝啼一ヲ　愛重之顔ハ似リ在眼前一ニ

九泉之人非夢無見　牽牛織女尚有七月期
三途之友除テハ眠一寧逢　玉顔一別レハ而無再逢之時

来燕去雁亦有三春之数　三界中何処カ得再逢哉
美人長往テ而施タリ更着之望一　四生内誰家ニカ得更見乎
」（30オ）

夫
世尊道師ハ雖離愛見之郷一ヲ而能知人心一　遍テ虚空界一而無ク処不□(至)(32)
□(真)如妙法ハ雖遠ト染着之門一而妙満ツ物願一ヲ　廻大地輪一ヲ而無シ境不ト及一

神通変化火中現水一　今仰此功
行願慈悲暗ノ裏与明一ヲ　以問彼亡霊　仏経

十三　亡児　孝

「親子之縁非一世之結　「恩愛之心ハ捨我身一而隣子一ヲ

祖子縁
夫以　骨肉之因是多生之契　慈仁之思ハ亡我命而顧孫ヲ
東郊火中所以有懐子之雉　作善作悪浮沈同処
西林ノ炎ノ裏ハ因之有覆雛ヲ之鳩　成凡成聖和合一ス道ヲ」（30ウ）
昔者　慈母也代児而没河自生天上　千劫積テ家生得賢子ヲ
仁父也救子而入火亦遊楽邦ニ　爰信心施主　万善集門長成セリ哲児
朝撫テ蒼頭而教千文之一字　宿善有感生智ヌ賢アルコトヲ
夕執テ玉手而習十字之一点ヲ　後子度相仍聞一知十
顔花開テ而衆人所瞻愛　建徳立名而顕父母於万代ニ
情美備テ而隣閭所敬容　誠思　偃ケ武揚テ文皐ム爵禄於朝ニ
招テ荀代八龍之誉　何図（無常）　父母在堂先起シ三荊之悲
遺劉正両驥ノ之称ヲ　親兄在門俄落トハ四鳥之涙
何事アテカ先殞ヒテ而入土ノ中ニ　同気ノ連枝悉有骨肉之痛ミ
何意アテカ早発ケテ而飛ヘル空ノ上ニ　金友ノ玉昆ハ皆有膚血之苦ミ」（31オ）
哲児言尽於此伝聞仏言三界無安猶如火宅。吾子我□（聞）
此一言落涙更万行八寒之中ハ憑ム仏ヲ救於我子八難八苦之(33)
内仰ク聖導於我子

十四　亡女　孝

世間悲者親子之中也　往昔聖人所未免之

夫以

人中隣者骨肉之間也
将来賢者誰人背之

有苦有楽身心常
雖存雖亡懐抱不異

爰信心施主

積善之頼(タヨリ)ニ生テ得賢女一ヲ
累徳之余産生セリ美娘(メ)ヲ　」(31ウ)

女儀女姿則生智(シ)具備
婦徳婦功自性咸足レリ

賢子一咲之処ニハ千金不直
一言之下ハ万鼎(オク)モ可傾一ヲ

東隣南国モ未比我女一ニハ
西施北域豈如我娘(ヲウナコ)一ニ

誠思

千年之間聴隆(リウ)樹シテ青衣誉(レ)一ヲ
万才之外見緑朱碧玉ノ栄一ヲ

喩テ摩尼一ニ而安シ家一ニ
比如意一ニ而栄ムト門一ヲ

何図(無常)

生死無定而白玉砕ケテ而入リ黄壚(キヨ)一ニ
存亡有限而金鏡破テ而堕ヘシトハ泥土一

父母流涙一而増シ皺(シワ)ノ上之波一
兄弟ハ呑テ刀一而添ヘ鬢(ソ)ノ辺ノ之雪一ヲ

憐閭(サト)ニ誰無キ袖上之涙一
見聞共ニ有眉ノ下之雨一

哀室ノ荒ルニ居テ不知烏兎之速ク走一トヲ
悼(ナゲ)キ惟(ヲモ)ヒ悲シヒ臥テ忽ニ到シ周忌之朝一ニ

於戯

愛河千尋(ヒロ)ニシテ我女之月容ハ駒ツルトモ而不可得
苦海ハ万刃レハ我娘之玉ノ姿ハ捨トモ而寧致□(乎)　」(32オ)

唯

有玉毫之仏一照三千一而救人子一ヲ
坐金像之聖一尽テ百億一而助人親一

夫

弥陀種覚ハ有大因縁於涅槃世界
地蔵開示ハ未曽弁捨於南閻浮州(34)一ヲ

六八大願船筏於八功池一
四弘誓願ハ梯橙タリ於万徳台一ニ

因テ図テ三尊之影像一ヲ
以問一娘之幽魂(コン)一ヲ

兼テ設テ供仏ノ能事一ヲ
今響抜苦之鯨鐘一ヲ

先師

十五(35)

夫(師恩)　出家之身師徳尤貴シ(求法)　入道之徒ハ法恩偏重シ　父母是一生之愛　君兄乃一世之栄　唯有授師僧教誡力

救無始之輪廻　般若一句価三千幻童之日飽マテ蒙指訓一

致無上之寂静　実相ノ半偈ハ果登三点一長大之才深承指南一　」(32ウ)

雪山大士投身半偈之前ニ　香城ノ薩埵捨寿於一句下ニ　況彼　尺尊棄位成千才床一　薬王焼身一為億年薪一

無上大覚為之現前　無等尊位因之証得ヘリ　爰信心佛子　幼シテ離家門ヲ而早入山林一　稚シテ別テ郷国一而速伴ヘリ風雲ニ

所厭者煩悩也　所志者仏道也　除巾鉢而本無嚣士之迹　非仏事曽無軽動之意一　宿縁有慶一幸逢好師一　宿因無朽已得明鏡一

潤心蓮一而開花一　瑩性金而増光　真俗二諦明如水月　智定二厳具如目足　憶大覚之昔因一ヲ剋(ツ)クシ崇法之誠一　習大士之本行一ヲ発重師之志一

一日三時不可報一　両肩万荷トモ(36)寧可得答　然復　制レハ心一処ニ無事不弁一　静ハ神三昧ニ何ニ事不成　剋(ツ)クス無尽弘願　及無余之生界　」(33オ)

住無等大悲　廻所生之功徳　荘前師之遥魂　蓋聞　無言不酬先賢抽匪石之心　有志之合好友成断金之契

况於師壇之恩乎　投迦葉婆之誠一竭崇法之信シミヲ

「況於祈請之恩乎　「起薩埵ハリ之志一致重師之慎ミヲ、

十六　至孝雑言

「収眼涙一而掃報恩之庭一　「慈悲喜捨為リ報恩者ノ扶助一ト
「増胸炎一而排謝徳之会一　「禅定智恵為リ謝徳之良縁一
「事ヲハ名報恩一ト三世大覚誰カ忘ム因地之勤一ヲ　「道心為テ場一ト鋪キ報恩之広筵一ヲ
「志号謝徳一十方ノ大士寧疎ムヤ果満之道一ニ　「浄信ヲ為台一ト構フ謝徳之高座一ヲ　」（33ウ）
「今排報恩之大会一ヲ　「尺尊遺教迹一ヲ以報恩之心為先
「以行謝徳之大事一ヲ　「夫子顕ツル微言一ヲ以事フル親一ニ之道為始一ト
「恩徳惟高山重シ鼇背之上ニ　於戯　「南陔ニ採蘭守ル至孝ヲ於三百篇之露一ニ
「報酬猶浅シ水潤フ於牛蹄之中一ニ　「東海訪薬期仙算於億千齢之風一ニ

知恩言
「顧撫育之徳水一則斟巨海一而不可量一　彼　「唐大宗之報母后也神筆伝白花之風
「廻酬答(37)之心源一亦計恒沙而不可尽　「予一人之訪先皇也妙文垂ル黄金之露
「昔是日域万乗(38)之主徳耀旁明　於戯　「始自紅顔之昔
「今花蔵十号之尊覚蘂初発　「迄于白首之今
「思斯栄遇之軼人　霊亀之返緑水顧印之志可観
「非彼翼扶之在己一ニ　病雀之盛ナル黄花一也、銜環之恩不朽　」（34オ）

彼雖微禽猶知報酬　縦雖尽楚越之竹不可説仁山之一枝
況於彝倫豈忘恩哉　縦雖歴塵沙之劫豈得ヤ酬恵沢之細浪
牽宿縁而憶子(39)誠在天然　以孝事親一遠近(40)追高柴之跡一ヲ
先テ暮齢而告離豈可ヤ地ニ忍　実　以忠一報ス国一ニ偏ニ仰ク重花之仁一
慈顔難重値写テ法身之舎利以揮涙
尊儀今何カ在ル託如来之使手以慰ム情一ヲ
養育恩
弟子逢家不造ニ夙ク遭閔凶行年二才先王早(世)一禅定前大相
国愍此孤弱之身施以猶子之愛一誠自繦褓恩過耶嬢初先
弱冠而昇龍管焉豈非吹噓之芳心　」(34ウ)
今踰郡賢而佩鵲印矣　異賞殊私之及枝葉皆生其恩風一
偏在汲引之原顧矣　金章紫綬之満門楣悉於彼徳宇
払平生之居一展一日之斉筵　所祈者月輪之相好
抽懇篤之志驚十方之仏界　所占者雲居之道場

十七　祈願

後生祈願
夫　懸河之文辞何カ為ム恨クハ非離生死海之岸一ヲ　不若　殖善根於眼前一ニ(41)
折桂之才幹無益一嫌非奉菩提樹之花一ヲ　得真実於身後
誇リ宿住通一ニ

各貴賤上下被牽五願伴生一仏土一
依串習力一ニ　」（35オ）

無忘春花一翫ヒ七宝荘厳之行樹一
猶思秋月讃ム四智円明之尊容一ヲ

除病延命之謀縦失トモ素意一
夫
菩提涅槃之道何疑金言

願
無来無去之善逝
難解難入之妙文

証明遺老ヲ於哀情一ニ
引導ヘ芳魂ヲ於極楽一ニ

公卿家
三台槐門之中ニハ雖恨ト墜コトヲ累葉ノ風一ヲ
大臣家
九品蓮台之間ハ定テ知ヌ挙覚蘂露

蘭儀難忘猶遺シ別ヲ於蘭林之月一ニ
花鍾屢叫テ偏ニ契ル登覚ヲ於花界之風一ニ

出無常郷坐黄金床
離有為家遊青蓮池一

早捨娑婆一往極楽ノ国一ニ
速厭淵浮生浄刹ノ土一ニ

開(42)辟以来昇霞聖霊

並千香ノ座
登九品台

(43)　」（35ウ）

夫依今日善根必

喜見城之中処尺王之位一
東西北州之内同在ム七宝財一

抑幽霊尽無始無明

源底証大覚朗然菩提出(44)二種生死患累得真浄解脱涅槃畢

窮流来生死本願
証円極究竟妙果

十八　現世祈言

遠近親疎同開キ松栄一
合力緇素ハ誇リ松柏蔭一ニ

貴賤上下ハ共保ヘ巌寿一ヲ　結縁男女ハ勇ム厳心楽一ヲ　」（36オ）
凡思家門栄貴莫不験徳之薫修抑功徳上分奉
祈国家祈遐算之庭也先献遐算一ヲ駕仙齢之砌也長
譲ム仙齢其外率土之中皆灑カム法味一ヲ
或憑鎮守之袖祐一ヲ捧幣帛（45）一ヲ献ル龍蹄一ニ　縦有トモ妖氛（フン）之来除之任ス恵日一ニ
或尋テ雲勝之仁詞一ヲ修テ諷誦一ヲ捨ツ鳳剣一ヲ　縦有苦霧之触一払ト之在梵風一ニ
芳儀鎮ニ用シテ浄生涯ヲ於李老一
高位无テ動開ム寿域ヲ於椿年一ニ　恵業上分先資国家
宝歴之運珍久　照見弟子匪石
願諸仏
玉燭之光鎮明　成就弟子悉地　」（36ウ）
所羨者滅罪之謀也利益何疑　依一善之力
所期者往生之業也引摂莫誤　消六欲之□（塵）
家門繁昌保歓花於憶載之風一ニ　緇素結縁之者
伽藍安隠期勝因於三舎之暁一ニ　展転随喜之輩
蘿洞ノ風中ニ松柏之寿更固　雖知丘禱之惟久
菟裘露底亀鶴之齢無驚一　猶感我願之不空一
方今　星霜屢転涼燠五廻　現世万才間常開栄花
彫劉（キン）之功甫就（造仏也）宿昔願已盈　後生一期後速登蓮台

見聞随喜之者悉蒙勝利　天衆地類ハ忽増威光一
遐邇尊星倫普関良因一　護法善神弥誇ム常楽一ニ　」（37オ）
悪夢物怪ハ無所表之災一　失火盗賊ハ防却テ遠方一ニ
呪詛厭味ハ失妨碍之術一　口舌障難ハ令㊻無近辺
病患中発ハ早速ニ遠離シ　悪霊邪気ノ伺短一ヲ　一切悪事　皆悉解脱
短命怖畏ハ末代ニ断除ム　鬼魅魍魎求隟一ヲ　一切不祥　皆悉消除
致無畏大安之守護一　身ハ堅盤石一ヨリモ　所望叶意　七珍万宝ハ同ク須達之富一ニ
奉嘉祥快楽之大悦一　寿ハ等亀鶴一　高官増日　千秋万才ハ如尭舜之世一ノ
天地和合弥躔千年運
簾裏常馥各不忘芝蘭之義枝
日月呑明益（マス）ニ膺（イコ）ハサム万伐ノ期一
葉弥茂今歩槐棘之道　四隣和合　従類雲如シテ
八方仰徳　珍宝成山（ヲカ）㊼一ヲ　」（37ウ）
迄于霊桃改年一巨石浮水一　殿内安隠無失火盗賊難
殿内常安万人快楽ラム　諸人快楽□々払災招福一
以息災延命為家事遥期飛花春　家内飽満七宝琳琅一
以増長福寿為身餝弥結円実秋　門前有車馬来客跡一
思　百年安穏者来春而致孝一　唯願如来　照匪石之懇誠一
一期長遠者去秋一而竭ト順一ヲ　投恒河之寿命一

十九

讃歎言　付之数多　所　法会　寺塔　三宝　供養

先讃所
此地之為体
　関路前ニ横テ遐踪テム遠貢之跡来往ス　風流之美
　林池旁ニ妙ニシテ琪樹碧巌之勢幽奇ナリ　冠絶セリ天下」（38オ）

池水泓澄トシテ似写瑠璃之界一ヲ
洞花芳郁如入赤栴檀林一
　就此処修善
　　勝縁之深也
　　懃志之至也

東有峯巒（ラン）之岩嶤（ヤケウ）タル春花開錦界之色
南有池水之澹泞（チヨウ）一秋菊浮タリ今地之粧一ヲ
　梵宇連甍
　尊像比座　矣

金縄界テ道一而慕七重行樹之庭一ヲ
金花布地而模セリ八功徳水之池一ヲ
㊽

仏教玲瓏トシテ不異那苑竹林之砌一ニ
道場清潔ニシテ如祇洹精舎之庭一
　四衆顒々トシテ咸低聴法之頭一ヲ
　八部煌（クワウ）々トシテ皆合帰仏之掌一

㊾妙法之講堂霊山之東南
極楽之宝池独苑之西向
　今設其会
　　鳳閣ノ鴦殿ハ疑白露池之辺
　　月宇ノ花台ハ似善法堂之間ト」（38ウ）

千枝落錦与曼荼羅而争粧一ヲ
万条散金与曼殊沙而争色一ヲ

有人讃仁和寺喜多院云

子午谷之乾角
長安城之西頭
　ト隣於寛平聖主之仁詞
　建寺於入道親王之禅境

平（願文）等院者先考優遊之地也
山水蘊（ツヽ）メリ奇
風流擯俗セリ
加之
中宮職建宝幢以助威儀
右丞相構精舎以増厳飾 」（39オ）

二十　讃法会荘厳言

玉殿玲瓏トシテ開尼咤之枢（ソ）ヲ
珍墀（チ）清潔ニシテ掃普光之砌ヲ
神幡飛空ニ而聞法之虹繽紛矣
鳳蓋翔地ニ而供仏之鶁留連矣
象（生）山発響而梵唄之声徹ル於有頂ニ ㊿
魚池散瓔（リ）ヲ而散花ノ馥（ホリ）至於無間ニ
二月虹始而与（トヽモ）ニ飛幡而交ヘ影ヲ
三春鶯囀而与梵唄和韻ヲ
蛺蝶趁メテ花ヲ将同諸尊翔花ニ
蜂虫尋香ニ殆似聖衆乗ルニ香ニ
光ノ前ニ心緩テ而覚ヌ結業之漸解トヲ
花ノ間ニ眼明而知心蓮之始開也
霜鐘発響而遍十方界外
亜仙扣イテ啓キヲ而驚万億国之幽ニ
芳菲タル淑（ウルハ）シキ景開毫光之殿ニ 」（39ウ）
照藉タル年花粧満宇之庭ヲ
須達布金而説法之庭自開
月蓋啓砌而供仏之台是高
緊王奏楽五音鏗鏘トキラメキ
飲光作舞八滑（スキ）娑婆
四衆囲繞不忘霊山之朝
八部翼従有同奈苑之庭

光信　」（40オ）

有リ鈍キ刀ノ切コト骨ヲ必由テナリ砥キ肋ニ
重キ轄ノ軽ク走コト抑モ亦油ノ縁ナリ
仰善之類ハ猶稀ナリ麟角ヨリモ
就悪之流更ニ鬱ナリ龍鱗ヨリモ

各趣ク時ハ所ニ好如石ヲ投カ水ニ
並赴時ハ攸ニ悪ム似水ヲ涙ルニ脂ニ
楚璞致コトハ光ヲ必須テナリ錯クヲ礪ニ
蜀錦ノ擒フルコトハ彩ヲ尤資テナリ濯ニ江ニ
禹筆何書
隷　算豈計

記云父母有ルトキハ疾冠者ハ不櫛　行起ニ不翔　琴瑟不御セ、　酒不至変スルニ
咲コト不至哂ハシ、ニ此乃思親切骨セルナリ不敢テ容装
又ー隣ニ有トキハ喪春コト不擱タセ里ニ有ハ殯街ニ不歌ハ　是復与人共ニスルナリ憂
不ナリ別親疎ヲ、

天上ノ牽牛歎ク独リ住コトヲ
水中ノ鴛鳥モ必ス歓フ比テ宿ルコトヲ
陵イテ琴瑟ヲ以調ヘ韻ヲ
超テ膠漆ヲ而同契ヲ
咲ヒ偕老ヲ於東鰈　魚名也
惶ケテ同穴ヲ於南鶼　ヒヲクノ鳥　」（40ウ）

消シテ一期ノ愁ヲ
快ハム百年ノ楽ヲ
又
時聚メ九埃ヲ
数ハ速ムテ三友ヲ
則
陳ウケ八珍之嘉希ヲ
酌ム九醞之旨キ酒ヲ

所謂
乞漿ヲ得酒
打テ菟ヲ獲コト麏ヲ
斯謂歟　」（41オ）

注

（1）「童」の左に符号あり、右に「重歟」と注記。
（2）「壊」の左に符号あり、右に「破レハ」と注記。
（3）「清」の下「水」に抹消符あり。
（4）「苦相」の上「第二」を墨消。
（5）「則等」を転倒符で訂正。
（6）一字墨消の上に「聖」と書き、更に右傍に「聖」と注記。
（7）「至」を挿入符で挿入。
（8）「耶」を挿入符で挿入
（9）「生度」を転倒符により訂正。
（10）「中之」を転倒符により訂正。
（11）「土」を見せ消ちして「途」と訂正。
（12）「湿」の右に符号あり、右に「混」と注記。
（13）この行、行間に小字で補入。
（14）「カ」を墨消。
（15）「瞻蘭菊而慨蜜」を見せ消ち。
（16）「徳音絶号不聞」風払空階之落葉」を見せ消ち。
（17）「蘭陵之該幻智対旧鏡而誡不見昔影」を見せ消ち。
（18）「惜」の右に「ヲシキカナ」と振り仮名あるも墨消。
（19）「無」を見せ消ちして「少」と訂正。
（20）「無」を墨消。
（21）送り仮名「ノミ」を墨消。
（22）「給」を墨消。
（23）「床投桑弓就師求道」と「叩諷誦磬訪亡者道」、挿入符により入れ替え。

(24)「之」を挿入符で挿入。
(25)「効」右横に「効ムクヒ」と注記。
(26)「三昧」を挿入符で挿入。
(27)「世々」を挿入符で挿入。
(28)「以婦女之身」を見せ消ち。
(29)「難」を墨消。
(30)「好」の左に符号あり。「縁歟」はそれに関する注記と見られる。
(31)「之」を挿入符で挿入。
(32)「処無」を転倒符で訂正。
(33)一字墨消、右傍に「難」と注記。
(34)「曽」を挿入符で挿入。
(35)「四」を墨消、右傍に「五」と注記。
(36)一字（「所」か）墨消、右傍に「可」と注記。
(37)「之」を挿入符で挿入。
(38)一字墨消。
(39)「子億」を転倒符で訂正。
(40)「近遠」を転倒符で訂正。
(41)「各」を墨消。
(42)「辟」の右傍に「闢」と注記。
(43)「玳瑁床前雖先長秋万年之」を見せ消ち。
(44)一字墨消の右傍に「出」と注記。
(45)「帛」を挿入符にて挿入。
(46)「令無」二字、「近辺」に後続するも挿入符により訂正。
(47)「迄」に山冠を付した字が書かれている。次行冒頭に「迄」字があることから、これを意識した誤字と判断し、

「山」を宛てた。
（48）「仏教玲瓏不異那苑竹」を見せ消ち。
（49）一字（おそらく「東」）墨消、右傍に「妙」と注記。
（50）行の右傍に小字にて「於」と注記があることから挿入。

（仁木夏実・中川真弓）

解題

第一巻「漢学」概要

第一巻「漢学」には天野山金剛寺所蔵資料のうち、漢文学関係の典籍から次の七点を収めた。『全経大意』、『文集抄』上、『楽府注少々』、『本朝文粋』巻第八、同巻第十三、『円珍和尚伝』、『明句肝要』である。それぞれの書については後掲の「解題」に記したが、先立って、金剛寺に襲蔵されてきた漢文学資料について概観しておこう。

漢文学資料は大きく中国で制作された作品と日本のものに分けられる。

まず、中国制作の作品及びこれに関わる書から見ていこう。その一つは白居易の作品であるが、これも二つに分けられる。白居易の作そのものと、これに基づいて、我が国で作られた書とである。

白居易の作品として二点がある。「新楽府」と「琵琶引」である。

新楽府

「新楽府」は『白氏文集』巻三・四に収められた連作詩五〇首であるが、白居易の詩の中でも殊に愛好され、これだけで独立して受容されることとなり、神田喜一郎氏旧蔵の平安末書写本（神田本）に代表される写本が伝存する。この「新楽府」の写本が金剛寺にもある。写本二冊。粘葉装。巻三（三七函八番）を書写する一冊は完本である。縦二三・一㎝、横一五・四㎝。墨付二九丁。半葉六行に書く。「文集巻三」の内題、尾題がある。初めに序があり、「七徳舞」から「縛戎人」までを収める。巻四（三七函九番）は前半部が失われ、「塩商婦」の途中から最後の「採詩官」までである。尾題「文集巻第四」がある。二冊ともに詳細な訓点がある。奥書はないが、室町後期の書写本と考えられる。かなりの虫損を被っている。

琵琶引

もう一点は「琵琶引」である。ただし一葉のみの断簡（三七函二五番）である。粘葉装。縦二一・七㎝、横一四・七㎝。押界を施し、半葉六行。「琵琶引一巻」の尾題がある。「琵琶引」は『白氏文集』では巻十二にあるが、この書き方から、これは「琵琶引」のみを書いた一冊であったと考えられる。「琵琶引」は八八句からなる長編詩であるが、これは途中から終わりまでの三〇句である。およそ三分の一を残していることになる。

このように、白居易の詩のなかでも広く愛好された作品を独立させて書写した二部の写本がある。我が国では『白氏文集』の詩文をそれとして享受するとともに、関心の深い作を抜き出し、あるいは組み替えて、新たなテキストが編纂されている。本巻に収めた『文集抄』はそのような一冊である。また詩の注釈を作っている。そのような享受のあり方を示すものが『楽府注少々』である。

金剛寺には白居易の詩文に関わる典籍として四点が伝わる。

遊仙窟

唐の張鷟（ちょうさく）が書いた伝奇小説である。しかし、中国では早く散佚し、日本にのみ伝わる、いわゆる佚存書の一つとして周知の作品である。我が国には多くの写本、版本が伝わっているが、従来知られていた写本のうち、書写年代の古いものとして次の諸本がある。

醍醐寺本　康永三年（一三四四）書写
真福寺本　文和二年（一三五三）書写
陽明文庫本　嘉慶三年（一三八九）書写

これらはいずれも原文のみで、無注本と呼ばれている。これに対し本文の途中に双行の小字注を持つ本、すなわち有注本があるが、その最も古い本は慶應義塾大学図書館蔵の室町末期写本であった。これらに対して、金剛寺本は以下のような内容の本である。

粘葉一冊（三七函一八番）。縦二五・五cm、横一八・二cm。押界を施す。半葉六行書き。有注本。本文、注ともに墨書の返点、声点、朱書のヲコト点、句読点、返点などを付す。次の書写奥書がある。

元亨元年庚申九月四日於金剛寺付仮名畢

この本は紛れもなく金剛寺において書写された本である。元亨元年は一三二一年。すなわち本書は有注本としてだけではなく、『遊仙窟』の写本として最古本と位置付けられる本である。しかし、それだけに誠に残念なことであるが、今はおよそ四割の本文しか残っていない。

本書の価値は上述の有注本であること、書写年代が古いことだけでなく、尾題の後に『遊仙窟』の享受史についての長文の奥書があることである。ただこれは他本にもあるが、本書のそれは他本とかなり相違があり、『遊仙窟』の享受を考える上で貴重な記述となっている。本書は上記のような価値を持つことから、残冊であるにもかかわらず、二〇一四年、重要文化財に指定された。本書は東野治之編『金剛寺本遊仙窟』（塙書房、二〇〇〇年）として影印（付翻刻）がカラー版で刊行されている。

我が国で制作された漢文学作品としては以下のものがある。

まず、真言宗寺院である金剛寺にとっては祖師となる空海の述作として以下のものがある。

秘密曼荼羅十住心論巻二（五〇函六一番）
同巻九（一七函一六三番）
秘密曼荼羅教付法伝巻一（一七函二五〇番）　永正十五年（一五一八）書写
遍照発揮性霊集巻七（四七函一七番）　書写奥書はないが、室町前期の書写か。

他は版本である。古刹である金剛寺にしては空海の著作の伝存が少ないという感もあるが、そういうなかで、『秘蔵宝鑰勘註』（三七函六一・六二・六三番）の存在は貴重である。空海の著作『秘蔵宝鑰』の注釈であるが、上中下が揃い、他本に比べて古い正和五年（一三一六）・六年の書写奥書がある。

以下、他の典籍を見ていこう。

和漢朗詠集

袋綴の仮綴装一冊（七函三七番）。縦二四・四㎝、横一五・二㎝。三三丁、分離した二丁がある。現状は論議を書いた本となっている。『和漢朗詠集』を書いた紙を裏返して、これを料紙として『釈論』が書かれている。今は紙背となっている『和漢朗詠集』は巻下で、次の奥書がある。

于時応永元年九月二十八日　　愛若丸十五才

応永元年は一三九四年、室町時代である。

『和漢朗詠集』には平安時代の写本が多く伝存している。そうしたなかでは、書写年代の降る本書は『和漢朗詠集』のテキストとしては何ほどの意味も持ち得ないが、別の側面に注目すると、以下のような意義を有する。

まずは本書が十五歳の少年によって書写されたものであるということである。中世には『和漢朗詠集』は『千字文』や『蒙求』などとともに児童のための教科書、当時の用語では「幼学書」として用いられた。このことは『明月記』ほかの当時の史料によって指摘されているが、本書は十五歳の愛若丸によって書写されたという奥書のあることによって、物そのものとして『和漢朗詠集』が少年のための教科書として用いられたことを雄弁にも物語るものである。

次にこれと密接に関わるが、本書は詩文句のみを書き、和歌は書いていない。先述の幼学書は『和漢朗詠集』以外はいずれも中国撰述の書である。幼学とは漢籍を学ぶことであり、『和漢朗詠集』においても詩文のみが必要とされたのである。本書はそうした幼学のあり方を示すものともなっている。

さらに、本書は金剛寺に伝わり、『釈論』の紙背となっているということである。前記の幼学書のことを記す史料は、多くが寺院における教育に関して述べている。「後宇多院御遺告」は「先づ俗教を教ふ。……、外教は則ち千字文、百詠、蒙求、和漢朗詠」とある。仏教を学ぶ前提として漢籍を学ぶのである。また『和漢朗詠集』と寺院との関係の深さは、中世に相次いで制作された注釈書にも見られる。『和漢朗詠集私注』「和漢朗詠集永済注」『和漢朗詠集和談抄』などについて、そのことが指摘されている。このような、これまでの研究が明らかにしてきた『和漢朗詠集』と寺院における教育との深い関わり、このことについても、本書は本そのものとして、これを証拠立てるものである。[1]

書物の体裁を持った『和漢朗詠集』は本書のみであるが、他に次のような資料がある。本巻に収めた『文集抄』の表紙に落書があり、そこに『和漢朗詠集』の詩句の一部が書かれている。本叢刊の第五巻に収録が予定されている『捌釈』（七函八番）の末尾二丁と後表紙には真っ黒になるほどの習書がなされているが、そのなかに「倭漢朗詠抄」と書かれた二行がある。これらの例も、『和漢朗詠集』が寺院に置かれ、初期学習の教科書として用いられていたことをもの語るものである。

併せてここで述べておくと、白居易の「新楽府」も幼学書の一つとして用いられたが、本巻に収めた『楽府注少々』は五丁という小冊であることによって、寺院において「新楽府」が教科書として用いられ、手軽な注が作られていたことを示すものである。

このように、金剛寺には中世の寺院における幼学の世界と関わる資料も残されている。

本巻所収の『明句肝要』、また編集の都合で第二巻に収めたが『無名仏教摘句抄』も漢詩文資料であり、その性格は漢詩文作成のための例句を集成したものである。

以上、金剛寺所蔵の日本漢詩文関係資料には、祖師空海の著作、平安漢詩文として正統的な『本朝文粋』と『和漢朗詠集』、僧伝の『円珍和尚伝』、これらと対照的な平俗な漢文の世界を示す『花鳥集』（第二巻所収）、そうして漢詩文作成のための例句集、このようなものがある。

漢文学資料ではないが、漢学資料としては言及しておくべき典籍がある。『医心方』の古写本である。『医心方』は永観二年（九八四）、丹波康頼が撰述した現存最古の医書であるが、その巻十三の鎌倉前期写本（残冊）を金剛寺は蔵する。東野治之氏の研究に依りつつ[(2)]、その概略を述べておこう。

綴葉装一冊（四四函一番）。料紙は楮紙。縦二六・一㎝、横一六・〇㎝。半葉八行に書く。押界あり。そのまま本文と同筆で傍訓を付す。かなりの虫損を被っており、また全一七紙のうち、表紙と半葉が失われている。奥書は校合奥書のみであるが、書風、傍訓の形などから、鎌倉時代前期を降らない写本と考えられる。『医心方』の古写本としては仁和寺本、半井家本が知られているが、本書は巻十三のみながら、古写本として貴重である。

（後藤昭雄）

注

（1）後藤昭雄「金剛寺蔵『和漢朗詠集』（零冊）をめぐって」（『本朝漢詩文資料論』勉誠出版、二〇一二年）。

（2）東野治之「河内金剛寺新出の鎌倉時代書写『医心方』巻第十三について」（『日本医史学雑誌』第三二巻三号、一九八六年）、「金剛寺『医心方』巻第十三（翻印）」（同第三三巻三号、一九八七年）、『醫心方の研究　半井家本醫心方附録』（オリエント出版社、一九九四年）。

全経大意

『全経大意（ぜんけいたいい）』は中国古代思想の基本文献十三種の目録及びその概説書である。「全経」は史書、文学書に対して経書の意。現在のところ、この金剛寺本が知られる唯一の本である。また他の文献に書名が記されたものも東山御文庫蔵「宝蔵御物御不審櫃目録」に「全経大意一巻」とあるのが、これも唯一の例である。すなわち本書は稀覯の書であると思われる。

本書は列帖装一冊（三七函三八番）。縦一五・五㎝、横二二・七㎝。横長の本である。料紙は楮紙打紙。三括よりなり、墨付三二丁。界を押す。外題、内題はなく、尾題に「全経大意」とある。表紙に「天野山金剛寺」の方朱印が押されている。

奥書は次のとおりである。

永仁四年丙申卯月十四日酉剋終書写了

永仁四年は一二九六年。なお、次行に数文字を墨で抹消している。書写者の名が書かれていたかと思われる。ちょうどその裏に当たる箇所（32オ）に「正円之」の三字が書かれているが、本文、奥書とは書体が異なる。本書を所持していた人物の署名であろう。

墨と朱の傍訓、送り仮名、返点、合点、朱によるヲコト点、墨の声点がある。なお、書き入れが三箇所にある。表紙見返に『尚書』蔡仲之命の本文の一部と孔安国注を書く。また、末尾、奥書の後（32ウ）に『毛詩』以下『荘子』に至る「十三経」の書名を書く。これらは本文とは別筆であるが、1オ、本文の最初である『周易』の前に『毛詩』に見えるとして「蒼天」ほか五天とこれについての注を引用するのは本文と同筆である。

本書が取り上げている文献は次の十三種である。

周易、尚書、毛詩、周礼、儀礼、礼記、春秋（左氏伝）、（春秋）公羊伝、（春秋）穀梁伝、論語、孝経、老子経、荘子

経書十一種に『老子』と『荘子』が加えられている。

どのような内容であるのか、『毛詩』の条を例として見てみよう（5ウ以下参照）。

初めに「毛詩」という書名と巻数、篇数。次いでその注書四種の書名と作者を挙げる。その後にこの書についての説明があるが、これはすべて先行の文献からの引用である。十一条を挙げるが、初めに書名を挙げるものとそうでないものが混じる。確認してみると、陸徳明の『経典釈文』、孔穎達の『毛詩正義』、『隋書』経籍志、『史記』孔子世家、『毛詩』の注疏などを用いている（なお、書名の記載が正しくないものも少なくない）。これらの書から一部を抄出し、列挙して、『毛詩』とはどのようなものであるかを説明している。このような内容になっている。他の経書についても同様である。

本書には作者についての記載はない。そこで、内容から、まず本書は中国、日本どちらで作られたものであるかを考えてみなければならないが、その手がかりが『老子』条に引用されたなかにある。「集注文選云」という一条がある(30オ)。東方朔に関する話で、彼は元来は太白星の精であったが、次々と転生を繰り返し、周の世に老子として出現したとして『老子』条に引く。この記述の典拠を確認してみると、我が国で作られた『蒙求和歌』にしか見出しえない記述がある。このことと我が国にのみ伝来する文献からの引用があること(後述)から、本書は日本で撰述されたものと考えられる。鎌倉時代の成立であろう。

本書には各経書にその注疏が併せて記されているが、これは平安・鎌倉時代の学問史、目録学の上で、貴重な資料である。日本の書籍目録として『日本国見在書目録』、中国の目録として『旧唐書』経籍志を用いて確認してみると、以下の諸点を指摘できる。

挙げられている注疏は唐代までのものである。以降のものはない。

『経典釈文』が大きな位置を占めている。注書の項に『老子』を除くすべてに挙げられている。また各書の引用による解説部分においても多く引用されている。

唐の孔穎達の『正義』が重視されている。『周易』、『尚書』、『周礼』、『春秋』に挙げられている。すなわち「五経正義」が用いられている。また劉炫の『述義』が『尚書』、『毛詩』、『礼記』、『春秋』の四書で挙げられている。

なお、『孝経』条に挙げられている『孝経去惑』は中国の文献にはその書名も見出せないが、日本では『日本国見在書目録』の他に、藤原頼長の日記『台記』、『通憲入道蔵書目録』、『二中歴』に見え、知られた書であった。

また解説部分に多くの文献からの引用があるが、これにも注目すべきものがある。

まず他の文献に見出しえない書がある。

『五経要抄』(27オ)、『編年故事』(27ウ)、『高才伝』(31オ)

以下の書からの引用があることも重要である。

『孝経述義』

この書は隋の劉炫の著であるが、中国ではすでに失われている。日本にその一部が古写本として伝存しているいわゆる佚存書であるが、本書はこの書から多くを引用している。

『老子述義』

唐の賈大隠の著。中国、日本いずれにも残されておらず、日本では『弘決外典抄』以下、平安朝から鎌倉時代の文献に、ある程度の書名の記載と逸文の引用がある。つまり逸文を引用する文献も日本の書物のみで、中国の書にはない。このような書であるが、本書にはその抄出がある。

緯書である『春秋演孔図』(9オ)、『春秋緯』(17ウ)、『尚書考霊燿』(17ウ)からの引用もある。いずれも他の文献に見られないものである。

本書はおおよそ以上のような内容であるが、平安から鎌倉時代にかけての我が国における経書の受容の様相を記述した文献として、他に類例のない書物である。

参考文献
後藤昭雄「『全経大意』」、「『全経大意』と藤原頼長の学問」（『本朝漢詩文資料論』勉誠出版、二〇一二年）。
高橋均「『経典釈文』と『全経大意』」（『大妻国文』第四七号、二〇一六年）。

（後藤昭雄）

文集抄 上

『文集抄（ぶんしゅうしょう）』は白居易の詩文集『白氏文集』から詩文を抄出した、いわゆる選抄本の一つである。粘葉装一冊（三七函一九番）。ただし現状は糊離れしてしまっている。縦二四・二cm、横一六・〇cm。ノドに丁付けが書かれており、全部で二四丁であるが、第五丁は失われている。押界があり、毎半葉六行に書く。全冊にわたって詳細な訓点がある。墨筆により傍訓、返点、送り仮名、合符、声点、濁点が付され、ヲコト点は朱筆で施されている。外題は「文集抄」、内題および尾題は「文集抄(鈔)上上」とある。

書写奥書は次のとおりである。

以証本校合了
建治元年五月九日於小坂亭書之
桑門願海在判
建治二年九月日　於白川之遍写了

これによって、本書は建治元年（一二七五）、願海なる僧が小坂の亭で書写した本に基づいて、翌二年、白川で書写したものであることが知られる。親本の書写者である願海を尋ねてみると、『金沢文庫古文書集』第九輯所収のいくつかの金沢文庫古文書にその名を見出すことができる。願海は建治三年九月に伝法灌頂を受けているが、このことを記す文書によれば、彼は京都醍醐寺の法系に属する僧である。またこの書には伝法灌頂が行われた場所が「相州津村霊山寺道場」と記されているが、これを手がかりにして書写が行われた地名「小坂」を尋ねていくと、小坂は「鎌倉郡谷七郷」の一つであることがわかる（現在は逗子市に属する）。さらに弘安二年（一二七九）八月四日付けの「具支灌頂請定」（『鎌倉遺文』第八巻）に「極楽寺　大法師願海」の名が見えるが、これも同一人物と考えられる。すなわち本書が依拠した本は、相模国において、醍醐寺系の法資に列なる極楽寺の僧願海によって書写されたものであるということになる。なお、「白川」の地名は相模には見出せない。これは京の白川であろうか。とすれば、関東で書写された本が短期間のうちに京へもたらされたことになる。

内容について。本書には最初に目録があって、抄出された作品を一覧できる。大きく「賦」と「雑詩」に分けられ、賦が二首、詩は巻一から九首、巻二から二二首、巻五から二〇首、巻六から九首、合わせて四九首が抄出されている。詩は一括りに「雑詩」と呼ばれている。「一括りに」というのは、『白氏文集』では詩は内容によって諷諭、閑適、感傷の三つに分類されているからである。本書に抄出された詩では、巻一・二は諷諭、巻五・六は閑適に属するのであるが、それを区別することなく、いっしょにして「雑詩」と呼んでいる。なお、「雑詩」という分類は『白氏文集』にはない。

『文集抄』という同名の書がある。その国立公文書館内閣文庫蔵『文集抄』と比較してみると、これには賦はない、また抄出された詩が異なるなど、本書とは同名ながら異書である。この『文集抄』も選抄本であるが、我が国に存する『白氏文集』選抄本のうち、巻一〜六からの抄出があるものに『白氏文集要文抄』（東大寺図書館蔵）

と『管見抄』（国立公文書館内閣文庫蔵および京都智積院蔵）がある。しかし、本書はこの二書とも収録の作品に相違がある。

抄出された作品について、注目すべきこととして以下の諸点がある。

まず、賦二首があることである。前述の他の選抄本には賦があるものはない。我が国に伝存する『白氏文集』で賦を持つものは金沢文庫本巻二十一だけであった。そうしたなかで、本書は二首のみながら、二つ目の写本系テキストとして希少価値がある。また題名の下に付された「二十一」という数字は底本とした『白氏文集』の巻数であるが、これも貴重である。『白氏文集』は宋代に版本として出版される段階で、集の構成に大きな改変があった。賦は改変された版本では巻三十八にあるが、これ以前の写本では巻二十一に収められていた。すなわち「二十一」という数字は、本書が改変される以前の古い写本に基づいていることをもの語るものである。

またその賦に「摺本」による校合注があることも見逃しがたい（3オ19行）。摺本とは前述の宋代の版本のことであるが、この最新のテキストである版本によって本文の対校がなされているのである。

「秦中吟」一〇首が抄出されている。現行のテキストでは一〇首それぞれに「議婚」「重賦」などの小題があるが、本書にはなく、各首の初めの行頭に朱筆で一から十までの数字が付されているのみである（17オ以下）。そうしてこれが『白氏文集』編纂当初の本文の姿なのである。[1] 先の賦に付された「二十一」という数字とともに本書が古態を保った『白氏文集』をテキストとしていることを示している。

またこれは「倣陶潜体十六首」にも見ることができる。この連作詩の平安朝写本として藤原行成筆『後嵯峨院本白楽天詩巻』（正木美術館蔵）がある。これと本書の本文とを対校してみると、両者は極めて近い。

以上のように、本書は抄出本ながら、古態を保つ『白氏文集』の写本として貴重なものである。

もう一つ、先に見たように本書の親本は建治元年、相模国の小坂で書写されたものであるが、これは従来の研究で指摘されていた一三世紀の関東における『白氏文集』の流布ということに一例を加えることになる。これまで永仁三年（一二九五）、「関東田中坊」で書写されたという『管見抄』、正嘉元年（一二五七）、鎌倉佐々目谷で書写された真福寺文庫蔵『新楽府注』、永仁元年、鎌倉金剛寿福寺で書写された天理図書館蔵『白氏文集』巻三が知られていたが、本書もこれに加わることになる。

（後藤昭雄）

注

（1）太田次男『旧鈔本を中心とする白氏文集本文の研究』中（勉誠社、一九九七年）、第三章二2「本邦伝存「秦中吟」の本文」。

参考文献
後藤昭雄「金剛寺蔵『文集抄』」（『本朝漢詩文資料論』勉誠出版、二〇一二年）。
太田次男　前掲注1太田次男著書。

楽府注少々

白居易の文学がただ漢文学のみならず、我が国の文学に大きな影響を与えたことはいうまでもないことであるが、中でも『白氏文集』巻三・四所収の「新楽府」五〇首は殊に愛好されたものである。そのことは神田喜一郎氏旧蔵本に代表される「新楽府」のみを書写した本が存在することに示されている。先に「概要」で紹介したように金剛寺にもこれが伝存している。それともう一つは我が国で作成された「新楽府」の注の存在である。

新楽府注として既に知られているものに『新楽府略意』と『新楽府注』がある。前者は信救の作で、真福寺文庫と醍醐寺に写本が伝えられている。また後者は作者未詳で、真福寺文庫に存する。(1) そして金剛寺にも同様の書物として『楽府注少々(がふちゆうしようしよう)』が伝存している。

本書は薄様の用紙を袋綴じにした一冊（四一函一三三番）。縦二三・八cm、横一三・八cm。本文五丁。表紙左肩に本文と同筆で「楽府注少々」と打ち付け書きで書名を書く。奥書はないが、字体、体裁から、室町時代の末期の書写と考えられる。

本書は「新楽府」五〇首につき、その用語を抜き出して、これに注を付けたものである。先に挙げた注との類同でいえば、『新楽府略意』と性格を同じくする。

わずかに五丁という小冊であるため、注は数が少なく、また、はなはだ簡略である。なかには全く注の付されていない詩もある。「二王後」、「海漫漫」以下一一首には注が施されていない。また、どの詩の何の語に対する注か不明のものが二つある。1ウ12行の「付幡有四、一仏法幡」から「海路用物也」までの文、および3ウ50行の「周幽王厲王政不半皆伐殺」の文はこれに該当する語が「新楽府」に見出せない。

まずこの注が用いた『白氏文集』の本文の性格を見ておこう。断片的ながら、「新楽府」の本文が引用されている。それらを通して知られる本文は如何なる系統のものか。これについては格好の目安となるものがある。「七徳舞」についての注（1ォ9行）に

魏徴虞世南等者二人倶ニ大臣也。

とあるが、これは詩本文についての注ではない。これは詩題に付された白居易の自注についての注である。これによって本書が用いたテキストは白居易の自注を持ったものであることが明らかになる。白居易はその詩に必要に応じて自ら注を付している。ところが、『白氏文集』の標準的なテキストとして用いられる那波本などはこの自注をすべて削除してしまっている。それに対して我が国に残る古写本を初め、宋刊本、馬元調本などは自注を持っている。この点に着目し、自注を持つ本の代表的なものを取り上げて、本書の本文と比較してみると、我が国に現存する本でいえば、愛知県の猿投神社蔵観応本に最も近いという結論が得られる。本書が用いたテキストは、そういう本文を持った本であったということができる。

注の内容をいくつかに分類してみると、まず最も基本的なものは語釈的注である。

左拾遺　日本侍従是也。（1オ7行）
近習　君ニ近付ヲ云也。（2オ22行）

などである。

語句の読みを記したものも少なくない。

屯　アツム（2ウ36行）
時勢粧　イマヤウシカタ、ソノカミノスカタ（4オ62行）
幽閉ハトラヘコムト読也。（4ウ68行）

このような訓注に関してただちに思い至るのは、古写本に付された傍訓との関連である。本書の訓注と前記の神田本の傍訓とを比較してみると、一致するものがある一方で、一致しないものも多く、両者の関連は予想されるほど深くはない。

これについて注目される例がある。「消息」に「アリサマ」の訓が付されているが（4ウ76行）、『図書寮本類聚名義抄』に『白氏文集』が典拠であることを示す「集」の注記を伴って「消息」に「アリサマ」の訓がある。すなわち、本書の訓注は『類聚名義抄』の典拠となった、そうした訓を持った『白氏文集』古写本が存在したことをもの語るものである。

一首の趣旨を述べるものがある。「蛮子朝」「時勢粧」「陰山道」「隋堤柳」についての注がそうである。「蛮子朝」を例に挙げると、次のとおりである（3オ43行）。

蛮子朝ス。蜀国ヲ過時、蜀ノ将軍云、吾ヲ引道セヨ。仍同参スル時、玉座ニ召ス。蜀将驕テ望大臣位ニヲ。依之誹之。

なかには詩意を取り違えたものもあるが、このように詩全体の趣旨を述べる注もある。これは「此段ニハ……申スナリ」として一首の趣旨を述べる『新楽府注』に近い。

他の書物からの引用は「白楽天異伝」（1オ1行）、「稽聖賦注」（1オ5行）、「左伝」（1オ8行）、「范秦詩注」（2オ25行）、「法苑珠林」（5オ84行）の五例がある。「白楽天異伝」については、我が国では平安朝中頃から鎌倉時代にかけて、数種の白居易の伝が通行していた。諸書に断片的に引用されている。なかには伝説化したものもあるが、正史に記されたものと違う別伝である。これもそうしたものの一つである。なお、この「白楽天異伝」と「稽聖賦注」は他の新楽府注には引用されていない書である。

他の新楽府注との関係では『新楽府略意』とは関連が見られる。「七徳舞」と「草茫々」については、本書の注は『新楽府略意』の注を節略したものとなっている。また「時勢粧」の両者の注は近い。この詩は、中国で異国風の化粧が流行する現今の風潮を述べ、昔、辛有なる者が伊川で異形の者を見て、やがて夷狄化するであろうと予言した故事に鑑みて、異国風の化粧の流行を戒めた詩であるが、この詩について、本書は次のような注を付す（4オ63行）。

憲宗元和年中ニ、戎人ノ形ヲ成テ四方置テ令用心一。其故ハ天下泰平ノ故ニ人ウチトケテ無用心者、若戎人俄ニ起可有恐故也。

天下太平の世のなかで、異民族の侵攻に用心するように、「戎人」の人形を作らせて四方に置いて戒めたものという解釈を示している。本来の趣旨を取り違えた、はなはだ特異な注なのであるが、『新楽府略意』も同様の注である。このような例があることを考えると、本書は『新楽府略意』を先行注の一つとして利用していると考えていいだろう。

他の文献との関連については、「太行路」についての注には国会図書館本『和漢朗詠註』および同『朗詠註』に類似するものがある。「新楽府」と「和漢朗詠集」という二つの書が注釈の世界で関連を有していたことを示す一例である。

『楽府注少々』は「新楽府」写本の傍訓、語義注や既成の注釈を利用しながら、手軽な新楽府注が作られていた中世寺院における学問の世界の一端を示す書物である。

（後藤昭雄）

注

（1）太田次男『旧鈔本を中心とする白氏文集本文の研究』下（勉誠社、一九九七年）第四章一「釈信救とその著作について」、二「真福寺蔵『新楽府注』と鎌倉時代の文集受容」。

参考文献

後藤昭雄「金剛寺蔵新楽府注」（『平安朝漢文文献の研究』吉川弘文館、一九九三年）。

本朝文粋　巻第八

『本朝文粋（ほんちょうもんずい）』は平安朝に制作された漢詩文の代表作を集めた詩文集である。藤原明衡が編纂したもので、成立は一一世紀半ばの康平年間とするのが通説であるが、一一世紀の十年代とする見方もある。平安初期の弘仁期（八一〇―八二三）から長元三年（一〇三〇）まで、およそ二百年間の作を集める。詩もあるが、数は少なく、書名が示すとおり、文章が中心をなす。文体によって分類し、三八種の文体の四三二首を一四巻に文体ごとにまとめて収める。文体によって多寡があり、序（一五六）、表（四二）、奏状（三七）、願文（二七）など、当時しばしば用いられ、多くの作例がある文体は多く収められる一方、勅書、詞、行、論など一三種は一首のみしか採られていない。これは平安朝にはどのような漢文の文章が作られているのか、その見本を示すというのも『本朝文粋』編纂の目的の一つであったことを示している。

金剛寺には『本朝文粋』の古写本二種がある。

巻第八の書誌は以下のとおりである。粘葉装一冊（四三函一七番）。ただし、ほとんど糊離れしており、紙縒りで仮綴じされている。縦二二・三㎝、横一五・五㎝。押界がある。墨付き七一丁。墨書による仮名、声点、反切、語注、朱書のヲコト点が付される。外題はなく、「本朝文粋巻第八」という内題がある。南北朝時代の書写と見られる。書冊の体裁としては完本であるが、内容は途中までである。

巻八は本来、序として書序六首と詩序三一首を収めるが、本書には書序と詩序六首のみを書写する。以下のとおりである。

（書序）

令義解序

弘仁格序

貞観格序

延喜格序

延喜以後詩序

沙門敬公集序

（詩序）

賦㆓冬日可㆑愛詩序

陪㆓第七皇子読書閣㆒賦㆓弓勢月初三㆒詩序

陪㆓中書大王書閣㆒賦㆓望㆑月遠情多㆒詩序

八月十五夜賦㆓映㆑池秋月明㆒詩序

八月十五夜陪㆓菅師匠望月亭㆒賦㆓桂生三五夕㆒詩序

本書の古写本としての意義は二つある。

まず第一点は古写本として存するというそのことである。『本朝文粋』は一四巻からなるが、全巻が揃った古写本は一つもない。新日本古典文学大系の底本となっている身延山久遠寺蔵本（鎌倉時代写）が巻一を除く一三巻を残しているが、これが唯一本来の形を止めているもので、他は一巻か巻の一部分を残すのみの残巻である。巻八の古写本としては東寺宝菩提院旧蔵本（鎌倉時代写）があるが、巻八・九・一〇のそれぞれ一部を合綴したもので、独立した一巻ではない。このような写本の残存状況のなかで、本書は書写年代はやや降るものの、また本文は途中までであるが、独立した一巻としての体裁を持っている。巻八の写本として、久遠寺蔵本に次ぐ位置にある。

本書の、写本として注目すべきもう一つの点は本文書写の容態である。影印を見ればすぐに気づくことであるが、本文の書き方に際立った特徴がある。行の頭と末尾を揃え、行を文字で埋めていく普通の書き方でなく、しきりに改行し、字間も大きく空けている。最後の「八月十五夜陪二菅師匠望月亭一同賦二桂生三五夕一」詩序（68ウ）の初めの部分を例にすると、

八月十五夜者
天至浄　月至明　之時也
故
古之翫月　多在斯霄
莫不
登高望遠　含毫瀝思

古人之心　　知有以也
菅師匠
儒林之翹楚　　文苑之英華
便対三更之晴　以翫一家之月

とある。主語、接続詞、副詞、文末の否定辞などは別行にし、また句と句の間を空けて、対句の形がよく分かるように工夫して書かれている。この点に本書の写本としての最もの特色がある。

こうした本書の書写形態については、中世に利用された漢詩文を作るための作文作法書の影響が指摘されている。(1)その代表的述作である『作文大体』によれば、文章を構成する句型を次のように分類する。

発句　文頭に置く。一字あるいは二字。対なし。
壮句　発句の次に置く。三字。対あり。
緊句　四字。対あり。
長句　五字から九字、あるいは一〇字以上。対あり。
隔句
　軽隔句　上四字、下六字。
　重隔句　上六字、下四字。
(中略)

漫句　対句にしない、
送句　文末に置く。
傍句　発句のようなもの。

これらの句を按配して一首の文章を作っていくのである。

確かに本書の書写の方法はこうした文章観に拠るものであろう。これに基づいて実際の文章を分析し、それが形として明示されるように工夫して書写しているのである。漢文の文章がどのような構造を持っているのかを分かりやすく、いわば図解した形を持っている。『本朝文粋』所収の漢文が文章制作の手本として用いられていたことをよく示すものである。このような形態を持つ写本は他にはない。この点に本書の意義の一つがある。

（後藤昭雄）

注

（1）中尾真樹「中世における『本朝文粋』書写事情の一側面――未紹介資料　金剛寺本巻八・大谷本巻六をめぐって――」（『和漢比較文学』第九号、一九九二年）。

本朝文粋　巻第十三

『本朝文粋(ほんちょうもんずい)』は一四巻からなるが、古写本（鎌倉時代以前）は、巻一を除く一三巻が残る身延山久遠寺蔵本以外は、一巻または残巻のみである。残る写本には偏りがあり、巻毎に数えてみると、巻十三―9、巻六―6、巻十四―5、巻二―4、巻七―3で、あとは一巻あるいは二巻である。すなわち巻十三は最も多い九本が残っている。以下のとおりである。

身延山久遠寺蔵本
中山法華経寺蔵本
天理図書館蔵本
猿投神社蔵本（三本）
金剛寺蔵本
陽明文庫蔵本
大河内海豪氏蔵本（異本系）

なお、猿投神社蔵の一本と天理図書館蔵本とは本来連続していた僚巻である。

本書は伝存する巻十三の古写本の一本である。

本書は粘葉装一冊（四三函一八番）。縦二二・五cm、横一五・五cm。界を押す。完本ではなく、前後を失っている。多くが糊離れしているためにノドの部分に書かれた丁付を読むことができるが、「四丁」から「三十五丁」までが残る。かつ「九丁」（影印10ウの後）、「三一丁」（32ウの後）の二丁が失われている。内容に即していうと、次のようになる。巻十三は祭文、呪願文、表白文、発願文、知識文、廻文、願文といった神仏に祈願する文章、合わせて二二首を収めるが、本書には以下の作品が残る。

祭二亀山神一文（前欠）
為二員外藤納言一請レ飾二美福門額字一告二弘法大師一文
北野天神供二御幣幷種々物一文
臨時仁王会呪願文
浄妙寺塔供養呪願文
村上天皇御筆法華経供養講説日問者表白文
発願文二条
勧学会所欲レ被三建二立堂舎一状
勧学院仏名廻文
賽二菅丞相廟一願文

於㆓尾張国熱田神社㆒供㆓養大般若経㆒願文
村上天皇供㆓養雲林院塔㆒願文
為㆓左大臣㆒供㆓養浄妙寺㆒願文
供㆓養浄妙寺塔㆒願文
為㆓盲僧真救㆒供㆓養率都婆㆒願文
朱雀院被㆑修㆓御八講㆒願文
朱雀院平㆑賊後被㆑修㆓法会㆒願文
奉㆔供㆓養自筆法華経㆒願文
為㆓空也上人㆒供㆓養金字大般若経㆒願文
為㆓仁康上人㆒修㆓五時講㆒願文（後欠）

巻全体のおよそ八割を残している。

本書には詳細な訓点がある。墨書による仮名、返点、声点、濁点、反切、語義注、および朱書によるヲコト点であるが、さらに注記も施されている。そのいくつかの例を挙げてみると、次のようなものがある。（「　」に入れたのが『本朝文粋』の原文、そのあとに、これについての注記を引く）

人名

「魏庶子」　魏徴（5オ49行）

「刑部郎中」　良秀（18ウ214行）

「左府殿下」　御堂関白也（26ウ308行）

典拠

「塩梅」　殷高宗傳説曰我渡巨川以汝舟檝我作和羹以汝為塩梅此意也（5ウ59行）

「放馬華山」　史記云周城王之時放馬花山陽縶牛排林野（10オ113行）

「黄河澄波再計五百之歳」　黄河者漢土有之千年一度澄五百年一賢生一千年聖人生也（30オ348行）

「紅桃結子三期一千之秋」　紅桃昔漢武口伝云西王母桃三千年一実以之献漢武了東方朔在帝王之前□母云此児三食此桃云々（30オ349行）

「万歳藤」　神仙伝云古仙室藤名也（32オ375行）

「三州五郡」　三州五郡並孝子伝也（34オ396行）

人名はその実名を、あるいは官職で表記された人物がだれであるかを注記している。典拠は書名を挙げる場合とそうでないものとがあるが、本文の表現の出典あるいは典拠となった故事などを注記している。

本書は詳細な訓点と共に、このような注記をも持っている点に特徴がある。

先に述べたように、『本朝文粋』の古写本の残存状況には巻ごとの偏りがあるが、このことは『本朝文粋』が後代、享受されるに当たって、各巻が独立して書写利用されたこと、またその巻が重んじられたことを示しているが、(1) 巻十三および四巻が残る巻十四は、願文ほかの仏教関係の漢文を収めている。すなわちこのような文章を制作するに際して『本朝文粋』の巻十三・十四は手本として利用されたのである。詳細な訓点および注記を有する本書は、寺院における『本朝文粋』受容の有り様をよく示す資料である。

注

（1）大曾根章介「本朝文粋の原形について」（『大曾根章介　日本漢文学論集』第二巻、汲古書院、一九九八年）。

（後藤昭雄）

円珍和尚伝

『円珍和尚伝』（以下『円珍伝』）は第三代天台座主円珍（八一四―八九一）の伝記で、寛平・延喜期の代表的な文人である三善清行が延喜二年（九〇二）に撰述したものである。

本書の伝本はある程度の数の本が残されているが、それらは大きく三つの系統に分けられる。(1)

1　石山寺本　嘉承三年（一一〇八）四月二十一日　願澄写

この系統の本は他には知られていない。

2　東京国立博物館蔵曼殊院旧蔵本

承久二年（一二二〇）四月二十五日、静尊が移点、校勘し、裏書を書いたとの奥書がある。

この系統には六本の写本がある。

3　東寺観智院金剛蔵本

異本。上記の二系統の本と本文にかなりの相違がある本。東寺観智院金剛蔵本が唯一の完本とされてきた。他に三本があるが、いずれも抄出本である。

観智院本には伝流に関わる詳細な奥書があり、祖本は文治元年（一一八五）の書写に懸かる本であることが知られるが、観智院本そのものは延文二年（一三五七）の写本である。

異本系統の本としては観智院本が唯一の完本とされてきたが、金剛寺本はそのもう一つの本で、しかも観智院本をはるかに上回る古写本である。

金剛寺蔵『円珍和尚伝』は粘葉装一冊（四一函二一番）。墨付二二丁。ただし表紙および第一丁は早く糊離れしていたと思われ、変色して部分的にちぎれている。(2) 縦二八・〇㎝、横一七・二㎝。押界がある。毎半葉七行、一行一八―二〇字。本文は漢字のみで、訓点は一切付されていない。裏表紙見返に「天野山金剛寺」の方朱印を押す。

書名は内題および尾題に「円珍和尚伝」とある。

第二二丁の表から裏にかけて、次のような書写奥書がある。

寛喜二年歳次庚寅極月十一日未剋許、於洛陽／勘解由少路万里少路舎那院測宿所終功了。／雖悪筆无極、聊欲奉以少僧身　大師之間、／不顧後代嘲哢、遅筆馳畢。書本者／樿円幻少時、以師匠種智坊律師御房御／本書写。然而従自此見苦之間、重清書。／散々本之間、今悪筆相具。後見穴賢／可直。願依今日書写力、生々〇奉大師結契。志／所之、蓋以如此。仍所書写如件。十五歳時。

書本云、

保延六年十月二十九日書之云々。

養和二年壬寅正月十八日於蓮華王院僧房置云。

これによって、本書の来歴が明らかになるが、次のようなものである。
本書は寛喜二年（一二三〇）十二月十一日に、時に十五歳であった樗円が京の勘解由小路と万里小路とが交わる所にあった舎那院の傍らの宿所で書写したものである。その「書本」は樗円自身が幼少の折に、師匠の種智坊律師の本に拠って書写したもので、見苦しかったから、改めて清書したのであった。その「書本」の奥書には、保延六年（一一四〇）十月二十九日に書写されたこと、養和二年（一一八二）正月十八日、蓮華王院の僧房に置かれたことが記されていた。
すなわち金剛寺本は観智院本よりも百三十年ほど遡る鎌倉期の古写本である。またその祖本は院政期の書写に懸かるもので、この点でも観智院本より古い。さらに注目されることは、これが蓮華王院に置かれていたということである。蓮華王院は後白河法皇の勅願に依って建立された由緒ある寺院であるが、殊にその宝蔵は宇治平等院の経蔵、いわゆる宇治の宝蔵、鳥羽勝光明院の鳥羽の宝蔵と並び称され、数多くの貴重な名品が収蔵されていたことで名高い。(3) 書物では紀貫之自筆の『土佐日記』、『後拾遺和歌集』撰者自筆本、『千載和歌集』奏覧本などは殊に有名であるが、漢詩文集においても『懐風藻』、『経国集』が収蔵されていたことが、現存本の奥書から知られる。この『円珍伝』の祖本もその「僧房」にあったという。宝蔵ではないものの、蓮華王院にあったということは、この本の由緒正しさを物語るものと言えよう。
金剛寺本は観智院本と同系統のいわゆる異本系である。作者の三善清行が伝を執筆するに至った事情を述べた跋文も備えている。
この異本系『円珍伝』は、古くは流布した有力な本であったと考えられる。この本は建長元年（一二四九）から三年にかけて東大寺の学僧宗性によって撰述された『日本高僧伝要文抄』、また鎌倉末期書写の尊経閣文庫蔵

『諸寺縁起集』の所拠本となった。[4] また『今昔物語集』巻十一第十二話の前半部は『円珍伝』を抄出したものであるが、その典拠となった『円珍伝』は異本系の伝である。さらに『扶桑略記』所引の『智証大師伝』もまた異本系『円珍伝』である。佐伯著書に拠れば、異本は曼殊院系統の流布本よりも先に成立したものであるが、そうであれば、『円珍伝』の執筆過程を考えるうえでも注目すべき本ということになる。

このように異本系は『円珍和尚伝』の重要な伝本なのであるが、金剛寺本はその完本である、しかももう一つの完本である曼殊院本よりも、その祖本の書写年代も、この本自体の書写年代も古い伝本であるという点で、きわめて重要な本ということになる。

（後藤昭雄）

注

（1）佐伯有清『智証大師伝の研究』（吉川弘文館、一九八九年）。

（2）本書を発見した黒板勝美氏の「史料採訪報告書」（『歴史地理』第三三巻六号、一九三三年）には「円珍和尚伝残欠」とある。その時点で既に表紙および第一丁は剝離していたと思われる。調査の過程で見出した。これによって本書は完本となった。

（3）竹居明男「蓮華王院の宝蔵」（古代学協会編『後白河院――動乱期の天皇』吉川弘文館、一九九三年）。

（4）前掲注1佐伯著書。

参考文献

後藤昭雄「金剛寺蔵『円珍和尚伝』金剛寺蔵 円珍和尚伝 翻刻」（『平安朝漢文文献の研究』吉川弘文館、一九九三年）。

明句肝要

本書『明句肝要（めいくかんよう）』（三七函八三番）は、願文や表白などから対句を中心に名句を抜き出し、内容ごとに類聚した書である。すでに『三宝感応要略録』上巻[1]や、『無名仏教摘句抄』[2]、『花鳥集』[3]等、中世の唱導と深く関わる資料が多数発見されている金剛寺において、このような唱導資料が新たに見出されたことは注目される。以下、簡略にその概要をまとめ、今後の本格的研究に備えるものとしたい。

一

はじめに書誌的事項を整理しておこう。

四括（第一括十一紙・第二括十二紙・第三括十一紙・第四括八紙）からなる列帖装一帖。料紙は白楮紙（縦二五・四×横一五・五cm）。界線は無し。共紙表紙。ただし、現表紙に外題はなく、標目（後掲）が列挙されているのみであり、表紙裏表紙は別紙と思しいことから、表紙についても別紙で題の書かれたものが付せられていた可能性がある。表紙見返に「天野山／金剛寺」の双郭方朱印有り。

第一紙表冒頭に「明句肝要」とあり、本解題もこの名称に従う。「明句」とは名句、優れた句の謂であろう。[4]

る。

裏表紙中央には「□句抄　弟子記」と大書され、その下には「□□抄□子記／句／長」等の文字が見られるようである。そのほか、右下には「弁運之」と、それに重ねて花押らしきもの、左中央には「初夜」等の文字も見える。

本文の内容は表紙に書かれた標目全てにほぼ対応しており（表紙の「亡父　十二」は、対応箇所本文の内容から誤写と考えられる）、本書は完本であると考えてよいだろう。

本文はほぼすべて漢字。ただし、かなりの割合で片仮名による振り仮名と送り仮名、そして、返り点、読点が付される。書写者は一人と思われ、表紙の標目とも同筆と見られる。行数及び一行の字数は不定。多く対句部分を平行に対応させて示し、その上部に半円形の括弧を付す。

奥書は無し。本文中には出典注記等もほとんど見られず、編纂、書写についての情報はきわめて乏しい。第四〇紙表の余白には「光信」という文字が見られるが、これについても未詳。文字や紙の状態から、書写は鎌倉時代と見られる。

第四〇紙裏・第四一紙表には空海『三教指帰』が引かれ、第四一紙裏は習字に用いられている。また、裏表紙見返は紙破れにより上部五分の一程度が破損しているが、本文とは別筆で曹娥碑をめぐる説話が書かれている。内容は『世説新語』等にも引かれる著名な挿話であるが、本文としては、晋の裴啓の『裴氏語林』に最も近いようである。(5)『裴氏語林』は逸書であるが、『古注蒙求』『学林』『琱玉集』等に逸文が引かれており、平安時代の日本ではよく知られた書であった。

本文の引用句は、次に挙げる例のように、対句が平行に対応して配置されている。対句の上には半円状の括弧が付されており、対句に含まれない言葉（ここでは「白言」）は、対応する二行の真中に置かれて文章の構造が示されている。

八　逝去父母

白言　我生者父也　養育之恩蘇迷還短
　　　生我者母也　覆護之徳溟渝モ尚浅シ

幼年無識而徒ニ費シ甘露水ヲ　無シ仲由カ養母之誠一遂無負迷［米］之誉レ
長日無福而空不荘栴檀蔭　無ハ文挙カ孝親之慎一亦闕リ掘ト□金之称一（24オ）

こうした処置は、書写者の関心、そして本書の目的が、対句を中心とする引用句の構造を明らかに示すことにあったことを物語っていよう。このような対句構造を意識した引用からなる唱導資料には、叡山文庫本『類句抄』が挙げられる。また、対句構造を明らかにした引用ではないが、対句を基本的な引用の単位とする唱導資料に真福寺蔵『肝心集』(6)がある。複数の資料から抄出された対句を雑然と収集するものであるが、後述するように、『明句肝要』と同じ文献からの引用を含み、注目される。

引用句についての注記は数少ない。「報恩」「知恩」「無常」といった内容に関わる注記が、引用句の右肩に本文よりはやや小さ目に付されているのが散見されるほか、わずかに第三紙表の「苦相」という標目に「往生要集」という出典に関わる注記があり、第一三紙表に「已上　名僧伝」とある程度である。これらは、標目に付せられていることや、「已上」という言葉が付け加えられていることから、個々の引用についてではなく、複数句の出典についての注記と見られる。

引用の出典についてはほとんど記載がなく、その検討は今後の課題と言えるが、以下いくつか現時点で明らかとなっている出典とその方法について、『往生要集』を中心に、具体例にもとづき紹介を行いたい。

二

本書の前半部、「一　生死無常」「二　療病苦」「三　地獄受苦」には、源信（九四二―一〇一七）の『往生要集』からの引用が多く見られる。

「一　生死無常」は表紙に割注で「不浄一　苦二　無常三　五衰四　無常雑句五」とあるように五つのテーマで細分されるが、そのうち「苦二」にあたる部分の本文の標目に「苦相〈往生要集〉」と見えることからも、何かを媒介にした受容でない、直接の引用であり、本書にとって『往生要集』が重要な典拠であることが分かる。

A『明句肝要』（3オ）

第二　苦相〈往生要集〉

此身従初生時一、常受苦悩一、而レハ宝積経中説ハ〈取意〉、若男若女、適メテ生堕クトキ地一、或以手一捧、或衣モテ承接、或冷熱ノ風ノ触ニ、受大苦悩一、如ナリ生剝ノ牛触カ於墻壁ニ、云

『往生要集』大文第一・厭離穢土・第五人道
（二苦者、）
此身従初生時、常受苦悩、如宝積経説、若男若女、適生堕地、或以手捧、或衣承接、或冬夏時、冷熱風触、受大苦悩、如生剥牛触於墻壁〈取意〉

用例Aでは、『明句肝要』の本文は、典拠となった『往生要集』の原文とほぼ一致している。ただし、『往生要集』が掲げる「宝積経」の引用文に付けられた「取意」という注記は、『明句肝要』では、経典名の下に置かれている。経典名の引用については、他にも次のような例がある。

B『明句肝要』（11ウ～12オ）
天人五衰無常
六波羅蜜経云、一頭上花鬘忽萎、二天衣塵垢所着、三腋下汗出、四両目数眴、五不楽本居、…（中略）…雖作是言、無敢救者、〈当知是苦甚於地獄〉

『往生要集』大文第一・厭離穢土・第六天道
第六明天道者有三。一者欲界。二者色界。三者無色界。其相既広難可具述。且挙一処以例其余。如彼忉利天。雖快楽無極。臨命終時。五衰相現。一頭上華鬘忽萎。二天衣塵垢所著。三腋下汗出。四両目数眴。五不楽本居。…（中略）…雖作是言。無敢救者。〈六波羅密経〉当知此苦甚於地獄。

『明句肝要』の「一　生死無常」に含まれている「天人五衰無常」は、天人でさえも時が来れば五衰の相が現れるという無常について述べたものであるが、本文（十一行分）がすべて『往生要集』からの引用となっている。右の用例Bは、その一部である。この用例Bでは、『往生要集』が経文を引用し、その末尾に経典名を記しているところを、『明句肝要』は冒頭に「六波羅蜜経云、」として、経典名を最初に掲げている点に違いがある。『明句肝要』は『往生要集』が引用した経文を、いわば孫引きしていることになるが、『往生要集』が経文の後に続けている本文（「当知是苦甚於地獄」）を引用する際には、小字書きにして区別がなされている。

C『明句肝要』（12オ）

無常雑句

①設雖長寿業一、終不免無常、設雖感富貴報一、必有別離期、②非唯凡下ニ有ノミニ此怖畏一、登仙得通者モ亦復如是、

『往生要集』大文第一・厭離穢土・第五人道

①設雖有長寿業、終不免無常、設雖感富貴報、必有衰患期、如大経偈云、一切諸世間、生者皆帰死、寿命雖無量、要必有終尽、夫盛有必衰、合会有別離、壮年不久停、盛色病所侵、命為死所呑、無有法常者、又罪業応報経偈云、水渚不常満、火盛不久然、日出須臾没、月満已復欠、尊栄高貴者、無常速過是、今当懃精進、頂礼無上尊〈已上〉

②非唯諸凡下有此怖畏、登仙得通者亦復如是、如法句譬喩経偈云、非空非海中、非入山石間、無有他方処脱

止不受死〈騰空入海隠巌、三人因縁如経広説〉

用例Cは、『明句肝要』「一　生死無常」のうち、「無常雑句」の冒頭である。この冒頭には、『往生要集』から傍線①・②の箇所がそれぞれ引用されている。注目すべきは①で、『往生要集』では「衰患」と見える語が、『明句肝要』では「別離」とされている。『往生要集』では、傍線①よりも少し後に「別離」という語が出てくるが、『明句肝要』は、追善願文の参考にされる文章として、「別離」の方がふさわしいと判断したか。このように、語句の順番を入れ替える例だけでなく、語句そのものを置き換える例を見出すことができる。さらに、次のような独自に表現を追加する例も存在する。

D『明句肝要』（3オ〜ウ）

長大之後、亦多苦悩㆒、同経中云、有二種苦㆒、所謂㆒眼耳鼻舌、咽喉牙歯、胸腹手足、有諸病生、四百四病、逼切其身㆒ヲ、名為内苦、復有外苦㆒、所謂㆒或禁牢獄㆒、或劓㆑耳鼻㆒ヲ、或剛手足㆒、或鞭撻ラレ、或ハ為蚊虻蜂等毒虫㆒所噬食㆒、或飢饉疾疫、或刀兵弓箭、寒熱風雨等ノ種々諸苦、凡三業六情、一々無不云コト苦㆒、六趣四生、皆悉受苦器也

『往生要集』大文第一・厭離穢土・第五人道

長大之後、亦多苦悩、同経説、受於此身、有二種苦、所謂眼耳鼻舌、咽喉牙歯、胸腹手足、有諸病生、如是四百四病、逼切其身、名為内苦、復有外苦、所謂或在牢獄、撾打楚撻、或劓耳鼻、及削手足、諸悪鬼神、而

得其便、復為蚊虻蜂等毒虫、之所攟食、寒熱飢渇、風雨並至、種種苦悩、逼切其身、此五陰身、一一威儀、行住坐臥、無不皆苦、若長時行、不暫休息、是名為外若、住及坐臥、亦復皆苦〈略抄〉諸余苦相、眼前可見、不可俟説

用例Dは、用例Aの本文に続く文である。人間は成人してからも、病気などの〈内苦〉や様々な困難にさらされての〈外苦〉に苦しめられる、という文脈である。両書を比較し、異同がある箇所を傍線、異同がある箇所を破線で示した。この例も同じく『往生要集』をほぼ同文で引用していることが分かるが、波線部を施した部分に注目したい。『往生要集』は外部から受ける様々な苦しみの例として、「寒熱飢渇、風雨並至、（種種苦悩）」を挙げている。一方、『明句肝要』は、それに対応する語句が「飢饉疾疫、或刀兵弓箭、寒熱風雨等ノ（種々諸苦）」となっている。「寒熱」・「風雨」と「飢渇（飢饉）」は両書で一致しているが、『明句肝要』ではそこに「疾疫」および「刀兵弓箭」という語句が独自に追加されており、さらに「疾疫」は「飢饉」と組み合わされている。病気は身体の内側からもたらされる苦しみ〈内苦〉でもあるが、流行病などは外部からやってくるものでもあっただろう。さらに注目すべきは「刀兵弓箭」である。『明句肝要』は『往生要集』を引用して〈無常〉を語る際、より聴く者を納得させるために、この語を加えたと思われる。つまり、当時の人々が苦しみ、亡くなる要因として、戦乱に参加し、あるいは巻き込まれるということが可能性として挙げられるものだったということであろう。

このほか、『明句肝要』に引用・抄出が見られる書としては、院政期の鴻儒大江匡房（一〇四一―一一一一）の願文集『江都督納言願文集』、『大唐大慈恩寺三蔵法師伝』等の仏教典籍等が挙げられる。また、真福寺蔵『肝心集』とは、以下に一例を示す通り、共通する箇所がある。

E『明句肝要』（9ウ）

鸞鳳ノ鏡双影芭蕉ノ形不破程
鴛鴦ノ帳ニ同スル心一ヲ朝露ノ命ノ不消一間ナリ

綾羅錦繍ハ此生粧冥途（境）□無益
賢官重職ハ在生栄ナリ閻王宮ニハ為何

『肝心集』無常句

鸞鳳ノ鏡ノ上ニ双モ影一ヲ芭蕉形不破之程
鴛鴦衾内ニ遊戯朝露ノ命ノ不消之間一ヲ

『同』地獄句

綾羅錦繍ハ此ノ生ノ粧リ　冥途ノ境ニハ無益一
賢宮（官歟）重職在生ノ栄　閻王ノ宮ニハ為何一カハ

両書の関係は不明であるが、おそらく遡源すれば共通する資料を典拠とするのであろう。引用が共通する箇所は、『明句肝要』については一か所にまとまっておらず、対句表現を部類分けして採っていると推測される一方、『肝心集』は多くが標目のうち「無常事」に集中している。典拠となった資料がどのようなものかは未詳であるが、そうした資料の存在と両書の利用の方法が知られる点で、貴重な事例と言うことが出来よう。

三

以上略述した通り、金剛寺蔵『明句肝要』は『往生要集』や願文といった聖教に含まれる「明句」を抄出し、生死の無常や父母の供養といった部類別に類聚する唱導資料である。類例の少ない、対句を意識した形式での抄出という形式面の特色に加え、無常や地獄の描写が内容の半分近くを占めるという内容的にも注目される資料である。おそらく完本であり、また、金剛寺という、中世以来の伝統を誇る寺院に所蔵される聖教の中に見いだされた本書が、近年成熟しつつある寺院聖教、特に唱導文献資料研究の中にどう位置づけられるべき存在であるのか、出典の調査を足掛かりに、より詳細な調査が求められている。

なお、本資料の翻刻については、中川真弓と仁木が行い、後藤が全体の校閲を担当した。また、本解題はこれまでに中川と仁木が発表した『明句肝要』に関わる報告[7]に多くを依るが、文責は仁木にある。

注

（1）後藤昭雄監修・大阪大学三宝感応要略録研究会編『金剛寺本『三宝感応要略録』の研究』（勉誠出版、二〇〇七年）参照。

（2）後藤昭雄「〈無名仏教摘句抄〉について」（『平安朝漢文文献の研究』吉川弘文館・一九九三年）、本叢刊第二巻所収。

（3）後藤昭雄『花鳥集』（『本朝漢詩文資料論』勉誠出版、二〇一二年）、本叢刊第二巻所収。

（4）「明句（みょうく）　神通の句。神通句」（中村元『仏教語大辞典』東京書籍、一九七五年）とある。また、「世家上帙十巻中、明句等可出上九之由、有御沙汰。」（『勘仲記』弘安九年八月二〇日条）等の用例も参考となろう。

（5）翻刻は以下の通り（「／」は改行）。「□□□楊修字徳祖為魏王曹操主簿／□□□読曹娥碑々上有八字詞云黄絹／□□外孫齏臼操不解問徳祖曰卿知／□□祖曰知操曰且勿言待孤思之行／□十里得之遂令徳祖解徳祖曰黄／□色絲絶字幼婦少女妙字外孫／女子好字齏臼受辛辞字」。参考として、『古注蒙求』（国立故宮博物院蔵古鈔本）二一九「楊修捷対」による該当箇所を挙げる。「楊修捷対〈語林「楊修字徳祖、為魏王曹操主簿、至江南、読曹娥碑。々背上有八字。詞云、『黄絹幼婦、外孫齏臼』。操不解、問祖曰、『卿知否』。祖曰、『知』。操曰、『待孤思之』。行三十里得之。遂令祖解。祖曰、『黄絹色絲、絶字。幼婦少女、妙字。外孫女子、好字。齏臼受辛、辞字』。操曰、『実如孤意』。」…（後略）」。

（6）国文学研究資料館編、真福寺善本叢刊第四巻『中世唱導資料集』（臨川書店、二〇〇〇年）に影印、翻刻に加え、阿部泰郎氏の解題が載る。

（7）中川真弓・仁木夏実「金剛寺蔵『明句肝要』解題」（『平成一六～一八年度　科学研究費補助金基盤研究（A）金剛寺一切経の総合的研究と金剛寺聖教の基礎的研究　研究成果報告書《第一分冊》』二〇〇七年）、中川真弓・仁木夏実「『明句肝要』に見られる仏書――『往生要集』と『三教指帰』――」（『科学研究費補助金基盤研究（B）真言密教寺院に伝わる典籍の学際的調査・研究――金剛寺本を中心に――　研究成果中間報告書』二〇〇九年）。

（仁木夏実・中川真弓）

執筆者一覧

後藤昭雄（ごとう・あきお）
大阪大学・名誉教授、成城大学・元教授

仁木夏実（にき・なつみ）
明石工業高等専門学校・准教授

中川真弓（なかがわ・まゆみ）
大阪大学大学院・招へい研究員

海野圭介（うんの・けいすけ）
国文学研究資料館・准教授、総合研究大学院大学・准教授

天野山金剛寺善本叢刊　第一期
第一巻　漢学
（平成二十八年度日本学術振興会科学研究費補助金「研究成果公開促進費」助成出版）

監修　後藤昭雄
編者　後藤昭雄　仁木夏実　中川真弓
発行者　池嶋洋次
発行所　勉誠出版㈱
〒101-0051 東京都千代田区神田神保町三―一〇―二
電話　〇三―五二一五―九〇二一㈹

二〇一七年二月二十五日　初版発行

印刷　太平印刷社
製本　若林製本工場

【二冊揃】ISBN978-4-585-21211-9 C3015

本朝漢詩文資料論

伝存する数多の漢文資料に我々はどのように対峙すべきであろうか。新出資料や佚文の博捜、既存資料の再検討など、漢詩文資料の精緻な読み解きの方法を提示する。

後藤昭雄 著・本体九八〇〇円（+税）

平安朝漢文学史論考

漢詩から和歌へと宮廷文事の中心が移りゆく平安中期以降、漢詩文は和歌文化にどのように作用したのか。政治的・社会的側面における詩作・詩人のあり方を捉える。

後藤昭雄 著・本体七〇〇〇円（+税）

平安朝漢文学論考 補訂版

漢詩・漢文を詳細に考察、それらの制作に参加した詩人、文人を掘り起こし、平安朝漢詩文の世界を再構築する。平安朝文学史を語るうえで必携の書。

後藤昭雄 著・本体五六〇〇円（+税）

本朝文粋抄 一―四（以下続刊）

日本漢文の粋を集め、平安期の時代思潮や美意識を知る上でも貴重な史料『本朝文粋』。各詩文の書かれた背景や、文体・文書の形式まで克明に解説。現代語訳も併記。

後藤昭雄 著・本体各二八〇〇円（+税）

菅家文草注釈　文章編
第一冊　巻七上（以下続刊）

日本文化史、日本政治史に大きな影響を与えた菅原道真。その詩文集である『菅家文草』文章の部の全てを注釈する。今後の研究の基盤となる決定版。

文章の会 著・本体五四〇〇円（＋税）

三河鳳来寺旧蔵　暦応二年書写
和漢朗詠集　影印と研究

古代・中世日本の「知」の様相を伝える貴重本を全編原色で初公開。詳密な訓点・注記・紙背書入を忠実に再現した翻刻、研究の到達点を示す解題・論考を附した。

佐藤道生 著・本体三〇〇〇〇円（＋税）

句題詩論考
王朝漢詩とは何ぞや

これまでその実態が詳らかには知られなかった句題詩の詠法を実証的に明らかにし、日本独自の文化が育んだ「知」の世界の広がりを提示する画期的論考。

佐藤道生 著・本体九五〇〇円（＋税）

京都国立博物館所蔵　重要文化財
神田本　白氏文集

我が国の古典文学に大きな影響を与えた白氏文集「新楽府」。その旧態を今に伝える最重要古写本を紙背を含め全編フルカラーで再現。

京都国立博物館 編／赤尾栄慶・神鷹徳治 解題／當山日出夫 翻刻・本体六〇〇〇〇円（＋税）

東洋文庫善本叢書 7

国宝 **古文尚書** 巻第三・巻第五・巻第十二／重要文化財 **古文尚書** 巻第六

『尚書』は儒教の基本経典のひとつで、「国宝 古文尚書」は漢代の隷書体文字による古態を有した極めて貴重なものである。国語学・漢籍受容史上において貴重な資料。

公益財団法人 東洋文庫 監修／石塚晴通・小助川貞次 解題・

本体四〇〇〇〇円（＋税）

東洋文庫善本叢書 9

国宝 **春秋経伝集解** 巻第十／重要文化財 **論語集解** 文永五年写 巻第八

『春秋経伝集解』は歴代明経道博士家の基本となる明経点の祖となった原資料。『論語集解』は完全な形で伝わる『論語』の注釈書としては、現存最古のものである。

公益財団法人 東洋文庫 監修／石塚晴通・小助川貞次 解題・

本体二九〇〇〇円（＋税）

東洋文庫善本叢書 11

重要文化財 **論語集解** 正和四年写

わが国に伝わる『論語』完本としては最古のもので、唐代以来『論語』注釈の名残を窺える。また、明経博士清原家の加点を伝え、その家学研究にも資する。

公益財団法人 東洋文庫 監修／石塚晴通・小助川貞次 解題・

本体九八〇〇〇円（＋税）

東洋文庫善本叢書 12

国宝 **文選集注** 巻第四十八・第五十九・第六十八・第八十八・第百十三

中国ではすでに失われた『文選』の諸注を集成。李善注等集注本の古態や、佚書のテキストを垣間見ることの出来る、わが国のみに伝わる大変貴重な逸品。

公益財団法人 東洋文庫 監修／石塚晴通・小助川貞次 解題・

本体九八〇〇〇円（＋税）